陕西师范大学历史教育研究丛书

| 光明社科文库 |

历史教师
专业成长实践论

徐赐成◎著

光明日报出版社

图书在版编目（CIP）数据

历史教师专业成长实践论 / 徐赐成著 . -- 北京：

光明日报出版社，2019. 10

ISBN 978－7－5194－5522－4

Ⅰ.①历… Ⅱ.①徐… Ⅲ.①历史课—教学研究—中

小学 Ⅳ.①G633.512

中国版本图书馆 CIP 数据核字（2019）第 195194 号

历史教师专业成长实践论

LISHI JIAOSHI ZHUANYE CHENGZHANG SHIJIANLUN

著　　者：徐赐成

特约编辑：田　军　　　　　　　责任编辑：郭思齐

责任校对：赵鸣鸣　　　　　　　封面设计：中联学林

责任印制：曹　净

出版发行：光明日报出版社

地　　址：北京市西城区永安路 106 号，100050

电　　话：010-67017249（咨询）　　63131930（邮购）

传　　真：010－67078227，67078255

网　　址：http：//book.gmw.cn

E － mail：guosiqi@ gmw.cn

法律顾问：北京德恒律师事务所龚柳方律师

印　　刷：三河市华东印刷有限公司

装　　订：三河市华东印刷有限公司

本书如有破损、缺页、装订错误，请与本社联系调换，电话：010－67019571

开　　本：170mm×240mm

字　　数：322 千字　　　　　　　印　　张：18.5

版　　次：2020 年 1 月第 1 版　　　印　　次：2020 年 1 月第 1 次印刷

书　　号：ISBN 978－7－5194－5522－4

定　　价：89.00 元

大力加强高师院校历史教育研究和课程建设

　　我国是历史悠久的国度，历朝历代都十分重视历史的"资鉴"功能，善于从历史中汲取经验。正是因为重视历史的"资鉴"和教育价值，历史学在我国才成为"显学"而绵延不绝、源远流长且成果丰硕。但是，在我们重视历史和历史学研究，重视从历史中获得营养和教育的过程中，对如何从历史中获得积极的"资鉴"和教育，如何正确、科学、理性、批判性地研究历史、理解历史，进而从中获得历史的滋养，即如何运用历史学研究取得的理论成果为提高人民大众的文化素质服务，在相当长的时间里不为史家所重视。概言之，我们有发达的历史学，却没有发达的历史教育。这不能不说一件憾事。

　　近代以来，随着民族危难的加剧，大批有识之士逐渐深刻认识到教育在国家振兴、民族复兴中的基础性作用。其中，怎样用鲜活丰富的历史塑造现代国民的民族精神、国家意识和文化认同观念，怎样发挥历史教育在国民素质提高中的重要作用，成为近代史家治史的基本出发点。"史学革命"应运而生，"新史学"成果推陈出新，史学理论不断受到重视。在此基础上，马克思主义史学诞生并获得快速发展，史学成果蔚为大观，历史教育逐渐从史学一般性育人功能中独立出来，成为历史学的一个研究方向，成为高师院校历史学师范专业的基本专业设置。

　　但是，由于历史教育研究的特殊性和高等师范教育发展的选择性，历史教师教育及历史教育研究始终没有得到真正的重视，甚至一直没有被作为学术研究的一个方向来看待，致使在高师院校从事"历史教学法"（历史教育）工作的教师总是千方百计地转行，少数坚守岗位者由于势单力薄、缺少平台和机会，也难以获得真正的发展，久而久之就失去学术信心和勇气，致使历史教育研究处在恶性循环的发展态势之中。

　　陕西师范大学自1944年建校伊始就设置了史地系，以培养中小学师资为基本任务，历史教师教育研究与实践一直是我院历史学研究和发展的基本方向和着力点。著名史学家史念海先生主持我院发展时期，他以如炬之目光规划历史系的学术研究框架，历史教育得以纳入学院发展规划。在史先生执掌历史学科发展期间，至少有两件事使我院的历史教育地位得以提高。一是1956年史先生提请陕西省教育厅将杨育坤老师调入陕西师范大学，执教历史教学法课程并负责学生实习工作，尽管日后杨老师转入中国古代史教研室，主要承担中国古代史、秦汉史、史学概论等课程的教学工作，但杨老师曾长期担任全国和陕西省中小学教材评审专家，并主编多部陕西地方史教材，在历史教育方面的作用和影响是深远的。二是史先生倡议并筹创了《中学历史教学参考》杂志，并出任首任主编。该刊1979年创刊时由陕西师范大学历史系和陕西省历史学会联合办刊，陕西师范大学教材出版科出版发行。开始几年完全是出于公益需要，杂志出版后免费赠送给中学历史教师，旨在解决中学历史教材不足之困难，以此实际行动服务和指导中学历史教学实践。刊物当时所需稿件也主要依靠历史系各教研室来组织，每一期稿件的组织基本上做到了有策划、有目的、有质量。可以说，《中学历史教学参考》的创办是我院重视历史教育的一种具体行动和成果。此后历史系历届领导班子皆全力支持办刊，并形成由历史系主要领导兼任《中学历史教学参考》主编的惯例，在史先生之后，1981—1987年由历史系党总支书记、系常务副主任上官鸿南教授兼任主编，1988—1993年由历史系主任郑庆云教授兼任主编。

　　1994年，赵克礼老师作为"历史教学法"专任教师调入历史系工作，我院历史教育教学研究工作随之进入第二个高速发展阶段。如果说前一个阶段是在学科发展平台建设上有了起色，第二个高速发展阶段则主要在历史教育课程建设上取得突破。赵克礼老师在系统设计历史教师教育课程体系的基础上，重点在教材建设和教学实施两个方面着力。在教材建设上，赵克礼老师主编了《历史教学论》《历史学科教材分析与教学设计》《中学历史教师职业技能》和《历史教育实习》等通用教材，其中《历史教学论》作为"21世纪高等师范院校学科教学论教材"获得教育部二等奖。在课程实施上，赵克礼老师率先邀请中学一线名师到学院为师范生开设一门或多门完整的课程。至此，我院第一次有了比较完整的、富有特色的历史教育课程体系、教材体系和教学体系，从而为作为学科方向的"历史教育学"建设奠定了坚实的基础。今后的任务就是要在优化调整完善课程结构的过程中，形成具有学校和我院特色的"历史教育学"课程和学术研究方向，依此推进学科建设，完善我院历史学课程体系。

党的十八大以来，党和国家高度重视教师教育和教师队伍建设。党的十九大强调，必须把教育事业放在优先发展的位置。全国教育大会进一步指出，教育是国之大计、党之大计，要坚持把优先发展教育事业作为推动党和国家各项事业发展的重要先手棋。目前，全校上下正在开展教育教学思想观念大讨论，深入学习理解全国教育大会、本科教育工作（成都）会议精神，以及中共中央、国务院《关于新时代教师队伍改革的意见》，教育部等五部委《教师教育振兴行动计划（2018—2022 年）》等文件，特别是习近平总书记在全国教育大会、在学校思想政治理论课教师座谈会、在纪念五四运动 100 周年大会上的重要讲话精神，并采取积极措施将"四有"好老师标准、四个"引路人"、四个"相统一"和"四个服务"等要求细化落实到国家公费师范生培养全过程。

高师院校历史学教师教育本科专业承担着培养合格中小学历史教师的重要任务，其培养水准对中小学历史课程改革实践和教育教学质量具有基础性作用，并从根本上影响着"培养什么人"和"怎样培养人"等决定人才培养质量基本问题的实践回答。2018 年 5 月 2 日，习近平在北京大学师生座谈会上的讲话中强调指出，"学生在大学里学什么、能学到什么、学得怎么样，同大学人才培养体系密切相关。目前，我国大学……关键是要形成更高水平的人才培养体系……人才培养体系涉及学科体系、教学体系、教材体系、管理体系等，而贯通其中的是思想政治工作体系。"在"高教大计，本科为本"的时代要求下，重新审视和研究高师院校历史学教师教育本科专业课程设置、实施及其质量问题至关重要。值此教师教育大发展的新时代，加强高师院校历史教育类课程研究与建设，既是重要的时代任务，更是学科建设难得的重大机遇。

习近平总书记说得好，"历史是最好的教科书，也是最好的清醒剂"；"历史研究是一切社会学科的基础"；"对历史文化特别是先人传承下来的价值理念和道德规范，要坚持古为今用、推陈出新，有鉴别地加以对待，有扬弃地予以继承，努力用中华民族创造的一切精神财富来以文化人、以文育人"。在中国特色社会主义建设的新时代，在高度重视教师教育、历史教育和传统文化教育的背景下，大力加强高师院校历史教育类课程研究与建设，既是我院学科建设积极适应国家教育发展战略的时代选择，更是我院学科发展的历史选择。为此，我们启动"陕西师范大学历史教育研究丛书"系列建设项目，是希望为我院"历史教育学"学科建设做些基础性工作积累，也是为了集中体现我院学科建设的新进展，更是对我院教师教育特色和成果的一个总结，同时也是对"历史教育学"方向教学人员的一种激励。

这次由徐赐成博士策划、光明日报出版社出版的四部著作，是我院近年来孕育孵化的历史教育学领域首批成果。我们有理由相信，在教育发展改革的新时代，我院的历史教师教育研究和教学工作、历史教育学学科建设将在此基础上继续健康发展，不断取得更多更大成果，为我国历史教育研究做出应有的贡献。

是为序。

何志龙

陕西师范大学长安校区文汇楼

2019 年 6 月 18 日

成长需要猎学

福建省特级教师　黄恒振

　　2004年年底，我赴深圳参加一个全国性的会议，有幸认识从西北来到广东、应聘于顺德国华纪念中学的徐赐成老师。同室相居几天，以至于那种并非很有意义的会议内容早已淡忘，而徐老师的音容笑貌，还历历在目，相处时谈论的话题还在甘甜地回味着，深沉地思考着。退休前夕，又相识一位知己，是多大的乐事。今年5月，我便利用出差的机会，特地赶到国华纪念中学，同徐老师再次相会。我们愉快地交谈了一晚，第二天清晨我带着满脑的愉悦和奋进的激情离去。

　　徐赐成老师是位有才华的青年教师，怀着对人民教育事业的浓浓深情，勤奋耕耘，从教仅10多年，就发表了40多万字的论著，洋洋洒洒100余篇，其视野之广，包含着教育教学的方方面面，这些都非常值得我敬佩和学习。一位中学历史教师所需的十八般武艺，徐老师可以说都相当精通，而且许多见解还非常独到，引人深思。我这位老者限于有限的学识与精力，仅认真拜读了其中一部分，在此谈谈自己的感想，为徐老师的成长喝一声彩，培上一锹沃土，并祝愿更多的青年教师能像徐老师那样有更多的建树。

　　教师，首先要育人，然后才是教书。深圳相见时，我把随身所带的、编辑给我校学生看的一套小刊物《现代学习》送给徐老师，请他指教。没想到他不但自己认真阅读思考，还送给他学校的领导看阅，更为可贵的是他还让他的学生传读分享，并详细地在课堂上讲解，最终还要求学生写出读后感，并挑选了其中两篇具有很高水平的习作寄给我。我看后一阵狂喜，真是好文章啊！于是就加写了一篇按语，刊发在《现代学习》（合订本）的前言部分。我到国华纪念中学时，亲眼看到了徐老师和他所教的学生之间和谐友善的师生关系。学高为师，身正为范，徐老师在育人的过程中既不断提高自己，又多方满足学生的成长需求，堪称师生和谐相长，同学互进。

作为一名教师，最重要的工作是教学；作为一所学校，其主体工作也是教学。传统教学模式中的负面影响根深蒂固，加上急功近利的应试教育越演越烈，要推进教育改革是异常艰难的，这也是课程改革"雷声大，雨点小"，持观望态度者多的根本原因。作为教师，要放弃"轻车熟路"的应试模式，其痛苦与不愿意是可以想象的。然而，面对决定民族生死存亡的教育大业，如果不尽快进行改革以向现代教育迈进，任何一位有良心的教师又是不忍的。因此，自觉地进行探索、尽自己所能促进自身教育观念的转变，为课程改革添砖加瓦，就是一位具有使命感、有责任心的教师应有的作为了。徐老师所进行的"弹性教学"模式的改革尝试，就是为即将到来的"百舸争流、异彩纷呈"的现代教育改革大潮所添上的一把火，献上的一支歌。

中华文化博大精深，五千年的传承使中华文明区别于任何其他文明谱系而屹立在东方。但其不注重创新、缺少科学精神的致命缺陷使中国人的现代化进程历尽艰辛。因此大力提倡创新精神就成为举国上下所共同高呼的口号，但对如何脚踏实地地在青少年中培养创新精神所需的创造品格又进展式微，因而在教育教学中如何培养学生的创新精神，就值得像徐赐成那样具有责任感的教师积极去进行大胆的探索与实践。可喜可贺的是，从徐老师有关创新精神培育的系列文章中可以看到，他已经持之以恒地去探索、去研究、去实践了。

活动，是灵活的运动。长期以来，我们对活动课程的体会，仅是指学校在各种教育大纲范围之外，组织学生进行的各种各样的教育活动，即是指作为班级教学的必要补充、扩大知识领域、丰富精神生活、发展才能与特长的课外活动而已。课程改革中，把综合实践活动作为一门重要的并不许偏废的课程形态，与学科课程相互补充、相辅相成以培养促使学生全面发展所需的综合能力。徐赐成老师对高中历史活动课有深刻的理论探索并以可行的创新性措施进行实践。这表明他决心进行作为活动的参与者、协调者、引导者、促进者，同时也是课程的实施者与开发者的角色转换，使自己的历史活动课既充满情趣，又获得学生的好评与同行的认可。

我认识了徐老师，便关注着徐老师。2005年3月底，我看到了他写的一篇分析信息技术和课程整合的文章《"神化"和"庸俗化"要不得》发表在《中国教育报》上，便认真拜读了几遍。整篇文章颇有新意，既分析了当前"整合"的种种误区，即课件制作偏离使用价值、为了整合而整合、整合的热度正在不断减退，又提出了"整合"的出路，即树立现代教育观念、科学评价课堂教学、建设适合的资源库、开展以人为本的培训等。据了解，这篇文章获得如潮的好评。可见，徐老师在占领现代教育技术的制高点上是很有作为的。

徐老师认为教师成长要猎学。我从事教育已近终生的体会也是，一位教师要成长，确实必须猎学。

猎学，就是广泛涉猎地学习。作为一名学科教师，除具有本学科专业的扎实基础外，还必须随时关注本学科知识的深度、广度及其随时间而变化的维度等种种变化。除积极引发对自己正在进行的教学行为的深刻反思之外，还必须关注现代国际视野的大教育环境所引起的观念、技术及其理论思维所产生的变革，以紧跟时代前进的步伐。这一点，读者从阅读徐老师论著的字里行间之中可以深刻地体会到。

猎学，就是要深刻地思考。关注时代，并不等于关注时髦，而是从自我的教育教学所产生的问题意识层面，去深化、去苦读、去解决自己认识问题的弱点、盲区、困惑，而对更深入的层面做理性的思考，最终提出有自己原创性的观点并以此指导具有自己特色的教育教学行为。这一点，从徐老师对学校管理的思考、对教改的探索以及教学设计的实践中均可充分地得到证明。

猎学，就是要走进学术。学术，就是系统的、较专门的学问。走进学术是人类对自然、社会及人自身真谛的知识探求和认知活动。学术代表研究的水平，代表研究所能达到的层次。追求走进学术，就是追求水平层次的提高。一位教师，从感性的经验总结到走进理性的学术研究，是成长中的一次飞跃。走进学术的基础是学习现代教育理论、接受专业引领、获取各方面的信息；走进学术的过程是积极思考与重建自己的教育教学行动；走进学术的结果是让教研成为自己教育生活不可分割的部分，形成自己人生的文化积淀，并最终构建自己生命中的精神家园。只有走进学术，我们的老师才能得以成长，我们的学校才能得以发展，我们国家的教育才能赶上世界教育前进的步伐。

任重而道远，盼望徐赐成老师能不断努力，朝着光明的山顶，继续在教育科学的崎岖山路上攀登。

2005 年 6 月 29 日

目　录
CONTENTS

第一章

在课程实践中自我提升

历史教育是通过历史课程的实施来实现其功能和目标的，历史课程是通过历史教学来具体展开的，因此，历史课程实施就是历史教育的重要途径。历史课程是将历史教育转化为历史教学的媒介，历史教学是历史课程的实施过程。历史教师是具有主体性的能动创造者，历史教师在课程实施中不是被动地做课程的搬运工，而是主动地做课程转化和创新工作。

历史课程实施如此重要，也就必然不是简单易行的。历史课程是根据现实需要理性选择的结果，历史课程内容就负有基于历史知识揭示现实社会传递社会价值观的重要使命，而当这些抽象的价值追求，变成物化的历史教科书时，历史教师的工作就必须将历史教科书再转化为活生生的历史学习内容，这个过程必然是丰富多彩却又充满挑战的。

在历史教育、历史课程、历史教学等构成要素中，只有历史教师是一切要素中最活跃的要素，因而具有不可替代的作用。历史课程经由教师才能彰显其蕴含的价值，但教师面对如此复杂的历史教育诉求，必然面对许多挑战。当教师将这些挑战克服，历史课程实施、历史教育功能和历史教师发展专业都一起成全了。

历史教师要担当起历史教育的使命，关键是要具有持续地进行自我教育的能力和素养。北京大学饶毅教授在 2015 年本科生毕业典礼上做了 535 字的致辞，他说："在你们加入社会后看到各种离奇现象，知道自己更多弱点和缺陷，可能还遇到小难大灾，如何在诱惑和艰难中保持人性的尊严、赢得自己的尊重并非易事，却很值得。这不是自恋、自大、自负、自夸、自欺、自闭、自缚、自怜；而是自信、自豪、自量、自知、自省、自赎、自勉、自强。自尊支撑自由的精神、自主的工作、自在的生活。"饶老师讲的道理，恰恰说明在一个人所受的教育中，自我教育是最为重要的，在教育过程中学会自我教育，既是教育的目标、内容，也是教育得以实现的途径及其成效。

　　"学校教育，学生为本。"近年来，"以学生为中心"成为教学改革和课程改革的核心理念，并深刻影响教育实践。一方面，教师不再是教育过程中的独角，也不一定是主角，而是学生学习的引领者、帮助者。教师的教育教学行为，要基于学生的学习兴趣，激发学生学习动机，充分利用学生已有的经验，引导学生积极参与学习过程；另一方面，重视并要求学生积极主动地质疑、问难、合作、探究，从而实现自主、明确、积极的发展。因此，"以学生为中心"就是要求学生在教育过程中进行积极的自我教育，也就是一般而言的"自主发展"。从教育实践看，凡是能把教育和自我教育这两个过程有机结合起来的学生，一般都能获得健康成长或超长发展；凡是注重发挥这两种教育作用的教师，教育效能就会比较高。作为教师，要在教育的过程中重视和提升学生的自我教育能力。

　　所谓自我教育，就是自我要求、自我约束、自我充实、自我学习和自我提升。恩格斯说过："就个别人说，他的行动的一切动力，都一定通过他的头脑，一定要转变为他的愿望的动机，才能使他行动起来。"德国教育家第斯多惠曾说过："要使教育教学工作永远勃勃有生气，必须找到自身最强烈的刺激。"俄国教育家乌申斯基说："只有当你致力于自我教育的时候，你才能教育别人。"这就是说，自我教育对于学生和教师而言都非常重要。

　　凡事也不能一概而论，"自我教育"也一样，不能过分和单一地强调"自我教育"，尤其是不能把自我教育与其他的教育途径对立或割裂，至少应该使二者并重，特别是教师和家长、学校和社会，应努力使教育与自我教育结合起来，并尽力使这两个过程统一起来，以达融通共进之效。单一地强调教育则可能无效，过分地依靠自我教育则可能危险，对于中小学生而言，则更为明显。实践中，有的老师一厢情愿地"认真""负责"和"投入"，没有坚持"以学生为中心"，不善于激励学生自我教育，结果使得教育低效，状态低迷，最终则可能出现职业倦怠；还有少数老师则走向另一极端，过于"相信""依靠"学生，或者"迁就""纵容"学生，或者"欣赏""佩服"学生，以至于有意无意地弱化和放松了对学生的引导和教育，进而可能导致学生自我判断失误，自我定位失调，结果使得教育和自我教育都走向反面。因此，所谓在教育过程中自我教育，既是教育和自我教育的统一，也是社会教育、学校教育、家庭教育与自我教育的有机整合和良性互动。自我教育在教育中完善和提升，教育通过自我教育而化成和升华。

　　积极的自我教育基于准确的自我认识。自我教育的前提是自我认识，有怎样的自我认知就会有怎样的自我教育。但是，自我认识可能是人类发展史上的一大难题，不论是个体还是种族集体，认识自己并不容易。古希腊德尔斐的一座古神庙前，巍然矗立的一块石碑上镌刻着一句象征最高智慧的阿波罗神谕："认识你自己。"这句简单的名言表达了非常丰富、深邃的内涵：一是人要有自知之明；二是每个人身上都蕴藏着秘密及可能性；三是每个人都是一个独一无二的个体；四是人应该基于以上认识选择自己在群体中的生存发展之道。从哲学上讲，"认识你自己"是要认识自身最内在的自我，那个使你之所以成为你的核心和根源，也就是"灵魂"。因此，许多哲学家提倡要"仰望星空"，只有准确、深刻地认识自己，才能正确、健康地成长和生活，反之则可能是自己和他人的悲剧。从教育学上讲，"认识你自己"就是要全面地了解自己，以便在学习和生活过程中做到有所为有所不为，做一个完善的自我。而且，这种基于自我认识的自我完善，不是要在群体中形成"优势"和"优越感"，而仅仅是为了"认识你自己"，否则可能走火入魔，戕害自己。现实中很多个体悲剧的发生，从根本上看绝不仅仅是如抑郁症那么简单，因为疾病都有病灶。

积极的自我教育需要全面的家庭教育。教育是文化精神的外化，其目的在于帮助万物之灵的人类，开启智慧心灵，参化天地之育，长善去恶，和谐内外，协和万邦，从和谐身心到美满家庭，从文明社会到天下大同。而从自我认知基础上的身心和谐，到基于和谐身心延伸到文明社会的关键一步，就是要有全面的家庭教育做支撑。家庭教育看似复杂而经常，但它的价值和影响却是重要而久远的。家庭教育的关键是要明确重点，注意与学校教育和社会教育互补。具体讲，孩子的非智力心理素质建设应该成为家庭教育的重要组成部分，也就是说家庭教育要注重情商教育，智育要寓于情商培养之中。作为家长，对孩子要有正确的价值定位，但无论如何定位，情商培养都是重中之重。从孩子的幸福美满人生来讲，成功、健康、自在不可或缺，"自在"二字就与"情商"关系甚大。而"成功"更是离不开情商，有这样一个公式：成功 = 能力 + 机会。一般而言，能力指的是一个人的主观条件，机会指这个人所处的社会客观条件，但随着社会的发展，情商与机会逐渐结合并日渐紧密。总体来讲，一个人的能力是由智力能力和非智力能力两部分组成的。情商是衡量人非智力能力的重要指标。中国目前的家庭教育往往重视智力因素的开发和培养，而忽视非智力因素对孩子未来成功与命运的影响。也就是说，我们缺乏全面发展的家庭教育。

积极的自我教育有赖学校的有效引导。在教育过程中，学校教育和自我教育是统一的过程，具体讲，学校教育是对自我教育的促进和提升。离开学校教育的自我教育可能是盲目的、低效的，而没有自我教育的学校教育则可能是空洞的。因此，学校教育的本质是对自我教育的积极引导，积极的自我教育则需要学校教育的有效引导。首先，要实现对自我教育的积极引导，学校教育须是全面的教育，能满足学生各方面的发展需求，也能引导学生向各种可能的方向发展，这就是通常所讲的素质教育。其次，学校教育须有特殊的教育，全面的学校教育不能是平面的教育，而是扬长补短的教育，以帮助学生走得更远更稳。最后，学校教育须是有重点的教育，不仅要帮助普通学生全面发展，也要帮助特殊学生包括超常发展的学生健康发展。从这个角度讲，"有好的教师才有好的教育"就不是虚说，而是学校教育的一切。有好的办学理念可能带来好的教育，而只有有好的教师才会有好的教育。教师的价值和责任应该是学校教育的抓手。

积极的自我教育基于温润的社会教育。自我教育并不是社会教育的补充，而是比社会教育更重要、更深远、更有长远影响力的教育方式。社会教育作为自我教育实现的基地和平台，对自我教育有深刻的影响。一般而言，社会教育是指对学生德商（MQ）的提高为目的的教育行为，也就是说社会教育要有利于学生的自我认知和自我概念，就是要改变自己对世界的认识。因此，社会教育应该是开放而温润的，但在社会生存中，面临的问题与学校教育的知识不同，需要解决的问题也与书本中经过理想化的模型不同。现实的问题更复杂，需要考虑的细节更多，而且只能有限度地简化。因此，学生的社会教育的核心部分——家庭、学校、教师和同学，须有一定的教育角色意识。换句话说，一个人不仅仅是他自己的独立存在，而是所有与他有重要关系者的关系综合存在。因此，善待他人就是善待自己。

教育是复杂的，教育问题是各种关系的综合反映，对待教育问题的态度就是对待自己的态度，少一些指责和抱怨，多想想自己的责任和尽责的情况，也许，教育就可能美好起来。

第一节　厘清历史课程实践的困难和对策

当前的高中历史课程教学面临十分尴尬的局面：既要全力贯彻课程改革理念，保证历史课程的有效实施，又不得不遵循高考的要求，满足社会选拔人才的需要。在目前，高考的选拔性要求和课程改革的要求还没有能够很好地协调起来，各方面还很难将课程改革和高考选拔完美地结合起来，高中教学要在课程改革和高考改革的双重压力下求生存图发展，就如同航行在巨浪滔天的大海上的渔船，从望远镜里看到了远处岸上的灯火，其实距离港湾依然遥远且路途艰难。正可谓是"戴着镣铐跳舞"，而且这次是"戴着镣铐必须跳舞""必须戴着镣铐跳舞"，唯有在困境中奋进。

一、课程改革的困惑与方向

课程改革实施近 20 年了，虽然改革的理念十分合情合理，也具有极强的客观必要性，但在课程实施的实际操作上，还有许多具体问题没有解决，尤其在面对巨大的地区和学校差异上，课程改革的实际操作面临严重困难。同时，高考改革方案也很难在满足社会需求的同时，完整地体现课程的功能和要求。因此有人说，"在中国，所有的教育改革在高考面前都必须低头"。这是有道理的，这个道理就是所有的教育改革都要符合国情。到目前为止，适应课程改革要求的高考改革方案仍处在变动不居之中，学校的课程开设和教学都比较被动，课程改革在教学中产生了许多困惑。

首先，高中教育不关注高考是不现实的。毋庸讳言，高考对教学内容的选择、学校课程开设具有很强的影响力。在教学实践中，究竟应该怎样定位课程教学，怎样把握课程教学内容，确实是一个问题，很多老师被这个问题深深困扰。面对高考改革，学校只能据此确定课程内容的设置和计划，教师依据高考要求把握教学的深度、难度、广度和高度，甚至连学生也为到底是考试重要还是素质重要的问题感到迷茫。

其次，如何处置课程教材中存在的问题？教材是教师教学和学生学习的最重要的材料，教材是课程改革、高考命题、教育教学和教学改革的焦点。因此，教材质量至关重要。目前，课程改革中出现"一标多本"和"一标一本"，都是为了实现教育的选择性和提高教育效果的一种尝试。但同时，由于科学的教材编写和审查体系还没有真正完善，编写水平不一的教材编写队伍，导致"多本"的水平"多样"，而教材选择的真正决定权并没有掌握在教师和学生手里，致使我们使用的教材可能存在不同的质量问题。

最后，如何面对纷繁复杂的教辅材料问题？自 20 世纪 90 年代以来，中小学教学越来越需要依靠教辅用书了，教辅用书成了名副其实的"第二教材"。课程教材的变革，对历史教学是一个挑战。针对"第二教材"做好历史教学有几点需要注意。第一，要摒除依靠教辅材料来备课和备考的依赖思想：摒弃面对具体的教学任务的，不是在研读课标的基础上认真分析教学内容，而是首先翻开教辅资料的做法，不要让教辅资料的思想替代了教师的教学分析。第二，要让学生力戒把读教辅材料当作读书，因为这会使得学生不会读书，更不会分析和归纳概括。第三，对教辅资料的题不要不加分别地一练到底。

对于上述三种困惑，我们的出路在于"避虚就实"，坚持"大事做不来，小事赶快做"的工作方法，发挥自身优势，做力所能及的事情。比如，高考方案我们可以参加讨论，教材编写我们可以批评争鸣，教辅用书我们可以组编。但这些都不是我们能够自主解决的问题，我们要解决的问题是在这样的处境中，如何保证我们的教学质量。

随着课程改革的深化，历史课堂教学与传统教学相比发生了根本性的变化，很多一线教师面对这些变化，进行了积极有益的思考、探索，并积累了丰富的经验，也有的教师在课程实施和教学过程中，特别是在实际的课堂教学中，遇到相当多的从理论到实践操作层面上的困惑和问题，有些疑惑得不到解答与专业上的引领，对此，我们应该正视并积极努力探索。

第一，教师的教学经验如何与课程改革的理念有机结合？教学经验是已经被实践证明的一些有效做法，课程改革的理念是课程实施和教学实践所提倡和主张的一些教学追求，其目的是进一步提高教育教学质量，二者在本质上是高度一致的。在实践中应该按照课程改革的教学要求来重新整合我们的教学经验，为提升课程实施质和教学量服务，将教学实践与教学理论有机结合，使教师真正做到有感、有悟、有收获、有提高。

第二，如何真正体现学生主体与教师主导之间的关系？"课堂上要以学生为主体，教师为主导"这句话很多老师经常挂在嘴上，可是落实到课堂上时是否真能做到"学生主体教师主导"呢？有的教师害怕主导过多不能体现学生的主体，整堂课都让学生操作、探究、合作，教师只是组织与点拨；有的为了体现教师的主导作用，则事事替学生做主，"导"得过多。

第三，怎样体现既注重学生情感态度价值观的体验又促进"双基"的落实？课程改革所提倡的自主学习、探究学习和合作学习，是让学生感受学习的快乐，获得成长和进步。在教学中有的教师注重了学生的情感体验，让学生动手、动口、动脑，可是时间明显不足，因而"双基"训练就到不了位。

第四，在教学中，许多老师运用多种评价方式鼓励促进学生发展，运用多种语言激励，但是如何实现激励的有效性？怎样将这种评价资料进行收集与整理既体现学生的过程性发展，又能减轻教师的工作负担呢？

第五，教师如何把握小组合作学习的有效学习时机？当前的教师在课堂教学中都能做到以学生小组合作学习为主要的教学形式，但是如何进行小组学习，怎样实现有效性，仍然是教师在教学中遇到的难点。

这些问题有些是我们一线教师无法解决的，有些是需要我们努力探索的，有些问题则应该是我们必须解决的。但不论是哪一种问题的解决，都是相当困难的，不主动进行积极的努力是不可能有什么突破的。在困难和工作面前，只有主动地想办法解决问题，才可能使问题得到解决。成功的人一定是积极主动的人。

二、历史课程教学面临的挑战与对策

课程改革背景下的历史教学对教师提出的挑战是全方位的，教师因此需要全面提升学养和教学水平。这里不谈教师的教学专业发展问题，主要谈谈课堂教学对教师的直接挑战。

（一）如何落实"三维"教学目标

21世纪初的课程改革提出了三维目标，具体是指知识与技能，过程与方法，情感、态度和价值观三个层面上的目标要求。它是否取得了成效，取决于广大教师对它的认识的深入程度，取决于教师对有效教学策略、方法的整合和运用。它一方面为教师的教学活动指明了方向，另一方面也对教师在整个教学过程中的理念和行为提出了严峻的挑战。

厘清三维目标之间的关系是落实"三维目标"的前提。知识与能力是教学目标的核心，它通过过程与方法，以及情感、态度与价值观目标的实现而最终实现；过程与方法是教学目标的组成部分和课堂教学的操作系统，它渗透在知识与能力目标的实现中而实现；情感、态度与价值观是教学目标的组成部分和课堂教学的动力系统，它伴随知识与能力、过程与方法目标的实现而实现。三维目标互相紧密联系在一起，只能作为一个整体来达成，不能分割。在课程改革中，三维目标是主要矛盾，知识与能力是主要矛盾的主要方面。这是毋庸置疑的，如果对这一点产生怀疑或动摇，将使教学无所适从，也将使教学质量严重滑坡。假如把学科能力比作一座大厦，由三维目标构成，知识与能力就是大厦的基座，过程与方法、情感、态度和价值观就是上层建筑，基座稳固了，学科教学的根基才不会产生动摇，"上层建筑"也才能发展得越高。情感态度价值观是重要的一维，没有它，学科教学就会失去方向，其直接危害是人文性的缺失。没有"过程与方法"的目标，所倡导的"自主、合作、探究"也将难以落实。在兼顾其他二维的情况下，知识和能力坚实牢固，是课程改革实践追求的目标。

（二）如何处理教学内容

第一，在"一标多本"的局面下，教科书并不完全是按照"课程标准"的顺序和要求编写的，不同版本的教科书都在"课程标准"的基础上有所创造，这就为教师的教学提出了一个难题：如何取舍这些教学内容。第二，在高考方案不断改革创新的情况下，教学的难度、深度等都不太容易把握，要正确处理好教材内容、把握好教学的要求都是教师面临的重要的实际挑战和不可动摇的基本点。第二，很多选修课模块是原来大学的教学内容，中学教师从来没有教过，难度可想而知。这些都是课程改革背景下历史教学中亟须解决的问题。

处理教学内容的基础是要全面科学地整合教材内容。整合的原则主要有三个。（1）认真研究"课程标准"，遵照"课程标准"的要求处理教材，如过去的"教学大纲"中的大部分知识在"课程标准"中的教学要求都发生了很大变化，在实践中我们就不能按照以往"教学大纲"中的能力要求来实施教学，只能遵循"课程标准"的教学要求。（2）对比研究"教学大纲"和"课程标准"，二者共同具有的内容是重点考查对象；"教学大纲"中没有，"课程标准"新增内容点到为止；"教学大纲"有，"课程标准"删掉的内容不考。要坚持课程改革的教学要求：删的不补，降的不增，适度拓展。（3）归纳研究不同版本的教材。在教材的使用上，要注重对不同版本教材的研究，尤其要注意研究不同版本教材表述相同的内容，对各版本中个性化的内容作为教学的重要参考和借鉴。因为在"一标多本"的情况下，高考只能依据"课程标准"，只能重点关注各版本教材的共同主干部分。比如，历史必修一关于古罗马的部分，"课程标准"的要求是"了解罗马法的主要内容及其在维系罗马帝国统治中的作用，理解法律在人类社会生活中的价值"。而在这一节内容的编写上，各版本教材各有侧重：人教版主要写"罗马法的起源和发展"；大象版主要写"罗马法在维护罗马奴隶主统治中的作用"；人民版主要写"罗马人的法律"；而岳麓版则写了"古罗马的政制和法律"。显然，按照"课程标准"的要求，要以学习罗马法的产生及其作用为主。

（三）如何有效开展课堂教学

课程学习需要学生主动参与、乐于探究、勤于动手，培养学生搜集和处理信息的能力、获取新知识的能力、分析和解决问题的能力，以及交流和合作的能力。在教学和学习的方式上提倡自主学习、合作学习、探究学习，但如何把这些教学方式操作好，把课程改革的教学要求落到实处，需要对教师的教学做出革命性的调整。

课程改革背景下的历史教学强调综合运用各种教学方式。成功的、高效的课堂教学一定是务实的课堂教学，如果课堂教学不能保证"双基"的落实和学生的实际收获，课堂教学再热闹也是需要怀疑的。例如，课程改革所说的实践活动有着明确的目的性，只有让学生理解活动的意图，才能使相应的探究活动真正成为一种学生自觉的行为，学生的主体地位才能真正体现。在实际教学中，有的教师误认为教学活动是为了活跃课堂气氛和提高兴趣，把活动当成了一般的课堂游戏。学生在课堂上忙忙碌碌，教室里乱哄哄，活动无目的、无体验和反思，这种形式化的活动不仅浪费时间，而且毫无意义。

又如，课程改革强调学生学习上的合作和交流，有人就认为只要学生在课堂上讨论了、合作了，就是体现了课程改革的理念。有的教师把小组合作交流当作法宝，有时学生的探究欲望还没有被唤起，便让学生分小组讨论交流，导致少数优秀学生当"讲师"，多数学生当听众或陪衬，他们的意见也往往被忽视。还有的课堂所谓的合作，总是教师先抛出一个问题，让学生分组讨论，教室里一片嗡嗡声，学生你一言我一语，仅象征性合作两三分钟，学生还没有进入讨论状态就宣布结束，然后请各小组学生代表发言（这些学生一般是在习惯中形成的固定的学生），虽然很热闹，但缺少思维的碰撞和交流，合作流于形式。还有的讨论的问题并不困难，学生个人完全可以独立解决，却偏偏让学生合作探究，甚至一些毫无讨论价值的问题都要在小组里面讨论解决。出现这些现象的原因在于教师只是从形式上接受新的理念，没有把握转变学生学习方式的实质。引导学生合作、交流、探讨旨在激发学生思维积极性，开发学生潜能，培养学生合作意识与能力，让学生在思维的碰撞中产生智慧的火花。因此，只有当学生遇到了个人难以解决的问题而处于跃跃欲试的"愤悱"状态时，合作交流才有必要和兴趣；也只有当学生意见不一，感到有必要争论探讨时，合作才有价值。换句话说，合作应建立在学生个体需要的基础之上，只有学生经过自己的独立思考，有了交流的需求，再开展合作学习才会收到实效。

又如对于学生自主学习，一些教师认为自主学习就是要突出学生的主体性，绝对尊重学生对学习的选择，教师跟着学生走。有的教师上课便让学生自己看书，"你喜欢读哪一部分？""你想先学什么？""你想怎么读就怎么读"，没有相应的教学设计和指导，没有具体要求，没有检查和反馈，由学生一看到底。有的教师一味想方设法激发学生参与教学的积极性,学生一时兴起争着发言,只顾自己表现,沉浸在孩童式的游戏中,哪还有心思探究知识的奥妙,课堂"开放了",学生"自主"了,但基本的"游戏规则"没有了,教师成了旁观者,学习效果适得其反,这实质上就是把自主学习异化为放任自流。还有的教师认为自主学习就是教师少讲,把时间还给学生。这也是对自主学习的教条化理解。一节课讲多讲少,要视具体情况而定,教师在讲台上分析,学生在听的过程中独立思考,也是在自主学习。反过来,如果学生自己读书、活动,而不一定有所思、有所悟,也不是真正的自主学习。自主学习不是教师跟着学生走,不是放弃教师的指导,而是教师要适时有效指导,让课堂充满思辨,让学生的思维真正活跃起来。

关于课堂教学,我们应该坚持的原则是:落实"双基"坚定不移,教学改革坚持不懈,教学改革要以有利于落实"双基"为前提,要以提高"双基"教学的效率为追求。

(四)如何正确评价学生

课程改革采取形成性评价与总结性评价相结合,提高课堂教学评价的实效性,以形成性评价为主的评价方法。在评价过程中,如何转变原有的评价思想,如何正确发挥评价的诊断、激励和发展功能,如何既注意对学生显性结论的评价,又注意对其缄默过程的评价,这将成为教师面临的新课题。

课程改革重视过程性评价,但过程性评价必须要有实效性,切忌流于形式。从操作上来看,教师的课堂即时评价能力直接关系教学效果。优秀教师从来就是激励成功的大师,新课改要求教师成为这样的激励大师。激励是一门艺术,也是课程改革新思想的具体体现。体态、动作、表情、语言,无声的、有声的,都可以激励学生。可如今,课堂上却常听到干瘪空洞的评价语言:"你真有天赋""你非常聪明""你回答得最好",甚至有的整堂课都充斥着"棒、棒、棒!你真棒"这样毫无内涵的评价语。这种过多的"廉价"奖励过分注重形式,缺乏激励性,甚至会误导学生,以为自己的答案真的很好而沾沾自喜,习以为常,听不进不同意见,还可能导致学生浅尝辄止,不再深究。其实,课程改革强调对学生的尊重、赏识,并不意味着对学生要一味表扬。学生一般能区分出表扬故意与否,对符合实际的批评多数能客观对待。从中,可看出教师中存在着一些问题:一是语言贫乏,二是思想苍白,三是文化缺失。在教师队伍的整体上看,这方面的基本功都是十分欠缺的。

教学中，教师要善于发现学生的思维闪光点，给予及时、适当的肯定和激励，让学生的积极性得以发挥。对学生的错误结论明确地加以匡正，使模糊的概念得到澄清，让学生对知识有新的认识，在否定之否定中提高自己的认识能力和思辨能力；对学生学习上的不良表现不做简单的批评，而是对学生的问题进行调查分析，注意理解学生的烦恼和痛苦，做出恰如其分的批评或惩罚，其他学生也能潜移默化地受到教育。否则，批评和表扬就会失去作用。一味批评或赏识都不利于学生健康成长，也不会有完整的全面的情感体验。不论采取何种评价，都要注意了解学生的内心体验，把握一定分寸，使评价符合学生实际，让学生心悦诚服，这样才会激发他们去努力扬长避短，这样评价才能成为学生成长的"驱动器"。

三、准确把握课程实践中的问题

在课程改革实践中的诸多公开课教学活动中，我们欣喜地看到老师们在课程改革中所取得的成绩，但同时也存在一些共同的问题，需要我们采取有效措施，加以克服。

（一）教学设计主题不明确

教学设计是为教学目标服务的，是围绕一定教学主题展开的。教学设计要有明确的主线，要有准确的教学重难点，并要从学生学的角度设计教学流程。在听课过程中，我们发现有些课没有很好地突出教学目标、呈现教学内容和教学重难点，虽然也组织了学生的活动，但活动的目的和效果差强人意。

克服这种现象的办法就是加强备课，在教学设计上投入更大的精力，首先弄清"课程标准"中对本课的教学要求，务必保证"知识和能力"目标的落实。其次要充分了解学生，尽可能满足学生的需要。最后就是充分发挥教师自身的教学优势。

（二）教学过程空泛缺落实

课程改革改变了过去教材的"繁""难""偏""旧"的弊病，降低了教材的难度，削减了教材内容；同时赋予了教师更大的整合教材的权利和空间，这也是对教师的要求。但在课程改革中教学中，有部分老师沿用以往"照本宣科"的教学方法，这样的教学显然有悖于课程改革要求，这样教的结果就是课堂内容空洞、空泛，学生感到没有收获。洋思中学校长蔡林森说："上课要让学生像打仗一样紧张！"这种紧张不是表面上学生在各种活动中忙忙碌碌，而应该主要是指思维活动的紧张。学生参与教学的本质是思维的参与，采取什么样的活动都是为了激活学生的思维。

对此，老师们要能根据学生实际适当拓展教学内容，在保证"知识与能力"目标的过程中，要充分考虑"情感、态度、价值观"目标，但以不冲淡教学主体内容为前提。

（三）教材处理还不够到位

解读教材的能力是课程改革对教师的一项重要的基本功要求。我们要能够研究整套教材的体系，然后重点研究好必修模块的知识体系和"双基"要求。要通过学习和研究，清晰地理解：必修模块中选取了哪些知识内容，以什么方式呈现；在本学科的最基本的知识中，有哪些放在必修模块，哪些放到了选修模块，知识之间有什么内在的逻辑结构，每个知识点在不同的模块中分别应该把握到什么程度；课程改革中的教学目标是通过哪些知识载体以什么方式体现的。我们通过系统的研究，提高把握和驾驭教材的能力。

在实际中，有一些教师认为重组教材就是根据自己和学生的喜好调整教材内容，把关注的重点放在调整教材内容或活动设计上，忽视了对课程标准的理解和创新，反而使新的课程理念难以实现。比如，课程改革提出"教材不等于课程"，"生活世界"才是课程范围。有的教师就片面强调教学与生活的联系，大搞"课内外衔接"，大量补充学生感兴趣的生活素材，对远离学生生活实际的内容任意删减或更换，削弱了学生感受、认识、展望世界的机会。因此，教师要正确处理好联系学生生活实际与引导学生探究未来世界的关系，两者都不能偏废。教师在处理教材上，不要局限于对教材的简单改变，关键是在课程的高度理解和把握教材基础上，以教材为文本和载体，用课程标准来合理整合教学内容，使教学成为师生共同创造课程的过程。

（四）教师的主导作用还不够充分发挥

在课程改革教学强调学生自主学习、探究学习的要求中，对教师的教学主导作用不是弱化了而是加强了。学生的学习过程需要教师的组织和调控；学生的探究活动需要教师的指导和帮助；学习内容需要教师的整合和加工；学习成效需要教师的考核和认定；学习的范围和形式需要教师的引导和开发；等等。总之，在自主学习中教师的作用不仅不能削弱，还应加强，但加强的理念变化了，以前过多的是研究如何教，现在则要研究学生是如何学的，即如何让学生学得更多、更好，更会学，更乐学。这就是立足于"学"的自主学习观念。教师在教学中要注意充分发挥学生学习的主动性，同时切实培养学生的责任感，这才是教师的引导作用之所在。

（五）信息技术使用的实效还不高

当前，有的课成了一张张幻灯片的播放，一放到底，把过去的"人灌"变成了"电灌"。在课堂上明明可以让学生动手操作、亲自试验完成的，却被课件的模拟演示所代替；明明是需要学生通过文本描述来实现自我想象、联想、体验与感悟的，却被教师精心制作的多媒体画面同化到一种认识和体验上去。还有幻灯片本身存在色彩对比不强、数量过多、链接过于复杂等问题。因此，我们要弄清楚信息技术的作用到底有多大，合理整合各种教学手段，"因材选媒"，突出多媒体的辅助作用，淡化其"装饰"效应，让学生在形象生动的情景中经历探究过程、获得理智和情感体验。不可为了体现"现代教学"一味运用多媒体等现代教学手段，而忽略了学生自我操作、实验和品位，喧宾夺主。

课程改革任重道远，作为课程改革实施者，一线教师正艰难行走在一条充满希望的道路上，正可谓"前途是光明的，道路是曲折的"。认识问题是为了解决问题，只有通过自身在实践中不懈努力，我们才能走过阵痛，走向希望的顶点。

四、立足实践，明智选择改革突破口

面对困惑，必须做出选择，而且要做出正确的选择。有选择才能有行动，走对路才会有出路。

（一）关于教学内容

毋庸讳言，高考对教学内容的选择、学校课程开设具有很强的影响力。高中教育不关注高考是不现实的。目前，在高考改革方案不断调整和完善的情况下，应该怎样定位课程教学，怎样把握课程教学内容，我们认为以下几条原则是应该考虑的。

1. 紧扣"课程标准"，落实"双基"教学

课程改革的一个明显变化是教材出现"一标多本"。因此，高考无法也不能按照某一种教材来命题，高考命题的唯一的统一的依据只能是"课程标准"。这就要求我们在对教材的把握上，无论是进度、难度、深度、广度，都必须遵循"课程标准"的要求。

高中教育是基础教育，基础教育必须重视基础，一切教育都必须立足于基

础。课程改革改的是教学内容、教学方式和学习方式，目的是进一步提高基础教育质量，所以"双基"教学依然是课程改革所提倡的，也是课程改革成功与否的重要保证。有人讲，"不重视'双基'的教学是无效教学，不落实'双基'的课改是失败的课改"。因此，我们的课堂教学、我们的教学改革都必须首先保证"双基"的落实。

2. 必修课教学要扎实，选修课开设要整合

如果说必修课教学存在教材版本上的差异，那么选修课开设则存在地区和学校之间的差异。因此，无论是哪一种高考模式，都要以必修课内容为主体，因此我们要扎扎实实抓必修课教学。选修课的开设要积极稳妥，既要符合课程改革精神要求，更要切合学校实际。在条件不具备时，应首先开设与必修主干知识联系密切的选修内容，保证不同发展方向的学生得到最大的发展。

3. 语、数、英教学要保证，其他学科教学要调整

从正在讨论的几种高考方案看，语、数、英三科作为高考的基本科目是既定的。对不同学科的教学要求，应该坚持这样的大原则：语、数、英三门基础工具学科，要全面统筹考虑必修模块和选修模块的要求，而人文领域和科学领域的学科，分成必修和选修两个台阶分步实现教学要求，其中物理、化学要特别注意教学的难度和深度。保证全体学生学好所有必修模块，并为选修模块的学习预留潜力。

（二）关于教学过程

在推进课改的过程中，教师们普遍感到课时不足，课程标准规定的教学内容与教学时数之间矛盾很大。要在这种情况下确保"双基"的落实，就必须优化教学过程。

1. 抓好课前预习

对即将授课的内容，要指导学生搞好课前预习。对学生预习情况一定要严格要求，任课教师要采取各种形式做好检查。在授课中让学生体会到课前预习的好处，使预习成为学生的自觉行动，从而逐步提高学生的自学能力。各任课教师要尽可能地设计"预习提纲"或"导读提纲"。

2. 扎扎实实地搞好集体备课

加强集体备课可以提高教师的工作效率和效果。每一节课确立一位主备人，在各备课组集体备课的基础上，由主备人编写出"预习提纲""导学提纲""课堂达标题"及教案，供全备课组乃至全教研组使用。其他教师不再重抄教案，

使用时可以根据自己的特点，对以上备课进行修订，使之不断完善。

（三）关于学业考试评价

不论是"应试教育"、素质教育还是"新基础教育"，考试都是一种重要的教育检测手段。在很长一段时间里，我们无法回避升学，回避考试，考试还是学校和各级教育行政部门的重要任务之一。因此，学校教学科研要把考试研究作为一项重要研究任务来对待。

1. 考查内容要紧扣"课程标准"，全面反映学生的学习情况。在"三维目标"中，一般比较侧重对"知识和技能"的考查。

2. 加强命题研究，提高试题质量。充分挖掘客观性试题考查学生分析和解决问题的能力；有效发挥主观性试题考查学生探究能力和实践能力的优势；加强试题与社会实际和学生生活的联系。

3. 学科训练急需加强和优化。在目前教辅材料缺乏、滞后，水平参差不齐的情况下，我们要多做一些创造性的工作，提高学科训练的效率。

4. 关于考试，学校对考试工作的基本要求是每学期举行学期中段考和期末考试两次考试，年级组内需要考试要与教科处协调。原则上语、数、英三科可在两次考试外增加一次。校内考试可采取无人监考，统考按要求做。

（四）关于选修模块的开设问题

课程开设是目前的当务之急，选修模块的开设是目前学校教学工作的首要难题。对此，应坚持做好以下四项工作。

1. 深入研究，认真规划，扎实推进

各学科已经初步确定了要开设的选修模块，对此我们还需要做进一步的研究，到底哪些选修模块是最重要的，是必须要开的，模块儿开设的最佳顺序应该是怎样的。这些模块顺序的确定首先满足高考的可能性需要，再考虑学生的兴趣，对于是否纳入高考范畴尚不明确的模块内容，暂不列入开课计划。在此基础上，认真做出包括高考复课在内的学科教学计划，并按照计划扎实推进。

2. 做好模块内容的整合工作

选修模块内容的开设要与相关的教学工作有机整合：语文选修模块的开设需要认真研究，要做到把高考要求、学校的办学要求、学生的状况和兴趣，以及教师的知识结构充分整合起来考虑。而且语文学科在学生学习成长中的作用和地位是非同一般的，这是语文老师的自豪也是责任，语文组应高度重视；英语的选修模块可以与英语角和必修模块整合；政治、历史、地理、物理、化学、生物学科的选修模块也可以与必修模块和学科活动整合。对于规模比较小的学校，争取把选修课的开设纳入正常的教学时间中去。

3. 做好选修文理发展方向学生人数的调配工作

我们要适当增加选修理科的学生人数，要根据学生实际设身处地为学生发展着想，为学生在高考中的最大成功着想。同时也要考虑学校办学目标，争取各领域都有杰出人才涌现。

4. 做好选修课教学的教材、设备、实验材料的准备工作

除了做好开课的规划外，各学科要及早提出开课所需要的教材、教辅用书、设备、实验材料等方面的计划，并保证按时到位。

五、需要达成的几个共识

（一）树立全面的"教学效果观"

"掌握了具体的知识"不等于"教学效果好"，"教学效果好"主要看"教育效果"。对于学校的办学目标，我们的教学定位不应该只是完成知识教学，而应把"做人教育"放在突出的位置上。同时，这也是课程改革的要求。我们可以对学生做一个跟踪调查，若干年后，你留给学生的记忆是什么？这就是你的教育效果。

（二）致力于构建新的教学模式

实施课程改革的课堂教学，没有也不可能有现成的模式可供仿效和借鉴。课程改革实践必将是各种教学模式不断涌现的过程，在这个过程中，原有的种种模式也会、也必须在总结和反思中去重组、改进、发展。在教学中，我们应该按照课程改革理念对课堂教学进行梳理和概括，积极构建有效的课堂教学新模式。

（三）重点研究课程改革的学习过程

我们在重点研究课程改革、课堂教学问题的同时，也要关注与课堂教学密切相关的其他的学习过程，特别是要提高"预习"和"作业训练"的效率，这也直接关系到课堂教学的效果。

（四）加强学习

面对种种挑战，应对的办法主要是两个：主动出击和积极学习，提高自我工作要求。

第二节　找准历史课程实施的立足点

历史课程改革带来了许多历史性的变化，比如，"三维目标""一标多本""新知识体系""评价方式"，包括在此进程中行将进行的高考改革，等等。这些变化从多种层面对学科教学提出了新要求，使得老师们无法按照旧方法教下去，学生也无法照旧方法学下去了。

就高中历史课程教学而言，目前正处在百家争鸣、百花齐放的阶段，虽然暂时还没有很多物化的成果出现，但这种鲜活的、多彩的、开放的景象本身就是一种最大的成果。然而，在精彩纷呈中，或许也会有人迷失方向，甚至丧失自我。笔者认为，从事高中课程改革历史教学，教师应该坚持三个根本立足点。

一、准确解读教材内容

教师理解教材是否准确到位，是有效施教的基本前提。只有深入理解教材才能准确确定教学定位和教学立意。课程教学中，教师钻研教学内容应包括课程标准、教科书和有关参考书。在历史教学实践中，科学理解和正确使用好课程标准是搞好课程教学的前提。钻研课程标准就是要弄清本学科教学目标、了解本学科的教材体系和基本内容，明确本学科在教学方法上的基本要求。钻研课程标准有助于教师全面地理解教材内容，把握学科教改的脉搏和方向。

教材好比剧本，教师依据教材备课、教授和训练，好比导演依据剧本进行影视分镜头的拍摄和制作。剧本内容与导演的理解、思路、视觉之间存在一定距离，演、导人员正是借助这一距离，充分发挥自己的聪明才智，将风格各异的影视片呈现在广大观众面前。反过来说，任何导演都无法原封不动地把剧本内容搬上舞台或银屏，只有经过导演和演员加工、处理并变通的剧本才能变成真正的舞台和影视艺术。课程教学提倡教师在正确解读教材的基础上进行个性化的处理和创造，体现教师的教学特色。

理解教材首先要整合不同版本的教材和类似主题的单元内容。在"一标多本"的局面下，教材并不完全是按照"课程标准"的顺序和内容划分编写的，不同版本的教材都在"课程标准"的基础上有所创造，这就为教师的教学提出了一个难题——如何取舍这些教学内容。其次，教学的难度、深度等是教学实践中难以把握的时机问题，要正确处理好教材内容、把握好教学的要求都是教师面临的重要的实际挑战。最后，很多选修课模块是新增加的教学内容，中学教师从来没有教过，教学难度可想而知。

理解教材的高层次要求是深刻和独到。深刻就是一针见血，入木三分。只有理解深刻，才能揭示教材的本质，挖掘出教材的精髓内涵；独到就是独具慧眼。教师对教材有真知灼见，便能够于平凡中见神奇，发人之所未发，见人之所未见。例如，教师教授岳麓版历史必修Ⅱ第三单元《各国经济体制的创新和调整》时，应该首先揭示出时代主题：随着生产力的快速提高和国际形势的急剧变化，单一的资本主义经济模式和模式化的斯大林体制都不能适应不同民族和国家现代化的需要，都需要突破传统的束缚，进行经济体制的创新和调整。调整的过程客观反映了两种经济体制的碰撞和相互借鉴，并呈现出不同的特点和结果。

教师在钻研教材的基础上，还应广泛阅读有关参考书，从中精选一些材料以充实教学内容，并根据学术发展的最新成就更新某些教学内容。比较而言，钻研教材是重点。

二、精当讲授重点

课程标准中"积极倡导自主、合作、探究的学习方式"这个基本理念的提出，使现在课堂教学的面貌发生了很大变化。也正因如此，传统讲授法遭到了激烈的批评和指责，甚至有人为了"倡导自主、合作、探究的学习方式"提出要"去"讲授法。其实大家都明白，节节课全部采用讲授法固然不利于学生勇于质疑、善于发现的品格和创新能力的形成，但全盘否定讲授法会是更严重的错误，讲授法可以在最短的时间内让学生接受最多的知识，这一点是其他任何一种教学方法都无法替代的。

在每个人受教育的经历中，都会对老师们的精彩讲授难以忘怀，现在很多电视节目如"百家讲坛""李敖有话说"等，都是以讲授为主，也还是很受欢迎的。这说明问题不在讲授法本身，而是我们怎样应用讲授法。实践告诉我们，在课程改革教学中教师全面准确地把握讲授性教学的基本思想及其操作方法，恰当地处理好讲授性教学与探究性学习的关系，对确保教学实效至关重要。课程改革并不是要排除讲授法，而是要提高讲授的水平和效果。

在教学中要注意抓住知识特点、学生思维点、能力增长点进行精当的讲授。例如，岳麓版历史必修Ⅱ第10课《鸦片战争后的中国社会经济》，多数老师是按照教材标题所反映的显性逻辑关系讲解，少有新意。而顺德一中的特级教师全仁经在讲授这节课时却匠心独运，让人耳目一新。这节课的难点是鸦片战争后中国社会经济的变化，从教材看，引起变化的直接原因是"洋货"的大量涌入，而"洋货"之所以能大量涌入的原因是列强通过不平等条约攫取了各种经济特权。全老师在讲授时首先质疑："'洋货'只能靠'特权'才能涌入吗？"接着，揭示一连串的问题："哪些属于特权？开口通商是特权吗？""什么是'洋货'？'洋货'有什么优点？'洋货'的涌入有没有必然性？""'传统经济结构'是什么结构？其'瓦解'的表现是什么？怎样看待它的'瓦解'？"全老师在讲授这一系列问题时，准确抓住了教材的本质问题和学生的思维兴奋点，深刻揭示出历史发展的实质，看起来是教师在主导课堂，实际上学生在思考探究，得到了阅读、思考、分析等多方面能力的培养，课堂教学效果很好。

三、适时助导思维

探究性教学是课堂教学中教师施教的重要方法，同时也是教师在教学中可以大有作为的地方。实施探究教学的关键是要求教师能给学生思维的深入以及时而恰当的引导和指导。

探究式课堂教学是否能取得实效，归根到底是以学生是否参与、怎样参与、参与的效果来决定的。同时只有学生主动参与教学，才能改变课堂教学机械、沉闷的现状，让课堂充满生机。所谓学生主动参与就是给学生自主探究的权利，让学生主动去发现问题，探索解决问题。教师不要预先设置框框条条，要求学生按照教师的设计去运行，束缚学生手脚。教学过程是在教师的帮助和指导下每步探究都先让学生尝试，把学生推到主动位置，放手让学生自己学习，学生自己主动完成，这样，就可以使探究式课堂教学进入理想的境界。

第三节　直面历史教学的专业挑战

如何把先进的课程理念、新颖的课程结构和丰富的课程内容变成有效的教学实践，是课程改革中教师面临的机遇和挑战。应对挑战就等于抓住机遇。为此，在本轮课改的起始阶段，很多教师热衷于教学方式、手段的创新，使得课改后的历史课堂"热闹"了许多，但教学毕竟是一种教育，判断课堂教学优劣的终极标准只能是教育，而不是"热闹"。因此，过于追求"热闹"的教学就引起了人们的反思和质疑。正如李惠军老师在《我思、我行，故我在》一文中所言："一段时间来，在一种全新的理念与环境氛围下，我们的课堂教学似乎正在形成一种全新的语境和令人眩晕的教学场景——不知所云的互动、游移离散的论辩、华丽炫目的包装、眼花缭乱的手法，等等。鲜活的学科知识以及学科体系之内所潜藏的厚重、深刻哲理，在层出不穷的教育术语和学术概念的'引领'和'辅助'下，显得如此苍白与浅薄。"①

事实上，追求"热闹"和追求教育应该是同位一体的，只是"热闹"应该服从和服务于教育。也就是说，设计教学时应该首先考虑的是教育，然后才是用什么"热闹"的方式来实现教育。既然教育第一，就得从学科的教育使命上考虑，这就是专业的教育要求。从教育追求和课改实践看，学科教师在实施课改中面临的最大挑战就是专业挑战。而这种专业挑战又突出地表现为以下三个问题。

一、如何确定一节课的主题

新近使用的高中历史教科书是按照"模块 + 专题"的体例编写的，应该说，从模块、专题到每一课，都有自己的主题。但在每一课的教学中，找到本课的主题，并将其与现实、与学生实际结合起来，形成一个学生感兴趣的学习问题，是一个非常具有挑战性的问题，这是对一名教师综合素养的挑战，也是一节课能否成功的关键。"一课的'中心'实际上是一课的真正重点，而且是能够统率全课、带动一般的张目之纲。如何确定一课的一个中心呢？关键是根据课程标准，依托教材内容，把握一课教材在整个模块中的地位，弄清本课教材的内容构成及相互关系，然后找准本课的一个中心之所在。"②

确立一课的中心需要对教材和学生的准确把握，从而确定适当的教育目标。正如西安市第八十九中学李树全老师在岳麓版必修 I《政治文明历程》的第 19课《马克思主义的诞生》的教学设计中说："马克思主义是一个科学的理论，要想通过一节课教学，让学生全面掌握，是不现实的。但如果在教学中，重点突出其中的某一个点，而且是最有教育意义、最有现实意义的一个点，恐怕对学生理解马克思主义或许更有帮助，也更有利于课程目标的实现。我仔细研究课标和教材内容，认为重点突出共产党宣言中关于'未来共产主义原则'的阐述

---

① 李惠军．我思、我行，故我在［J］．中学历史教学参考，2006（4）．
② 傅元根．普通高中历史课程改革教学设计的新探索——人教版普通高中课程改革《历史》必修 I 教学问题探讨［J］．历史教学，2005（5）．

和巴黎公社关于'民主'措施比较有效，也就是说，将本课的主题确立为：马克思主义倡导'自由'与'民主'，马克思主义是人类历史宝贵的思想财富。在这一主题之下，适当挖掘相关资源，实现教学目标的有效突破。""我认为本课的主要目标应该是'点燃火焰'，即思想的洗礼，所以在教学中应该积极关注学生课堂的表现，激励学生思考，同时注意营造课堂气氛，调控课堂节奏，努力在一个比较轻松的课堂环境下来学习马克思主义。"①

准确确立一课的主题是对专业素养和教育素养要求都很高的工作，在教授一课之前，应该首先考虑和确定本课的主题，这是进行教学设计的关键环节。

二、用什么材料来教

"当然是用教材上的材料教啦！"很多老师会不假思索地做出肯定的回答。但问题是新近使用的高中历史教科书有四个版本，同一个课题在不同版本的教科书中所选取的材料是不同的。"用什么材料来教"，这是一个无法回避的问题。有人可能会说，"那就把四个版本教材共性的内容作为教学的重要内容"，问题是四个版本共有的内容不一定就是符合这一课题的最优选择，同时也就失去了"版本"的特色和意义；还有人可能会说，"应该以《普通高中历史课程标准》为依据"，问题是"四个版本"都是依据课程标准编写的。

现在，我们不妨回到从前，在"一纲一本"的情况下，我们的教学是不是"千人一色"的。如果不是，那就说明教学中材料的选择和使用不是"教材""版本"和"大纲或课标"问题，应该是"教师"问题，不同的教师会对教学材料做出不同的选择和组合，而决定教师"选择"的一定是"教育追求""教学理念""学科功底"等专业素养。

拿岳麓版必修 II《经济成长历程》的第 24 课《战后资本主义世界经济体系的形成》来说，课文主要说明了"二战"后美国是如何建立起以美国为中心的资本主义世界经济体系的（见下图），教学中则应该解释：美国"为什么能"成为"中心"，这"三大支柱"是怎样实现美国"主导"的。只有解决了这两个问题，学生才能真正理解美国"中心"问题。而"三大支柱"是怎样实现美国"主导"的问题是很有挑战性的问题。

---

① 李树全.《马克思主义的诞生》教学实录［J］. 中学历史教学参考，2008（5）.

```
国际货币基金组织 ⎫   国际货币金融体系 ⎫
                 ⎬  （布雷顿森林体系） ⎬
国际复兴开发银行 ⎭      1945 年       ⎬   战后以美国为中心的资
                                    ⎬   本主义世界经济体系
                     国际贸易体系    ⎬   两个体系三大支柱
                  （关税与贸易总协定）⎬
                       1947 年       ⎭
```

其中，美国为什么要规定"固定汇率制"呢？这是美国经济霸主地位确立的关键和突出表现。布雷顿森林体系规定，美元与黄金挂钩，官定价格为 1 盎司黄金 ＝35 美元，每一美元的含金量为 0.888671 克黄金。以黄金为价值基础，各国政府或中央银行可用美元按官价向美国兑换黄金，即美元黄金本位制。布雷顿森林体系同时规定，其他国家的货币与美元挂钩。把美元的含金量作为各国规定货币平价的标准，各国货币与美元的汇率可按各国货币含金量与美元含金量之比来确定，这称为法定汇率。例如，1946 年一英镑的含金量为 3.58134 克，一美元的含金量为 0.888671 克，则英镑和美元的含金量之比 1：4.03 就是法定汇率。这样美元就取得了高于其他货币的地位，"各个行星围绕着太阳转，各国货币绕着美元转"。

由于美元与黄金挂钩，享有特殊地位，美国可以利用美元负债来弥补其国际收支赤字，从而使持有美元储备的国家的实际资产资源向美国转移；还可以通过发行纸币而不动用黄金进行对外支付和资本输出，这就有利于美国的对外扩张和掠夺。这也极大地加强了美国对世界经济的影响。

怎样处理教材取决于要解决什么问题，这就意味着不能只是不加思考地"照本宣科"。在上例中，不讲清楚"固定汇率制"对于美国的意义，就无法使学生理解布雷顿森林体系确立了以美元为中心的金融货币体系。教学中，教师还应适当联系现实中的"人民币升值"问题，以说明布雷顿森林体系"虽死不僵"。这些教学问题的确定和材料的选择正是教师所面临的挑战。

三、用什么样的方式和流程施教

教学实施是教学设计的落实，教育蕴含其中。教学主题鲜明而耐人寻味，教学材料精炼而恰如其分，是教学实施成功的前提。在岳麓版必修 II《经济成长历程》的第 7 课《新航路的开辟》的教学中，有老师安排了这样的教学流程（如下），这一流程主要反映了教师的历史教育理念：要用历史事实说明问题，历史是可以理解的，历史教育是需要意会的。

一、为什么要开辟新航路？——一切为了香料！？

1. 两大动机：（1）政治和宗教的扩张意图；（2）对贵金属黄金的追求。

2. 对东方的两种理解：（1）难以置信的财富、宝石、贵金属和香料；（2）黑暗之海——海水沸腾、海风暴虐、巨浪滔天。

3. 两种现实——巩固王权的要求和相对贫弱的经济。（1）伊比利亚半岛土地贫瘠、相对贫穷，需要寻找新资源；（2）王权建立，希望改变经济现状。

4. 西葡面临的两种选择——坐观他人渔利或者另辟海路。（1）坐观奥斯曼帝国和意大利操控商业利润；（2）开辟与东方直接贸易新航路。

5. 开辟新航路的两种条件——必要性条件和可能性条件。（1）必要条件：发展经济、传播天主教；（2）可能性条件：天文、航海、造船技术的进步、王室支持。

二、开辟新航路的过程

1. 两国先行：（1）葡萄牙——迪亚士、达·伽马；（2）西班牙——哥伦布、麦哲伦。

2. 两步战略：（1）从地中海到大西洋——迪亚士、达·伽马、哥伦布；（2）从大西洋到太平洋——麦哲伦。

3. 两个方向：（1）葡萄牙向东；（2）西班牙向西。

三、开辟新航路的影响

1. 两种影响：（1）全球联系加强，世界市场雏形形成，促进了资本主义发展；（2）殖民活动展开，双重作用明显。

2. 两点认识：（1）在人类社会发展的进程中，先走一步就可能步步领先；（2）前进的道路上没有终点。

"选用哪些材料？""确定什么主题？""采用什么教学方式？"这三个问题是在历史教学中首先遇到的问题，也是最为关键和核心的问题，因为要解决它们，考验的是教师的专业功底和教育素养，甚至还包括一名教师的职业的敏感性。任何一个要从事历史教学，抑或是刚刚走上教师岗位的教师，都需要从这些问题入手，在应对课程教学的专业挑战中成长、提升。当然，我们从这三个问题中可以明显发现，解决它们需要历史学、历史哲学、历史教学论、教育学等知识背景。因此，课程改革实践中教师面临的是"大专业"和大挑战，但是起点在哪里，一定要清楚。

案例赏析：对虚拟"二毛回忆录"的置疑①

深圳宝安中学唐云波老师在学校"师徒结对子"活动汇报课暨新课改教学设计比赛中，采用"体验式教学"与"情景式教学"的理念讲授《鸦片战争后的中国社会经济》一课，通过编写"二毛回忆录"（以下简称"回忆录"）的方式，将鸦片战争前后国家的大历史与二毛个人的小历史有机地结合在一起，并将之穿插到全课的教学中，成为课堂教学的线索，受到了评委的首肯与师生的好评。

在回忆录中，唐老师已经申明"二毛"是一个虚拟的历史人物，但是这毕竟是一堂历史课，对于历史史实我们应当真实地再现，而不应根据课堂的教学需要进行随意地创设。通观整部回忆录，笔者认为有这样几个问题值得商榷。

问题一：二毛哥哥的悲愤有何根据？

在回忆录的第一章，二毛的哥哥从省城回来后悲愤地说

> 中国沦落了，清政府和洋人签订了很多不平等条约，丧失了很多权益。

二毛的哥哥在我看来，即便是在省城读书也是难以拥有如此先进的认识的。鸦片战争后清政府同列强签署了一系列不平等条约，所谓的"不平等"是以我们今天的观点来审视的，当时的人对这些不平等条约的理解却是另外一番景象。

道光皇帝在回复奏准《南京条约》时说道：

> 朕因亿万生灵所系，实开天下大局不得不勉允所请，藉做一劳永逸之计……切实定议永杜兵萌。②

道光皇帝对签署《中美望厦条约》的批复中有这样的话：

> 著耆英等，谕以天朝抚驭各国，一视同仁，凡定制所应有者，从不删减。

---

① 本文原载，历史教学（天津）［J］.2008（6）.【作者简介】赵京，1987年生，陕西师范大学历史文化学院2006级。本文由徐赐成老师指导，作者本科在读时发表。
② 王先谦.东华录·东华续录：7［M］.上海：上海古籍出版社，636.

当时清朝皇帝并不觉得这是一桩不平等条约，而把它看作可以换来永久和平的条约。种种出卖国家利权的条款在道光帝眼中不过是"抚夷"的手段，还慷慨地对各个国家"一视同仁"。朝廷如此认识，那么作为普通民众的二毛的哥哥呢？民众的态度可以从鸦片战争前后的一些揭帖中反映出来。

"广东省垣并各乡居民晓谕英夷示"这样写道：

> 为尔等抗拒天兵。强进内河……目下尔等私行诈术……於香港则冀取租粮，於定海则奸淫妇女，种种不法，罪恶贯盈，我等兆民，岂肯坐视。①

全粤义士民公檄（道光二十二年十月）和上一篇也有相似之处：

> ……由粤入闽，历浙入江，据我土地，戕我文武，掠我资财，致使四省生民，惨罹锋镝……盖暴其罪状，罄竹难穷，洗我烦冤，倾海难尽，是人神所共愤，覆载所不容。②

"宁波众义民公启"写道：

> 自去年八月至今（1842 年道光二十二年 8 月，笔者注），红毛鬼子占据宁波、镇海、定海三城。四处骚扰，烦毁房屋，抄掠银钱，奸淫妇女，强夺牲畜，使我人民不得安居，生者流离，死者暴露，一切耕种买卖皆不能做，其惨毒不可胜言。③

通观鸦片战争前后的民众揭帖，其主要内容多集中于英军在战争过程中的抢劫民众资财、奸淫妇女、毁坏房屋、强买强卖等行为，而对于条约中的列强取得的特权并无涉及。这些揭帖也代表了当时中国社会普通阶层对这场战争的态度。

由此可见，二毛的哥哥所悲愤的应该是英军在战争过程中所犯下的种种暴行，而不是中国所丧失的主权。在当时的中国，上到朝廷，下到百姓，极少有人能关注到这些丧失的国家主权对国家和个人的危害会有多大，而当中国人对此有切肤之痛的时候，我们已经深深地被卷入了西方所主导的世界市场的漩涡之中。

问题二：二毛算不算幼童？

回忆录中二毛生于 1840 年，时间行进到第四章的 1872 年，这时的二毛已经

---

① 王先谦. 东华录·东华续录：7 ［M］. 上海：上海古籍出版社，293.
② 王先谦. 东华录·东华续录：7 ［M］. 上海：上海古籍出版社，258.
③ 佐佐木正哉. 鸦片战争之研究：资料篇 ［M］. 台北：文海出版社，302.

32 岁了，在晚清社会，这样的年龄二毛不但结婚而且应该有孩子了吧？但是事情在这里发生了戏剧性的变化，二毛成为"幼童留美教育计划"中的一员，并和詹天佑一起于 1872 年 8 月 11 日坐上了去美国的轮船。

1872 年 8 月 11 日确实是第一批留美幼童出发的日子，但是从逻辑上讲，那时二毛已经不是幼童了。那么历史上的第一批留美幼童有多大呢？从李喜所等著《近代中国的留美教育》第 16 页至第 19 页提供的表格得知，第一批留美幼童共 30 人，最大的是 16 岁的曾笃恭。①

这个细节是整个回忆录最容易被发现的瑕疵，很容易被细心的人发现。如果唐老师在这里改成二毛的侄儿或者儿子，那么这个瑕疵就可以弥补，"回忆录"也会接近真实。

问题三：二毛为什么出国？

回忆录中对二毛出国的原因有这样的描述：

> 我父亲听不明白这些道理，但他听到在十五年内，清政府将支付留美幼童的所有食宿，便心动了，因为他实在是难以养活我。②

贫困是幼童出国的原因吗？如果贫困是二毛出国的唯一原因，那么容闳当年的招生就不会如此艰难。19 世纪 70 年代的中国，虽然和外国有了一些交往，但是总体环境仍然十分闭塞，大部分人对外面的世界仍然充满了恐惧。在这样的情况下要说服家长把自己的孩子送到万里之外的美国学习，谈何容易？

一位留美幼童回忆说："当我是一个小孩子的时候，有一天，一位官员来到村里，拜访各住户，看哪一家愿意把他们的儿子送到国外接受西方的教育，由政府负责一切费用。有的人申请了，可是后来当地人散布流言，说西方野蛮人，会把他们的儿子活活地剥皮，再把狗皮种到他们身上，当怪物展览赚钱，因此报名的人又撤销。"③ 而且凡是愿意把自己孩子送出国的家长都要和清政府签"具结""生死各安天命"的文书，这样的做法更增加了父母的恐惧心理。同时，容闳在《西学东渐记》中还提到"时中国尚无报纸以传播新闻，北方人民多不知中国政府有此教育计划，故预备学校招考时北方人较少，来者皆粤人，

---

① 李喜所，刘集林，等．近代中国的留美教育［M］．天津：天津古籍出版社，2000：19.
② 唐云波．鸦片战争后的中国社会经济［EB/OL］．http：//hist. cersp. com/jxsj/xxjsjx/200604/2203. html.
③ 刘真主．留学教育：第一册［M］．台北：台湾编译馆，1980：83.

粤人中又多香山籍"①。信息的闭塞也是招生困难的一大原因。

那么，为什么还有幼童加入这个计划中呢？

其实，最后加入容闳计划的多为他的同乡以及在香港新式学堂的学生。其他人也都有些"背景"：邝荣光的父亲在澳门当金矿工人，见过世面；唐国安的父亲唐廷枢和容闳是同学；李恩富则是在上海经营茶叶的堂兄回家说服守寡的母亲才得以报名的。

由此可见，容闳招生的过程是艰难的，而这些幼童出国的原因也不是仅仅因为家庭贫困那么简单，"二毛回忆录"对这一段进行了简单化的处理。其实在时间和课堂目标允许的情况下摆出这些理由未尝不可。通过这些原因的陈述，学生可以更加深切地感受到中国百年来闭关锁国之祸、普通百姓对外界的无知，进而可以更深刻地理解学习国外、开放国门的紧迫性。在传授本课知识的过程中引起学生思想认识上的认同和共鸣，从而对学生的情感价值观也产生潜移默化的影响。

问题四：二毛大学毕业了吗？

二毛在回忆录中说他进入了耶鲁大学，且毕业论文的题目是《鸦片战争后中国经济结构的变动》，多年的海外求学使二毛学有所成，而毕业论文的题目又正好与本课的课题吻合，这是一个看似完满的设计。

但是作为历史课，虚构必须在尊重史实的基础上进行，这样的设计在历史发展中是讲不通的。留美幼童的经历并不顺利，他们在 1881 年被分批遣返回国。根据樊百川先生《清季的洋务新政》的考证，除去因事故撤回及在美国病故 26 名幼童外，此时可查留学生尚有 96 名，其中可以查到学历的有 92 名，此时大学毕业的仅有詹天佑和欧阳赓两人，已经进入大专院校但是没有毕业的有35 人。詹天佑和欧阳赓都进入了耶鲁大学，两人同为第一批留美幼童，詹天佑学习土木工程，而欧阳赓学习机械。面对如此翔实的记载，这样的设计就显得轻率、与史实不符。历史之所以能震撼人心恰恰是因为它的真实，以牺牲真实为代价的虚拟情境，即使设计得再精巧也难以让人满意。

在教学过程中，引入一定的情景辅助教学，有利于学生消除对历史的距离感和陌生感，也能激发学生对历史学习的兴趣，同时也可以使整个教学流程更加生动、有趣和流畅。虚拟历史情境的必要条件是合理，接近真实。学习历史的过程是一个求真的过程，如果在创设情境的过程中一味地追求实用而导致失

---

① 容闳. 西学东渐记［M］. 长沙：湖南人民出版社，1981：100.

真，那么，背离了历史教育初衷的情境又有什么意义呢？而且，一旦失真之处被学生发现，老师又如何取信于学生？

第四节　将课程改融入教育生活

教师的一生是教育的一生，教师的生活就是教育的生活。工作前受教于人，工作后施教于人；为了工作学而不厌，干起工作诲人不倦。但是，我国中小学教学中仍然存在着一个非常突出的问题，那就是：教师很辛苦，学生很痛苦。"教师很辛苦"最直接的原因之一就是大量繁杂而无效的备课占用了教师的时间和精力，"学生很痛苦"则是因为课堂教学效率的低下使得学生对于学习内容不能很好地理解和消化吸收。育人本是多赢之业，教学相长，传承文明，创造未来。而在最近一段时期，教育被弱化为教学，教学被简化为考试，本是作为手段的考试在某些时候却成了教育的目的。在这种背景下，课程改革的启动无疑是一剂医治教育疾病的良药，正在从教育内部改变着我们的教育生活。

一、课程教学是崇尚学习的生活

学习就是人生的全部，生命的羽翼。作家王蒙说："学习是一个人的真正看家本领，是人的第一特点，第一长处，第一智慧，第一本源。其他的一切都是学习的结果，学习的恩泽。"我们的今天，正是昨天学习的结果。

（一）课程结构和学科内容需要我们注重学习

课程改革要求我们更新教育理念，优化专业知识结构，转变教学方式。"教育理念"或许"高远"，"教学方式"或许"简单"，教学内容应该是我们最关心的内容。课程改革改革以"课程标准"代替了"教学大纲"，以模块为基本单位组成学科内容，以选修和必修对课程内容进行了分类，以此为基础对传统学科学习内容进行了重新整合。与过去的教材结构相比，课程改革教科书知识点不仅有了选修和必修的区别，还增加了不少新内容。因此，教师必须领会每一学习模块的整合思路，进而把握每一模块的核心内容，重新构建学科专业知识结构，把这些新增加的内容纳入新构建的学科专业知识结构中。教师只有全面领会学科专业知识体系，深刻理解学习模块各组成部分间和模块间的有机联系，才能高屋建瓴、灵活自如地引导学生学习。面对学科专业内容的变化，进行深度学习是唯一正确的态度和根本途径。例如，我们对"穆罕默德"和"阿里"都比较熟悉，但写成"穆罕默德·阿里改革"就会觉得陌生。

教学中的另一个普遍问题是我们遇到了很多有难度的历史概念，拿必修 I 来说，"内服和外服""分封制与宗法制""二府三司三衙""代议制""议会制君主立宪制""总统制共和制""议会制共和制""希腊城邦""希腊公民"等概念，这需要老师们花大气力个个突破。而现实是老师们的时间和精力已经被日常教学的事务性工作消耗殆尽，比如老师们每周承担着 18 节以上的课，老师们已经搞不清正常工作量为何物，课堂教学已经人为地变成了体力劳动，使得老师们没有多余的学习、研究的时间和精力。而课程改革教学又恰恰需要研究，没有注入研究要素的课堂教学一定是不符合课程改革教学要求的。结果很多情况下老师自己还未真正弄懂一个概念就匆匆走上讲台了，如此还谈什么教学方式改进、学习方式改进、师生互动，能否完成教学任务都已经成了一个问题。

老师们面临的情况是相似的，这种现状短期内也是改变不了的，我们是否只能听天由命了呢？答案肯定是否定的，课程改革教学既是挑战，也是机遇。我们不能改变客观现实，我们可以改变的是自己的心态和态度。学习只有靠勤奋，曾国藩说："苟能发奋读书，则家塾可以读书，即旷野之地、热闹之场亦可读书，负薪牧豕，均无不读书。苟不能发奋自立，则家塾不亦读书，即清静之乡、神仙之境皆不能读书。何必择地？何必择时？"在艰难面前，先行者就是成功者。

（二）要发挥教科书的作用需要教师进一步学习

课程改革提倡"用教材教"而不是"教教材"，也就是说"照本宣科"式的教学绝不是课程改革教学。但要有效发挥教科书作用却需要教师加强学习。正如中国第一位女教授陈衡哲所说："教科书减去了教师，便是一本白纸黑字的死书……（教育）的巨大责任……（教科书）著者不过尽百分之一，其余的九十九分都在一般引导青年们的教师上。"（《西洋史》）从前，很多老师的经验是"通过一轮教学把教材滚熟，以后就轻松了"，只要把教材吃透就可以无忧地端好历史教师这碗饭。随着新课改的推进这种情况已经一去不复返了，也结束了教师这一行业数年甚至十数年不更新业务知识的局面。

（三）要备好课也需要教师不断学习

苏霍姆林斯基在《给教师的一百条建议》中讲述了这样一个故事：一个在学校工作了 33 年的历史教师，上了一堂非常出色的观摩课。邻校的一位教师问他："你的每一句话都具有巨大的思想威力。请问，你花了多少时间来准备这堂课？"那位教师回答说："这节课我准备了一辈子，而且，可以说，每堂课我都准备了一辈子。但是，直接针对这个课题的准备，则花了约 15 分钟……"一辈子与 15 分钟，一语道出教师用整个生命去备课的真谛。作为历史教师，尤其需要更多的隐性备课。

历史教师的工作主要不是教历史，而是教学生怎样理解历史。只有知道自己是怎样理解的，才能明白教学生如何学；如果自己还未弄懂，也不明白自己是怎样学的，就无法教学生学。课程改革提倡探究式教学和探究式学习，探究式课堂教学是否能取得实效，归根到底是以学生是否参与、怎样参与、参与的效果来决定的。学生是否参与决定于教师的调动，而教师的调动是否有效决定于教师是否明白如何学。正因为这些问题没解决，才导致课堂上教师积极提问而学生反映冷漠，教师恼羞成怒，学生充当看客。任何时候，教学都要了解学生的需要，设计教学时都应该首先站在学生的角度想想"他们会怎样想"，从学生的兴趣入手调配教学资源，设计问题。郭富斌老师说，"历史教学要眼中有人"，教学要为学生着想，就要采用学生乐意接受的方式。

从广东回到陕西，恰逢两地高中新课改，深感诸多普遍性的问题解决起来其实是非常个性化的。教学中，我常常与赵克礼、任鹏杰、郭富斌、闫璟、史曼丽、李树全等老师谈论课程改革和历史教育问题，深感压力重、责任大、难度高。好在我们已经有了学习的榜样。老师们如果想更多、更深入地交流学习课程改革，可以积极阅读《历史教学》《历史教学问题》《中学历史教学参考》和《中学历史教学》等比较贴近课程教学的刊物。

二、课程教学是彰显个性的生活

课程意识是个性化的。课程改革教学要求教师要有课程意识。什么是课程意识呢？简单地讲，就是人们在考虑教育教学问题时对于课程意义的敏感性和自觉性程度。教师的课程意识在教学中又具体表现为主体意识、生成意识和资源意识。显然，课程意识是一种非常个性化的能力。

揭示教学主题是个性化的过程。"模块＋专题"的课程改革教科书结构，决定了每一模块、每一单元和每一课都有自己的相对独立的教学主题，如何揭示这些不同的教学主题，如何处理好这些不同范畴的主题之间的关系，对教师的课程意识和教学个性是一种挑战。就是说，准确揭示教学主题是一个十分个性化的过程。教师能否充分享受这份自由，与教师的学识、经验和个性都密切相关。

学习过程是个性化的。课程改革教学重视学习的"过程与方法""情感态度与价值观",这也是课程改革的一大亮点,但"方法""情感""态度"等显然都是个性色彩很强的词汇。没有教师的鲜明个性地展现和引导,就无法点燃学生激情的火花。同时,学习也是一种自我知识建构的过程,任何学习都是由学习者本人来完成的,也一定是个性化的过程。

教学方式是个性化的。课程改革提倡自主、合作和探究学习,要求教师转变教学方式,继而推动学生学习方式的改进,而自主学习、探究学习和合作学习,都是以学习者的个性化学习为前提的。教学方式也是以教师的个人教学特色为基础的,实践中一定是有一千名教师,就有一千种"自主、合作和探究"的方式,也就会有一千个"课程标准"。

三、课程教学是主张创造的生活

课程改革增加了教师处理教材的自由度,实际上是给教师提供了创造的空间;课程改革"一标多本"的教材格局和课本知识与生活经验的结合,就注定了教师的教学创造是一种必要和必须;教科书内容的生活化和对生活常识的理论认识,又给了教师进行教学创造的方向。当前,高中课程改革教学面对的许多情况都要求教师在学科教学中必须有所创造。

（一）整合教学内容需要创造

高中课程改革改变了以往"繁""难""偏""旧"的教科书内容,但扩大了学科领域和知识范围,如何在有限的课时内完成增加了的教学内容,在取舍和整合上还是会费一番功夫的。如何选择、取舍和整合,就对教师的创造能力提出了极大的挑战。

（二）推进课程实践需要创造

在课程改革实施的过程中,有几种存在差异的关系是教师必须面对的:一是"课程标准"教学要求与课程改革高考要求之间的内在联系和差异,二是"课程标准"教学要求与课程改革教科书内容之间的内在联系和差异,三是"课程标准"教学要求与课程改革不同版本教科书相互之间的内在联系和差异,等等。这些难题是教师在教学中必须面对的,这也是只有教师才能解决的问题,自然需要教师的教学创造能力。

（三）落实三维目标需要创造

"三维目标"是课程改革的又一个亮点，但如何全面实现、最终实现，是需要探讨、探索和创造性实践的。从课程改革的教学追求上讲，课程改革从课程结构到课程实践方面都给教师提出了教学创造的必然要求。课程内容需要整合，课程理念需要落实，课程实施需要创新。著名科学家钱伟长指出："没有创新精神的教师不可能培养出具有创新精神的学生。"

四、课程教学是需要分享的生活

北京师范大学历史系朱汉国教授在《普通高中历史课程标准解读》说道，教师"不但要把自己也列入受教育者的行列中，成为提升自己精神境界的示范者，而且要善于启迪学生心灵，引导学生自觉地走向人类神圣的精神殿堂"。这就是说，课程改革教学中，教师不仅是教育者，也是受教育者；不仅是受教育者，还要作为一个成功的学习者作为学生参与学习的"榜样"。简单说，课程改革改革所主张的学习是一种"分享"式学习。

如何理解学习的过程也是分享的过程，可以从"学习"二字本身入手。"学习"二字，各有其义。大概是这样的，"学"是指在房子里教授青年子弟掌握知识；"习"，《说文解字》解释为"数飞也"。这两个字组合为一词，就是指学习是一个知行结合的过程，一种主动求索的活动，一条人生的成长之路。从"学习"二字的本义来看，是在学习之后再进行实践，如此往复进行，实现螺旋式上升，这显然是一个分享、合作和探究的过程。

从教学的过程和内容看，教师的教学内容包含着教师理解的知识、生活的经验和学习的方法等。因此可以说，教师的教学过程实际上就是教师让学生分享自己的知识、经验、教训和体会。为什么讲授式教学经久不衰，在课程改革中依然大行其道，就是因为它能够在最短的时间内，让尽可能多的人来分享那些值得分享的知识和经验。知识是要靠意会的，能力是靠习得的，经验是要靠分享的，不能分享的经验是没有价值的。因此，分享是快乐的。

从学习的过程看，学习者只有在明确自己的学习是否正确、学习的效果是否良好、学习的方法是否科学之后，才会进一步坚定学习信念、增强学习动力。但要明确上述各要素，唯一的途径是让别人来分享自己的学习成果。分享也是一种鉴别，更是一种学习。因此，懂得分享的人是幸福的人，是智慧的人，是善于学习的人。如果在今天还有人抱着"保守自己已经掌握的知识"的学习观念，那一定是一个现代"文盲"。

五、课程教学是相互理解的生活

课程改革倡导的是一种平等的理念，平等的双方是能够相互理解的，相互理解的教学一定是有效的教学。这种平等观念主要体现在以下几个方面：

（一）学生与学习内容是平等的

《基础教育课程改革纲要》明确提出："改变课程内容'难、繁、偏、旧'和过于注重书本知识的现状，加强课程内容与学生生活以及现代社会和科技发展的联系，关注学生的学习兴趣和经验，精选终身学习必备的基础知识和技能。"这一课程改革的目标为我们树立"在生活中学习"的教学理念提供了支持。在凸显学科内容科学性的同时，强调学习内容的生活性，并以生活性来解释科学性。把学科内容生活化处理就是对学习者的尊重，就是一种平等观念的体现。

（二）学生与教科书是平等的

课程改革教科书不是学习内容本身，而是学习的素材和"例子"，学生在学习教科书的过程中可以有所发现和创造。例如，岳麓版高中历史教科书在写到"一战"期间我国民族工业出现"短暂春天"的原因时，指出了"一战结束后帝国主义各国卷土重来"，学生则指出，课本上写出的只是外因，应当还有"封建势力重掌政权"和"民族资本主义发展的内在不足"等内因。学生的这种创造性发现正是建立在与教科书平等对话的观念基础上的。

（三）学生与学生是平等的

学生的平等性是不言而喻的，这种平等性是开展自主学习、合作学习和探究学习的基础。

（四）学生与教师是平等的

现代教学论指出，教学过程是师生交往、积极互动、共同发展的过程。师生交往是否有利于学生发展是教学过程能否按照课程改革标准来运行的前提和保证。交往的本质属性是主体性，教学过程交往的主体——教师与学生都是具有独立人格价值的人，两者在人格上完全平等，即师生之间只有价值的平等，而没有高低、强弱之分。通过交往，建立人道的、和谐的、民主的、平等的师生关系是教育工作者必须身体力行的一项重要任务。在这样的师生关系中，学生体验到平等、自由、民主、尊重、信任、友善、理解、宽容、亲情与关爱，同时受到激励、鞭策、鼓舞、感化、召唤、指导和建议，形成积极的、丰富的人生态度与情感体验。同时，课程改革学习中师生之间还是一种学习共同体的关系，在相互理解中教学相长。在处理师生关系上，全国人大常委会委员长栗战书说过的一段话可以作为参照："每个人都有长处，要互相学习；每个人都有短处，要互相包容；每个人都有难处，要互相帮助；每个人都有苦处，要互相理解。"

六、课程教学是充满幸福的生活

课程改革背景下，教师要在教学过程中更多地履行多样化的职能，更多地承担引导和组织教学的任务，从强调知识的传授转向注重组织学生的学习以及学习的个性化，要实现教师之间更为广泛的合作，要更广泛地利用现代教育技术，更密切地与家长和其他社区成员合作，经常性地参与社区文化教育生活，更充分地挖掘和有效利用社区内的教育资源。一名合格的教师，应具备有效实施教育教学的能力，有效开发校本课程的能力，有效指导学生参加综合实践活动与研究性学习的能力。要求提高了，付出也将成倍地增加。因此，怎么样让教师在充满幸福感的环境与氛围中开展工作，积极主动地发展与创新，就成为目前教育教学中的一个突出问题。

作为教师，首先要从课程改革的过程中，寻找自己的教学幸福感，幸福就是对自己现状的认可。如果我们的工作生活是一种充满着崇尚学习、彰显个性、提倡创造、乐于分享和互相理解的生活，我们就已经是幸福的了。幸福就是一种精神需求的满足，课程改革就是精神领域的幸福之歌。

第二章

积极探索历史课堂教学改革

历史课堂教学实践及其改革，首先要求教学思想的前瞻性。教师的教学活动是针对一定的教学内容，遵照一定的教学思想，运用相应的教学方法传授知识和培养能力的活动。教学内容是古往今来人类遗留下来的各种科学文化知识，具有相对的客观性；教学方法是根据教学内容、结合现有的科技水平所采取的教学手段和形式，相对于科技的发展来讲，总是具有滞后性。然而教学思想以一定的思想文化为基础，准确把握并立足于现实社会所提供的教学内容和教学方法，通过指导教育实践并对现实进行有效超越，从而促进教育自身的发展和社会的进步，这就是它的前瞻性。

古今中外教育家的研究实际上都是围绕教育思想这一核心展开的。教学思想是教育的核心问题，是教育工作的灵魂，对教育和社会的发展具有重要的推动作用。这种推动作用正是教学思想前瞻性的具体体现和要求。教育思想会对教育实践具有指导作用，并通过一定的教育活动和形式表现出来。教育思想的前瞻性在教学中的具体作用主要体现在以下两个方面：

一是教育思想的前瞻性要求教学工作必须着眼于人的发展和社会的进步。社会的进步取决于人的素质的提高，人的素质的提高又取决于教育的发展。21世纪是充满竞争和机遇的世纪，能否抓住机遇、赢得竞争则取决于参与竞争的人是否有竞争力。任何客观存在的知识，都是对过去实践经验的理论总结，都与现实有所差异。怎样把已有的经验、知识运用到解决现实问题的过程中来，这就是能力和素质。如果我们的教学只有知识的传授，而没有知识在现实中的运作，则是与教育目的相悖的。当前高考的考察已由"知识立意为主"转向"知识与能力并重"，显然是从社会发展的高度出发的。在这里，教学思想的前瞻性要求在教学中重视对知识的运用，既要解知识之惑，更要解运用之惑，即重视学科运用能力。

二是教学思想的前瞻性促进教学手段的不断更新和改进。教学手段以现实的科技水平为基础，相对于科技的发展来讲，总是具有相对的滞后性。教学手段是为教学内容和教学思想服务的，从其运用目的上讲，必须对教学手段进行不断的改进和发展，它要求我们在教学工作中，必须根据形势和条件的变化，不断调整、优化教学方法和手段，使之更具科学性和实用性，更有利于教学思想的贯彻落实，使教学内容能够适应目前的形势和未来社会发展的需要。推进素质教育要求教师不断探索，创造出全面培养学生素质的教学方法和手段。

可以说，教育思想是决定教育教学实践的方向和水平的因素。科学的教育思想源于对古今中外的文化、教育思想的继承和创新，源于对现实社会发展和世界发展趋势的深刻认识和准确把握，源于对具体的教育教学实践的科学理解，源于对国家、民族的未来高度负责的态度和使命感。科学的教育思想需要勇敢的探索者、真正的教育实践者、脚踏实地的改革者和善于创新的学习者，如此才会有科学思想具体效用的发挥，才能使教学思想前瞻性特点得以体现。

教学思想的前瞻性是由教育的功能和目的决定的，是客观存在在教学工作中的要求和反映。只有立足现实、着眼未来，不断改进教学方法和手段架起通向未来的桥梁，才能真正把教学思想贯穿于教学实践之中，这是教学思想的前瞻性对教学工作的要求。教学内容需要与时俱进，教学方法和手段需要不断更新，教学思想则需要依托现实并不断超越现实，唯此才会有教育的发展。

第一节　坚持在课堂教学中实践创新

一、课堂教学中培养学生创新精神的方法和途径研究

（一）研究目的及意义

知识经济需要创新型人才，知识经济时代的教育是以培养创新意识和创造能力为主的创新教育。基础教育阶段是提高学生各种素质、培养学生创新能力的关键时期，课堂教学是传授知识、提高素质、培养能力的主渠道。探索基础教育阶段课堂教学中培养学生创新方法和途径，既是教育教学顺应时代发展的需要，也是知识经济对基础教育的要求。对该课题的研究和探索旨在优化课堂教学，突出学生创新能力提高，提高课堂教学效果，培养适应社会需求的优秀人才。广大教师参与该课题的研究和试验，可以进一步更新教师观念、创新课

堂教学，从而建设一支高素质的教师队伍，并以此进一步推动教育教学改革，尤其是使课堂教学更适用于素质教育的要求，适用于培养跨世纪的创新型人才的要求。

（二）同类课题研究现状分析

知识经济初见端倪，创新教育蔚然兴起，如何在提高学生素质的基础上培养学生创新精神和创造能力，是目前教学界面临的艰巨的课题。20 世纪 80 年代，上海、北京等地就进行过有关学生创造能力实验研究，取得了一定的成果，但怎样在课堂教学中，在课堂教学的各个环节上渗透创新意识，培养创新能力，还是一个薄弱环节。总体上说，对创新教育研究，尤其是对课堂教学中培养学生创新意识、创造能力的教学方法和途径的研究目前尚处于起始阶段。因而，加强该课题的研究和探索是一所学校、一个地区、一个省，乃至全国今后教育发展所面临的重大课题，开展此课题的研究具有重大的现实意义。

（三）研究的基本内容、重点和难点

探索、研究课堂教学中培养学生创新能力的科学有效的教学方法、途径。在经常性的课堂教学实践中，在课堂教学的环节上渗透创新思想，激发创造意识、探索创新方法、培养创新能力，在此基础上总结经验教训、探索规律，初步形成关于课堂教学中培养学生创新能力的方法、途径的规律性认识，并在这一认识的指导下，继续规范、科学地实践，探求准确结论。

重点：广泛学习、熟练掌握各种行之有效的、传统的现行教学方法，按照素质教育的总体要求，以培养学生创新能力为目标，在各年级、各学科的课堂教学中科学、创造性地运用，以获取培养学生创新能力的充分的教学实践经验。这一阶段的教学实践要求广泛、深入、细致、准确、长周期，是课题研究的基础性工作。

难点：在充分实践的基础上，探索出培养学生创新能力的有效方法和途径，形成系统的教学方法，再将其科学规范地运用于各学科、各年级的学科教学实践中，对其做出定量定性分析，总结规律，并以此为指导，继续运用于教学实践，加深认识，从感性认识向理性认识过渡，进行理论突破和构建，从而创建关于课堂教学中培养学生创新精神的教学方法和途径的教学理论体系。

（四）运用的主要研究方法和手段

鉴于该课题探讨的课堂教学的方法和途径，目的是培养中学生的创新意识和创造能力，并以全体学生及各种教学方法和手段为主要研究对象，这决定了该课题的研究方法和手段为实验法、统计法和逻辑分析法。

第一，按照素质教育的基本要求，以培养学生创新精神为总体目标，广泛、科学、创造性地运用各种传统的、现行的教学方法于课堂教学中，广泛实验，不断探索创新，在实验中收集、整理关于该课题的翔实资料。

第二，对各种教学方法（包括创新的方法）的教学实践效果进行统计、比较，做出定量和定性的分析，扬优抑劣，融会贯通，初步探索出培养学生创新精神的科学有效的方法和途径。

第三，对上述阶段的教学实践成果进行归纳总结，形成规律性认识，并以此为指导，继续运用于教学实践，充分论证，从而得出结论和认识，形成初步理论成果。

第四，将以上成果广泛、严格地运用于教学实践，不断充实、发展、完善，争取构建一个系统的、科学的、有效的课堂教学中培养学生创新精神的方法和途径的教学理论。

（五）实施和完成课题的条件分析

人员条件：本课题组由 5 人组成，年龄结构合理，且都从事一线教学实践和研究，皆有较强的教研能力和较高的理论水平，其中有地区级"教学能手"和"学科带头人"、两名副校长、一名教研室主任，两名教学骨干教师。同时，课题计划充分发挥全体教师和教研员的积极作用，使集体智慧得到有效的开发和利用。

时间条件：本课题研究计划用两年时间，分三个阶段进行，时间较充足，研究计划周详、明确、科学，符合教育科研的时间和计划要求。

资料条件：本课题研究有充足的资料依托，教研室图书馆有教育藏书 10 万余册，学校图书馆有藏书 4.3 万册，各种教学报刊近百种。同时，有教研室主任参与本课题研究，能有效借助教研室的图书、报刊、人力资源优势，为课题提供了充分的资料条件。

县、校、室各级领导高度重视，从人力、财力、物力等方面大力支持，使课题研究具备了较充足的物质条件。

总之，本课题研究所需要的各项条件具备。

（六）实施步骤

主要研究阶段	阶段成果名称、形式	承担人	预期主要成果
第一阶段：1999 年 9 月—2000 年 7 月	各种教学方法和手段在培养学生创造能力上的效用（实验报告、论文）	徐赐成 余建新 张志峰	1. 课堂教学中培养学生创新精神的方法和途径的实验报告 2. 课堂教学中培养学生创新精神的方法和途径（论文）
第二阶段：2000 年 8 月—2001 年 1 月	各学科教学中培养学生创新能力的途径和原则（论文、实验报告）	徐赐成 刘　江 刘　崇	
第三阶段：2001 年 1 月—2001 年 9 月	关于该课题研究的实验报告、论文	徐赐成 余建新 刘　江	

二、课堂教学中培养学生创新精神的涵义

联合国教科文组织预测，21 世纪将是创造教育的世纪。社会对于人才的培养和选拔工作提出了新的、更高的要求，要求从基础教育抓起，全面推进素质教育，重视学生创新精神和创新能力的培养，而课堂教学是培养学生创新能力的重要途径，也是最基本的方法。那么，课堂教学培养学生创新精神的含义是什么呢？

（一）教师的创新教学活动

教师不仅要传授知识，更重要的还在于引导学生认识和发现真理、知识的过程，教授学生获取新知识的方法和途径，努力营造培养学生创新意识和创新能力的氛围。首先，用全新的教育观念指导教学。教师要改变以往以传授更多知识为目标的教学旧观念，建立以培养学生创新能力为最终目标的现代教育观；教师要根据教育新观念和学生身心发展规律，建立以学生为主体的观念，创设学生积极参与、主动发现的环境，使学生真正成为课堂教学的主角，使他们的创新能力得以充分发挥和展现；能将现代化的教育技术和手段引入教育活动中去，能在课堂上进行创造性思维的训练。其次，要创新课堂教学方法。课堂教学中，教师要充分创设问题情境，调动学生积极主动地探索问题；让学生置身于解决问题之中，加强思维的快速切入；要培养学生的好奇心和求知欲，激发学生的学习兴趣；要鼓励学生大胆发问，质疑问难，充分表达自己的见解，展

示自己的思维轨迹；关爱学困生，对他们的一些认识和见解要给予积极评价，切忌挖苦学生，打击学生的积极性。要做到这几方面，就必须从根本上改变传统的教学观念和方法，按照素质教育的要求来改进课堂教学的每一个环节，以利于学生创新精神的培养。最后，要科学、全面地评价学生。教学过程中，要相信学生，能让学生做的，教师不要包办代替、越俎代庖，以加大学生自学的力度，加强对问题和练习题设计的层次性和梯度性，保证让不同层次的学生都有锻炼的机会，使他们的创新意识和创新能力都得以发展。

（二）学生的创新思维学习活动

一个人创新意识的产生和创新能力的获得主要取决于其创造热情、创造兴趣。勤奋、顽强、积极进取都是创造力发展的重要品质。课堂教学中，创新教育是师生双边活动的教育过程，不仅教师要从创新教育的角度教，而且学生更要主动地学、创造性地学，这决定着教师的创新教学能否转化为学生的创新精神和创新能力。一方面，学生要有学习、探索和创新的主动性，全面参与课堂教学，积极思考，敢于发表自己的不同见解，要有强烈的求知欲，能严格要求自己，创造性地完成学习任务，并注意培养、发展自己的兴趣和爱好；另一方面，学生的上述学习品质需要教师的引导和培养。学生的学习兴趣是学生创造力发展的必要条件，让学生在丰富的想象中萌发创造的欲望。学生在想象某一事物时，常常表现出"异想天开""标新立异""想入非非"，这正是学生创造性思维的朴素表现，教师正确引导和帮助，他们的智慧就会萌发和成长，在解决某一问题时就会有另辟蹊径的独到见解。优秀的人格品质是学生创造性思维的保证，例如坚强、勇敢等。实践证明创新的成功往往依赖于人的品格，学生要在教师的帮助之下形成优良的人格。

（三）创设良好的师生关系

课堂教学是师生间双向交流的活动过程，交流成功与否，效率高低，直接影响到学生创新精神的培养，而交流的通畅程度取决于师生关系。首先，教师要实现课堂角色的转变：从单纯传授知识向学生怎样获取知识转变，从讲解为主向启发诱导为主转变，从教师权威向师生民主平等转变。其次，教师要充分尊重学生的人格，要公平对待每一个学生，营造积极、民主、和谐的课堂气氛，要发挥学生的学习主体作用。最后，教师要重视学生的个性发展。尊重、培养学生的良好个性，是培养学生创新能力的一个基础和基本原则。只有重视每个学生的个性发展，才能使每个学生的潜能发挥出来。同时，也要注意到学生的智力、兴趣、爱好的不同，认识学生个性差异，做到因材施教，使课堂教学面向各个层次的学生。

（四）遵循创新教育规律

鼓励大胆创新，并非意味着可以"蛮干胡来"，创新教育必须遵循科学的原则脚踏实地地进行，必须充分考虑学生的年龄特征、教材内容等教学实际，比如在培养学生创造性思维时，必须遵守思维的逻辑规律，有步骤地对知识进行推理、分析，从而形成新思想。思维的创造性不仅是发现问题、提出问题，而且要论证和验证。没有严密的、科学的逻辑思维是不行的。任何蛮干、迷信、伪科学都将把创新教育引向邪路。

"课堂教学中培养学生创新精神的方法和途径研究"是一个具体而又十分有意义的课题，其含义十分广泛，我们从课堂教学的主要方面入手，层层深入，对每一方面的每一个环节进行深入研究和试验，一定会促使课堂教学更适应创新教育的需要。

三、创新人才的培养问题

社会进步、经济发展需要创新人才。培养具有创新能力的人才是 21 世纪、知识经济对教育的客观要求。如何培养创新人才，什么样的教育方法更利于培养创新人才，是目前教育界迫切需要解决的问题。

第一，改革课堂教学。人才的培养，人的各种素质的提高，主要决定于中小学课堂教学。课堂教学在人的一生中是有限的，但它决定着人一生的发展和素质水平，因而，探索适于培养学生创新能力的课堂教学方法是当务之急。如果在每一节课、每一科目的课堂教学中，都注重用不同形式、从不同角度启发学生思维，培养学生创新意识，培养学生创新能力，学生的创新思维和创新精神必然会得到培养和提高，从而使他们成为知识创新、科学创新和技术创新的专门人才和劳动者。具体讲，在课堂教学中，教师在日常教学的各环节上应采取不同的授课方式，使学生在课堂上始终保持浓厚的学习兴趣，保持活跃的思维状态，这是培养学生创新意识的基础。在对具体问题的分析处理上，引导学生全方位、多角度思考问题，鼓励求异思维及多种思维方式的综合运用，这是培养学生创新思维的有效途径。一句话，在课堂教学中，鼓励学生质疑、求异，培养学生创新意识和创新能力。

第二，重视实践，开展课外活动。课堂教学固然是教学活动的主导方面，但是，积极开展课外活动，重视学生实践能力的培养，也是挖掘人才资源、开发个人潜能的重要方面。一方面，学生可以把课堂中所学知识、产生的疑问、生发的创新意识，具体地在实践中进行验证，激发学生新的兴趣，产生新的疑问，使能力培养趋向深入。另一方面，也培养了学生动手、动脑能力，使他们更好地了解自身、了解社会，从做中学，提高整体素质。因此，学校必须积极有效地组织学生多参加学习和社会实践活动，让学生在自身实践中、在丰富多彩的世界里去探索、去思考，从中得到锻炼，进而达到培养学生创新能力的目的。

第三，积极推进素质教育，全面进行基础教育改革。随着市场经济的逐步确立，原有的教育体制已经明显不能适应国民经济和社会发展的需要，推行面向全体学生，全面提高学生素质的教育已成为跨世纪人才培养的迫切要求，在学生素质全面提高的基础上，更有利于培养学生创新精神和创新能力。

当前，飞速发展的世界经济和日新月异的现代教育技术，对基础教育提出了更高的要求，对广大教育工作者来说，既是机遇，又是挑战，我们要高举邓小平理论伟大旗帜，解放思想，开拓创新，培养出适应知识经济时代需要的创新型人才，在"科教兴国"的战略中建功立业。

四、创新人才应该得到全面培养

学校的重要教育责任是为社会的发展培养大量的创新人才。学校应该对创新人才实施全面的培养，只有全面的素质教育才有可能培养出创新人才。

什么是人才，现代汉语词典的解释是"人才，就是德才兼备的人，有特长的人"。在社会实践中，人才就是在工作中有突出的表现，在重要的岗位上能发挥更大的作用的人，而不仅仅是读书读得好的人。简单地说，人才就是在社会实践中做出了成绩、被社会承认的人。学校要培养这样的人才，就必须从人才的基本特质入手。

（一）创新人才一定是身心健康的人

实践中，我们在发现、培养、使用人才时，首要的标准是什么呢，也就是说这个人能够经世济用的首要条件是什么呢？很显然，我们首先期望这个人是一个身心健康的人。可在我们的学校教育中，高考制度恢复以后，特别是20世纪90年代以来，很多学校忽视了体育教育、心理健康教育。进入21世纪，这种现象有了很大改观。重视体育训练，这是任何一个有远见的大教育家都高度重视的问题，上至孔子，下到人民教育家陶行知先生无一例外。孔子的学生也有射箭、驾车这样的课程。陶行知先生在他的《全民族五大训练》一文中把"普遍的军事训练"放在五大训练的首位，并且指出："这五种训练，缺乏一种，都不能造成健全之民族。"毛泽东青年时期在湖南省立第一师范读书时在《新青年》上发表的第一篇文章就是《体育之研究》，他指出："欲新一国之民众，必先新一国之体育。"他在文中发出了这样的论断："欲文明其精神，必先蛮野其体魄。"当年毛泽东曾经效法《史记》中大舜的做法，"舜入于大麓，烈风雷雨弗迷"，常常在风雨中光着身子跑到岳麓山上去雨浴，冬天则进行冷水浴。

当今世界更是在体育教育方面做足了文章。在此，介绍一点发源于德国、在当今世界教育中独树一帜的华德福教育在体育教育方面的认识和做法。他们认为："在我们的物质社会里，金钱和利益可以驱动一切，市场机制进入了体育比赛后，现代体育活动成了商业化公司，在奥运会的比赛中，摄影机的镜头只是对着第一名和获取胜利的一方，镜头很少对着失败者，失败意味着跟比赛无关……体育运动就如古罗马的斗兽场那样残酷。这种竞争意识开始走进了学校的体育教育中，造成了很多孩子无法跟不同的人进行沟通与合作，甚至不能在一起玩耍。"华德福学校的课程设计和教育方法就是要避免恶性竞争，如在体育活动中不搞评比和评奖，注重团体的荣誉和个体贡献，避免拿学生来比较和树立榜样。他们的体育比赛严格遵守奥林匹克的传统精神和传统审美标准，避开对抗性的比赛项目。为了教育孩子一起合作，建构文明的社会，所有华德福学校的体育课以身心健康和美为主题，通过玩耍、游戏和体育活动进行社会教育，培养合作意识重于竞争意识。在发展独立自我的同时，强调跟周围的人、社会、自然保持和谐，教育学生与不同文化、不同地区以及不同民族的人合作，共同创建未来的文明社会。这种做法无疑是疗救当今西方世界精神颓废的一剂对症之药。正如美国斯坦福大学教育与艺术教授依莱奥特博士所说："美国的公立学校也在探索华德福教育的思想和教学方法，我相信华德福教育其独到的特点可以改变美国公众的教育。我一直都认为华德福教育可以填补美国主流教育的空白，他应该受到他所应受到的重视。"

（二）创新人才是具有高度文明修养的人

作为一个全面发展的人，特别是一个现代社会的杰出人物，除了必须具有健美的体魄外，还必须具有高度的文明素养。人才首先要有良好的修养。在学校教育中，文明习惯和行为举止的礼貌教育应放在十分突出的地位上。文明习惯和礼貌的教育是投入成本最小，而效果却是明显的教育。学校首先要做到从三个方面来考虑孩子的教育——礼貌、健康、学习，而在礼貌和健康两个方面要永远去做，这是人成功的两个重要素质。

天津南开中学立校之初就在学校十分醒目的地方写下全校师生应该遵循的"容止格言"："1. 容止格言：面必净，发必理，衣必整，钮必结，头容正，肩容平，胸容宽，背容直。2. 气象：勿傲，勿暴，勿怠。3. 颜色：宜和，宜静，宜庄。"

当我们赞叹周恩来总理待人接物的翩翩风度和温文尔雅的举止时，当我们感叹联合国破例为他降半旗志哀时，我们知道，这位伟大的领导人是怎样以他的言谈举止征服了所有人包括他的政敌！被人们誉为"小巷里走出来的平民总理"——温家宝同志的温和亲切同样印证了南开中学的教育理念。南开中学培养了共和国的两位总理，一位副总理，四位全国人大常委会副委员长（林枫、吴阶平、邹家华、周光召），五位全国政协副主席（屈武、王昆仑、孙孚凌、万国权、朱光亚），六位中科院、工程院、中研院正副院长（陶孟和、钱恩亮、吴大猷、叶笃正、朱光亚、周光召），五十五位中科院、工程院、中研院及外籍院士等。

此外，著名作家、艺术家：曹禺、老舍、金焰、黄宗江、端木蕻良、周汝昌、黄裳、韦君宜，著名音乐家张肖虎、沈湘，著名舞蹈家资华筠，著名书法家吴玉如、黄寿昌，著名画家刘奎龄，著名哲学家张申府、熊十力，著名教育家杨石先、张蓬春、王大中，著名体育家韩幕侠、董守义，著名外交家唐明照、张伟超、申健，著名医生吴阶平、吴蔚然、方圻、翁心植、熊汝成、严仁英等均为南开中学校友。他们都出自新中国成立前的南开中学，不能不让人惊叹！而且，一直到今天，南开中学的办学成绩都是国内一流的，他们的课程设置也远远走在了全国的前列！

笔者不厌其烦地介绍这些，就是深切地感到健康和礼貌对于人才、对于一个人来说是多么重要。有一点必须注意的是，文明习惯和礼貌教育最根本的目的还是为了培养学生的精神品格，通过良好的文明习惯内化为一个人的文明素养，不是为了让学生学会点头哈腰以致只知道庸俗的八面玲珑，也不能只是对和自己利益相关的人毕恭毕敬，而对与自己利益无关的人则冷漠麻木。文明的举止和习惯是一个人良好心理素质和文明素养的外化，一个充满了自信的人，一个对生活充满了热情的人，必然对自己的仪表举止十分讲究。另一方面，美好的外在形象也会增强人的自信和对生活的热情。这也是教育家们高度重视这方面教育的根本原因。

（三）创新人才应该有远大的社会抱负和高远的人生追求

面对我们的学生，我们最大的忧虑不是他们考试成绩多么不好，而是不少同学缺乏远大抱负，缺乏对社会包括对自己家人的强烈责任感，视野狭窄、目光短浅，得过且过、内心世界贫乏，情趣低下。他们不相信崇高，不相信无私奉献，对学习缺乏强烈的兴趣。必须指出的是，问题的责任绝对不应该只由他们来承担，家庭、社会、学校都应该有责任。在这个方面，我们有责任教育培养他们，使他们的潜质得到充分的发挥，让他们站在父辈的肩上，做一个对社会有贡献的人。我们老师首先应懂得人生，要教育学生树立远大志向。一个人如果没有远大的目标，就不会有大的成就，只能卖弄小聪明；只有对整个人生有正确的看法，才会有所成就。教育成功的人才，首先要有良好的修养，要修身、治国、平天下。

一个真正胸怀大志的人，必然有蔑视一切艰难险阻的勇气、意志和毅力。因为远大志向和坚忍不拔的毅力是紧密相连的，二者缺一不可。所以，一流的人才，就是在很受委屈、受挫折的情况下，仍能够顽强不屈。我们的学校站在一个很有利的位置上，若想将学生培养成为一个有用的人才，就应该把我们的最高目标定为将自己的学生培养成为一个社会需要的人。

那么对于这样的人才的培养，着力点应该是什么呢？重要的是教会学生如何做人。那么，怎样使学生成为一个"会做人，会做事"的人才呢？我们认为学校教育中最有效的手段就是促使学生博览群书、放眼世界、认识社会。

要教育孩子热爱读书，从好的事例中去引导人生。要多看一些书，聆听别人的意见，仔细观察社会。行万里路，读万卷书。关于读书的巨大作用，教育家们的论述更是数不胜数。华东师范大学教授、博士生导师王晓明先生指出："人文教育能够努力向人们多介绍一点苏格拉底、康德和爱因斯坦，也多知道一点先秦时代、文艺复兴和20世纪人类知识体系的巨大转变，这是不是就能有助于我们清醒地认识'现代化'，知道这仅仅是300年来人类改善生活状况的一种尝试，它在许多方面很成功，但也在有些地方很失败，绝对不是什么'进步'的历史'规律'。在许多时候，我们所以对眼前的社会发生错觉，就是因为对过去的历史太无知了。而如果人文教育能够更深入地激发我们对于已知的生存经验及其潜在可能的敏感和思考，我们是不是也就能懂得，'人'是一个多么丰富的概念，它不但包括吃饱穿暖、安居乐业这些最起码的要求，它更意味着精神的开放和自由，意味着公正、爱情和诗意，意味着更深切地融入宇宙，永无止境地走向广大的未知世界。"苏霍姆林斯基这样说："学习文学完全不是为了让一个人在毕业以后若干年再去复习他过去背诵过的东西……人的内心世界——道德、素养和美感的形成是学习文学的最终目的，我看到少年被文艺形象所激动、震惊，他们听作品朗诵时也在思考自己的命运，这时候我感到，这比起要求少年对问题做出正确的回答来不知道重要多少倍。"

学校应该重视通过一些有意义的劳动或一些事来使学生体验人生，让他们终生难忘。学校需充分了解和认识社会对一个人的成长的巨大作用。1935年毕业于南开中学，曾任中国科学院副院长、特邀顾问、大气物理研究所研究员、名誉所长的叶笃正先生在接受中央电视台科教频道《人物》栏目的记者采访时，十分深情地回忆在南开中学的读书生活时这样说道："当时校长张伯苓的教育思想比我们现在很多人都高出许多，他让我们搞社会调查，了解社会。"然后他回忆了自己在老师带领下到山东济南搞社会调查时的一段经历，他因为在当时的山东省政府门口为一个贫弱的小女孩打抱不平而被警察关到了警察局。那件事使他深刻认识到社会的种种不平和丑恶，他也因此立志为改造社会，改造中国而学习。所以，后来新中国成立后，他放弃了当时每月4300美金的高薪职位，毅然回到了祖国。他说："作为一个人，怎么能不知道自己所生活的社会、所赖以存在的这个世界是个什么样子，正在发生着什么呢。关心国家大事，关注社会生活是中国教育的古老传统，在周代，人们就指出，所谓'雅'就是'言王政事'。至于明朝东林党人的倡导的'风声、雨声、读书声，声声入耳；家事、国事、天下事，事事关心'，大家更是十分熟悉。"

因此，博览群书、认识社会、体验劳动以达到对人生有深刻的体验和认识，进而树立自己高远的人生理想，并为了这个理想不折不挠、孜孜以求，这是任何一个杰出人才的必经之路。

（四）创新人才应该有科学精神和良好的科学素养

作为站在时代前列的杰出人才，必须具有科学精神和良好的科学素养。联合国教科文组织国际教育发展委员会发表的《学会生存——教育世界的今天和明天》（简称《学会生存》）一书中这样写道："要使科学和技术成为任何教育事业中基本的、贯彻始终的要素；要使科学和技术成为儿童、青年、成人设计的一切教育活动的组成部分，以帮助每个人不仅控制自然力和生产力，而且也控制社会力，从而控制他自己、他的抉择和他的行动；要使科学和技术有助于人类建立一种科学的世界观，以促使科学的发展而不致为科学所奴役。"我们的科技教育怎样做才能"促使科学的发展而不致为科学所奴役"呢？我们有没有在学科教育中对学生进行奴役呢？现在我们的问题不是是否重视理科的学习的问题，而是怎样才能更好地进行理科教育进而培养学生的科学素养的问题。

对于理科教育，这里引用苏霍姆林斯基的几段话来阐述："如果缺乏少年所能理解的有关宇宙的最基本的知识，就不可能完整地认识世界……""少年在听了关于绿叶上发生的复杂的生化过程之后，不仅认识到这一过程是不以人的意志和认识为转移的，而且认识到人为了探索大自然的奥秘已经做了些什么。""我们生物教师、物理教师、化学教师、数学教师、自然地理教师，在揭示关于自然界的科学知识原理时，都要努力达到这样一个要求：把大自然作为人们认识世界和做出个人自我肯定的广阔天地。""课堂教学是对年轻人心灵的召唤：不要做冷漠的旁观者，也不能对所讲的事件取不偏不倚的纯客观态度。""冷酷的心不可能产生崇高的情感、志向和理想。""我们的教师只有在少年思想上提高人的价值，通过认识世界激发少年的自豪感和自尊心，我们教师也就成为真正的教育者。因为只有这样才能把学生吸引过来，而我们的知识在少年的眼中不再是按次序发到的一份材料，而是我们慷慨地与他们一起分享的精神财富。"

"把大自然作为人们认识世界和做出个人自我肯定的广阔天地。"这是一切学科教育的根本目的。正像加拿大著名教育家马克斯·范梅南在他的《教学机智——教育智慧的意蕴》一书中所说："老师如果不断地将每一项作业和每一个学习环境与学生的成绩和名次联系起来，给学生创造过度的竞争环境、过多的测试、过多的评价，就会给学生带来不必要的和不利于健康的压力。"确实如此，一味地测试，让许多学生经常处在不可避免的体验失败的学习环境中，学习不可能有效。

（五）创新人才还应具备足够的艺术修养

作为一个未来的成功人士，还必须具备一定的艺术修养。艺术修养的问题在人一生的发展中具有任何学科都难以替代的巨大作用，尤其对人的精神境界和人格修养的形成弥足珍贵。文学艺术的教育既是教育的手段，又是人生的目的。德国哲学家海德格尔的一句名言高高地挂在北京大学风入松书店的显眼处："人必须诗意地生存！"华德福教育的创始人，出生于奥地利的哲学家和神学家鲁道夫·史代纳，他的名字在讲德语的国家里家喻户晓，他创立的人智学直接用于华德福教育，获得了空前的成功。他认为："一首音律和谐的诗歌有放松的表现，我们身体上的运动也可以有放松的表现。我们无论做什么事情，都可以表现出一种闲适、优雅与形式的和谐。闲适和优雅是由一种身体胜任愉快的感觉而产生出来的。""学习韵律舞可以学会如何正确地运用身体作为语言或音乐来表达自己，获得一种在特定情况下以艺术方式处理心态的能力和技巧。在群体韵律舞运动中，他们通过共同使用这些运动形式提高了自我感知能力和团体合作意识，因此，这种艺术作为社会生活的一个重要因素所发挥的作用不可低估。在每周的韵律舞课程中，通过韵律锻炼，孩子的生命力得以增强。仅就孩子的健康而言，学习韵律舞也是十分重要的。"无独有偶，苏霍姆林斯基在他的《公民的诞生》一书中，表达了与此惊人相似的观点："我很重视让学生学会感觉诗中语言的音乐节奏。人类心灵最细腻的活动创造了人类的精神财富和巨大成就，少年们如果不对人类心灵最细腻的活动产生共鸣，就不可能使他们的感情变得丰富和高尚。""讲述文艺作品使年轻的心灵对邪恶、谬误和生活中的黑暗面更为敏感，激发起他们对一切与理想背道而驰的现象进行强烈的反抗和毫不妥协的精神。"同时他又指出："描写爱情、守信和忠诚的诗歌语言具有巨大的力量，它使年轻的心灵变得高尚。"他十分肯定地指出："没有音乐，就难以使一个进入世界的人相信人是美好的，而从本质上来说，这个信念是情感素养、美感素养和道德素养的基础。"

我们都十分清楚，哪一个焕发出伟大人格魅力的领袖人物没有高度的艺术素养呢？可以说，凡是我们景仰的伟大人物无一例外！仅以周恩来总理为例，天津南开中学的学生档案中还完整地保留着"周恩来同学中学毕业评语"，其中有这样的句子："年十二从伯父召趋辽东，入沈阳模范小学，肆力学科，兼好读欧美小说及新闻杂志……十五来津门，遂入南开，初至，英文非佳，嗣发奋攻读，始同趋步，而国文则早露头角。……君于新剧，尤其特长。牺牲色相，粉墨登场，倾倒全座，原是凡津人士之曾观南开新剧者，无不耳君之名……君性温和诚实，最富于感情，挚于友谊，凡朋友及公益事，无不尽力。其于课程，前二载俱臻上乘，嗣以理事日繁，乃稍逊前，然绝未以他事妨学业，致失正鹄，故毕业成绩仍属最优。君家贫，处境最艰，学费时不济，而独能于千苦万难中多才多艺，造成斯绩。殆所谓天将降任于是人，毕先苦其心志，劳其筋骨者欤。"

由以上分析，我们可以得出一个比较明晰的结论，创新人才的培养是要教育出全面发展、健康发展的人。健康的体魄，礼貌和文明素养，博览群书，认识社会，体验劳动，科学精神和科技素质，艺术修养构成了创新人才教育的基本要素。其中博览群书、认识社会、体验劳动又是人才培养的核心要素。我们的学生如果具备了健康的体魄、广博的视野、对人生的深刻思索、完善自我的人生追求、改造社会的宏大抱负和强烈的求知欲望，我们就不愁他在社会的某一个方面或者某一个行业做出巨大的贡献。

五、培养学生创新精神需要转变教师观念

相对于传统教育而言，创新教育是一种超越教育，所坚持的是以追求未来理想与成功为价值的"明天"教育价值观，旨在人文本质上创造超越前人的一代"新人"。教师在学生创新精神的锻造中起着十分重要的作用，而传统教育的一些消极影响又主要通过教师的教学观念来阻碍创新教育的发展，因而转变教师观念，对于培养学生的创新精神尤为重要。

教学观念是教师在教学实践中逐步形成的对教学活动的系统认识。这种认识直接影响教学目标、课程和教材、教学模式、教学方法和考核评价等方面的改革方向。以常用的讲授法而论，传统的教学观念只强调"讲清""讲透"，学生听完课觉得没问题就行。而现代教学观念则不同，要求教师在讲授过程中，应在重点、难点、疑点之处，适当提出富有启发性的问题，引起学生思考，同时向学生介绍大量材料，提供重点信息，并引导学生主动地去探索结论，这样，让学生始终处于积极的思维状态，而不是把结论简单地告诉学生。可见，不同的教学观念，其选择的教学方法是不同的，效果也肯定不一样。

教师的教学观念不是空洞的，它必然反映在具体的教学活动中。比如从教学过程看，传统教学认为教学过程就是传授知识，让学生掌握知识、记住知识的过程，因此传统课堂上只重视知识教学，而忽视能力的培养。在学习方法上强调死记硬背，忽视消化理解。而现代教学观念强调教学过程是在传授知识、学生消化知识中培养学生的能力，发展学生的智力，促进学生身心健康发展的过程。具有现代教学观念的教师，在课堂教学中，特别注重优化教学，注重师生的双向交流，启发学生动脑、动口、动手，时时处处注意激发学生的"问题意识"，留心学生的创造"火花"。

而让人担忧的是，不少教师在教学思想、模式、内容、方法和手段等方面不思突破，仍桎梏在旧的教育牢笼之中，奴化学生人格，抑制学生的创造力，因而也就不能把学生素质中最深层、最有价值的创新潜能解放出来，更不能培养出具有丰富创新能力的高素质人才。可是，教师观念的转变是一个艰难、缓慢的过程，我们认为，应从以下四个方面入手，达到彻底更新教师观念，培养

学生创新精神的目的。

（一）坚持主体性原则，塑造学生的"主体性"人格

把传统教学中教师"一言堂"夺走的学生的学习主体地位还给学生，使学生真正成为课堂的主人，学习的主人；真正抛弃传统的人才观、质量观和教学观中的错误认识，彻底清除"考上重点才是人才，高考分就是高质量，为教知识而教学"的落后思想，并构造相应的教学操作体系，将教学行为和教学评价纳入科学的轨道，确保教学目标的实现。教师在教学中应当采取：（1）激发自主学习动机，充分满足每个学生的尊严的需要、求知的需要和自我实现的需要。（2）创设自主学习情境，不断创设问题情境，以疑引思，引导学生积极思维，主动参与。（3）充分相信学生的能力，给学生充分的自己读书、自主讨论的时间，引导学生质疑问难、小结归纳。构建自主学习的机制和互动的合作学习机制，这是发挥学生主体作用的保证。

（二）坚持民主性原则，解除学生精神枷锁

在教学活动中，常有教师过分看重个人的"成人角色"和"师长尊严"。具体表现在：（1）对学生内部因素估计不当。教师在学生"启而不发"或"答而不对"时，通常归因于学生不专心，不肯动脑等，对自己提问的难易程度是否切合学生实际却考虑较少。（2）把学生取得的成绩和进步，归因于教师的作用，而把学生成绩差归因于学生自身因素或家庭、社会因素，以此来维护教师自己的威信、自尊心和自身利益，获得心理上的满足和自慰。（3）许多教师喜欢成绩好的学生，讨厌成绩差的学生。（4）有的教师在教学活动中方法简单粗暴甚至体罚或变相体罚学生。这些做法严重地伤害了一些学生的自尊心，使他们得不到应有的尊重，更谈不上创新能力的培养和发展了。陶行知曾说，"教育是师生心心相印的事业"。因而教师必须发扬教学民主，建立和谐、平等的人际关系，从思想上、感情上尊重学生，热爱学生，给他们提供宽松、平等的学习空间，挖掘思维潜力，使学生的"智商"和"情商"协调发展。

（三）坚持发展性原则，培养学生的个性精神

"水至清则无鱼，人至察则无徒。"教师的过分严厉将会给学生一生带来巨大影响，它会使学生的自发性完全丧失，而学生面对教师的"专横"则束手无策，结果让他们被动地变成老师和课本的奴隶，使他们与生俱来的求新求异思维的火花熄灭在令人窒息的压抑之中。有些学生性格古怪、不合群，行为自私、任性等，教师应充分认识他们，尽可能多点理解，少点喋喋不休的说教或棍棒式的压迫教育。当学生对某事物热衷不已，或者言行举止不同一般时，很可能是学生在某方面智能飞跃的表现。如以发明"聪明鼠"而震惊世界的美籍华裔生物学家钱卓在华东师范大学上学时就极富个性，从不人云亦云，因为"不听话"有时不太讨人喜欢，正因为他独特的个性精神才使他比别人更富创造力，最终脱颖而出。因此，作为教师一定要以发展的眼光看待每一个学生，珍视学生好奇、浓厚的兴趣，正确对待学生的"出格"行为，创设愉悦的学习氛围，培养其自信心，挖掘其潜能，从而把学生造就成开拓性的人才。

（四）坚持激励性原则，激发学生主动的探究精神

陶行知曾说："敢探未探明的真理，敢入未开化的边疆。"作为教师应鼓励学生大胆怀疑，大胆探究；在开拓学生的创新能力方面多播一点质疑的种子，以宽容的心态鼓励想象、激励求异，并有意识地让他们去"体验成功"，以激发他们学习的内驱力。"成功"可能是一次好奇心的满足。学生稍有成绩的时候，及时地表扬鼓励他，他一高兴，下次就会做得更好，学生做到三分，就表扬他五分，当然也不能无中生有，表扬过度也会失去意义。学生的创新精神，主要的不是表现在要干出多大的成绩，而是要培养一种发自内心的不断上进的信心和恒心。一位西方哲人曾说："克服最初的困难，获得成功的经历是终生努力奋斗的诱因。"

教师在实施创新教育的探索中会有许多具体的做法。总之，通过教师的努力，学生能在创造智慧能力、创造操作能力、创造意向水平和创造人格特征等方面得到全面的发展和提高。

六、创新教育与中学课堂教学

创新教育是知识经济赋予教育的时代任务和崭新课题。知识经济将信息作为战略资源提炼成知识和智慧，作为智力工具，来提高人们认识和改造自然的能力。知识经济的内核是创新，未来国家的综合国力和国际竞争的能力，将越来越取决于教育发展、科学技术和知识创新水平。江泽民同志多次强调创新对于国家和民族的重要意义，他说："创新是一个民族的灵魂，是一个国家兴旺发达的不竭动力。"社会的发展和进步归根结底取决于人类的创新水平，取决于创新教育。

创新教育是素质教育的组成部分和发展方向。《面向 21 世纪教育振兴行动计划》及"跨世纪素质教育工程"的一个重要任务就是"整体推进素质教育，

全面提高国民素质和民族创新能力"。20世纪90年代以来，素质教育在全国全面实施，教育教学领域发生了巨大变化。"素质教育是充分发挥每个人潜能的教育"，受教育者的身体、心理、道德、文化等素质在得到充分发展的基础上，潜能就有了充分发挥的条件，而潜能的发挥又具体地体现为对知识、信息的占有和配置，解决现实问题从而创新。创新教育正是着眼于人的各种素质的综合作用，在提高素质、解决问题中培养创新意识和创新能力。

课堂教学对于人一生来说是有限的，但它决定着人一生学习和创新的能力，因而在课堂教学中实施素质教育，大力培养学生创新能力，对于迎接知识经济、培养21世纪的人才至关重要。

第一，正确理解学生在课堂中的创新。创新具有不同的方面和层次，对于中小学生来讲，创新能力主要体现在通过已知知识探求未知领域的能力，自觉通过掌握的知识得出正确结论的能力，通过知识的迁移和重组得出新的认识的能力。学生由此获得创新个性和创新品质，是高层次创新的前提和基础。

第二，积极探索培养创新能力的课堂教学模式。传统的课堂教学，主要缺点是忽视了学生在课堂中的主体作用，过分看重学生在课堂上对现成知识的掌握程度，忽视了学生对知识的理解、运用和创新。随着素质教育的实施，课堂教学局面有了很大改善，但至今未得到根本解决。因此，创新教育必须在课堂中发挥学生自身的作用，通过学生自己的积极参与，培养其创新个性和创新品质。

第三，努力营造课堂创新氛围。创新教育注重学生在课堂上的自主作用，其前提则是学生有参与课堂教学的积极性。长期以来，传统教学模式导致了学生在课堂中"无所作为"，变课堂为"一言堂"。实际上，每个学生都有创新的欲望和能力，创新教育作为素质教育的一部分，应该面向全体学生。因而，课堂教学气氛应该是民主的、宽松的，课堂应成为学生思维发展的乐园。

第四，科学评价学生创新能力。现行的教学评价过分注重学生掌握知识的完整性、系统性和准确性，主要评价方法是量化手段。这样的评价忽略了创新能力。因而，教师在课堂上在注重学生对知识掌握和理解的基础上，应注重对学生创新能力的科学评价，以保证学生创新意识和创新能力的顺利、健康发展。

总之，课堂教学是培养学生创新能力的主要渠道，是创新教育的主要基地。课堂教学关系到学生创新能力的发展，关系到"创新型"人才的培养，关系到知识经济时代国家和民族的发展。因而，我们必须顺应潮流，大力探索和推进有利于创新教育的课堂教学。

七、课堂教学中培养学生创新精神的实践与探索

本课题于 1998 年 6 月作为陕西省基础教育重点课题立项，历时 3 年。课题以素质教育思想为指导，重点探索课堂教学中培养学生创新精神的内涵、特征、方法和途径。通过实践，在以上几方面形成了对课堂教学中创新精神培养的认识和理解，对创新教育做了初步的理论探索。在研究实践中，突出主导和主体的作用，在"以人为本"的教育思想指导下，突出从教师角度考虑，侧重转变观念、改革教法、更新管理、科学评估几个方面的探索与实践，对素质教育、创新教育的具体落实做了有益的尝试。

培养学生的创新精神，是新时期社会经济（社会主义市场经济）发展对教育提出的必然要求，是教育全面适应社会主义现代化建设的需要，是知识经济对基础教育的客观要求，是全面推进素质教育的必然趋势。基础教育是知识经济发展的第一动力源，发展知识经济所需要的主体精神和创新精神需要在中小学阶段奠定良好的基础。

随着教育改革的进一步发展，全面推进素质教育已进入实质性攻坚阶段，即转向具体的课堂教学，转向课程改革和教学过程最优化领域。课堂教学的科学性表现在两个方面。一方面，各学科的教学内容本身就是科学，其知识结构是一种科学体系，这是科学性的实质方面；另一方面，为了使学生掌握知识和技能，发展其能力，并对他们进行思想品德教育，需要遵循和依据一定的教育科学规律和原则，这也是一个科学性问题。如果背离了教育科学的规律和原则，就收不到良好的教学效果。

随着素质教育的实施，课堂教学在新一轮的教育教学改革中具有更重要的意义。课堂教学成为实施素质教育、培养创新能力的主阵地，通过研究实践，我们认识到，在课堂教学中实施创新教育，培养学生创新精神是一个重要的研究课题，愿我们的探索与实践能启开这扇科学之门。

（一）对创新精神含义的探索与认识

1. 创新精神的时代内涵

创新，作为一种精神财富和最可贵的心理品质，可以从狭义和广义两个方面来理解。狭义的创新是从全社会范围来考察的，指能导致诞生前所未有的新颖、独特、有突破性、具有社会意义的作品的活动和思维。从这一点上讲，创新显然成为少数人的活动。广义的创新，是从个人的活动来考察的，是指个人

从事的活动和思维，只要相对于自己的过去来说，是新颖、独特、具有突破性的，就是创造性活动，即使相对于全社会来说并非具有创造性。从这一点上讲，创造性是每个人都应该具备的，也是可以培养的，学生在学校里要培养的创造性，就是这种广义上的创造性。

未来学家奈斯比特在《大趋势》一书中指出："处于伟大的变革时代，我们需要创造力和创造精神。"创新精神是指推崇创新、追求创新、以创新为荣的观念和意识。创新意识作为一种发现问题、积极探求的心理趋向，爱护和培养学生的好奇心，是唤起学生创新意识的起点，也是创新能力培养的基础。学生对一些问题感兴趣，产生疑问，从而产生好奇心理，这正是创新意识的萌芽。疑问使学生产生好奇心，好奇心又萌发起学生想实践、想创新的意识。"学起于思，思源于疑"。心理学认为，"疑"最容易引起探究反映心理，创新思维也就应运而生。只有在强烈的创新精神引导下，人们才有可能产生强烈的创新欲望，树立创新目标，充分发挥创新潜力，释放创新激情，进行创新活动。

（1）从哲学范畴上讲，精神与意识同义，当我们提创新意识时，即为创新精神

①创新精神是客观存在于人脑能动的反映，是人们为解决客观矛盾而产生的一种需要和欲望

人的意识都是客观世界在人脑中能动的反映，创新精神是人的主观意识，也必然反映着客观世界。在客观世界的运动发展进程中，充满着新与旧、先进与落后的矛盾，这些矛盾需要解决，因而人们在面对这些客观矛盾的同时，主观意识中也产生了心理矛盾，这种心理矛盾反映了客观现实与主观愿望之间的矛盾斗争，不断解决矛盾就是客观世界不断向前发展的主要动力。由此，我们可以说创新精神是指人们从事创新活动的愿望和态度，是创新能力的基础和动力。

②创新精神是人的良好心理品质的集中体现

创新的心理动机的核心是作为社会情感之一的理智感。用列宁的话来说："没有人的感情，就没有也不可能有人对真理的追求。"这是人们从事创新活动的前奏。

意志表现是人的能动作用的心理表现，也是创新活动的重要的心理条件，用马克思的话来说："在科学上面是没有平坦的大路可走的，只有那些在崎岖小路的攀登上不畏劳苦的人，才有希望到达光辉的顶点。"创新活动难度很大，这种与困难相伴相生的活动，离开顽强的意志努力，是不可能实现的。

在个性倾向性方面与创新密切相关的是理想、信念和兴趣，它们对创新活动起着定向和鼓励作用。理想与信念在起定向作用的同时，远大的理想和正确、坚定的信念，对创新活动也起着激励作用。好奇心与求知欲往往就是由兴趣引发的。兴趣产生需要，人们为了满足物质和文化生活的需要，就必须对周围世界做出一定选择地指向，从而产生一种探究心理。对于有不满足感的人来说，这种探究心理就成了创新的心理动机。所以说，兴趣是创新活动最有效的动机。总之，良好的心理品质是创新精神的基础，又以创新精神为集中表现。

（2）从文化内涵上讲，创新精神作为素质教育的核心和灵魂，其重要性则更为显著

①科学与人文教育的统一

高新技术在知识经济时代的重要性日益明显，忽视科学教育必将给国家和民族带来无尽的灾难。然而，科学技术的迅猛发展在给人类带来经济腾飞的同时，也给整个人类生存以重大威胁。这突出地表现在人的物质生活和精神生活的失衡。长此以往，人就会成为没有精神生活和情感生活的单纯的技术性和功利性的动物。这足以使我们的教育工作者感到震惊。自然科学是一个知识体系，强调客观性，侧重教人求真；人文科学既是一个知识体系，又是一个价值体系、伦理体系，更多地教人求善求美。前者急功近利，但它创造出来的物质文明无疑是精神文明的厚实基础。后者通过学习哲学、历史、文学、艺术熏陶出一种人文素养，使科学技术创造出的财富服务于人与自然、人与人和谐相处、共生共荣的生存方式。这就要求教育要真正做到科学教育与人文教育的统一。

②智力和非智力的统一

知识经济时代需要创造性人才，这种创造性人才，不仅需要较高的智力因素，也需要较高的非智力因素，甚至非智力因素比智力因素还重要。在激烈竞争的时代，创新的能力、绝处逢生的能力、面对挫折的耐力等都是必不可少的，有创造的思维而没有勇气、胆识、献身精神和执着的坚强意志，是摘不到丰硕成果的。为此，我们教育工作者必须不断地探索，把智力教育与非智力教育更好地统一起来。

③个性型与合作型的统一

人才的价值往往通过个性化的途径得以实现。个性是一种区别于他人的特殊性。因此，教育工作者应该实施因材施教，使学生的个性得到充分发展。"学会合作"是创新人才必备的素质之一，这里包括具有正确的合作观和群体创造意识，正确处理人与人之间、个人与集体之间的关系，并培养对人坦诚、宽厚、

关心等伦理道德修养，如此才能适应竞争与合作并存的世界形势。

2. 创新精神的特征

教育是知识创新、传播和应用的主要基地，也是培育创新精神和创新人才的摇篮。创新精神有其自身的明显特征，从思维方面来分析，创新精神具有以下六个特征。

（1）敏感性，即容易接受新生事物，发现新问题，在知识的学习、运用中善于发现新问题，得出新认识。

（2）流畅性，即思维敏捷、反应迅速，对特定问题情境能顺利产生多种反应或提出多种答案。流畅性表现在学习上就是学生能在特定的问题情境中，敏锐地领会问题的关键所在，并能按自己的思路顺畅地去思考和探索。

（3）灵活性，即具有较强的应变能力和适应性，具有灵活改变思维方向的能力。在学习中表现为，在思维受阻的情况下，能反思问题的症结所在，调整思路、方法和速度，检索出正确的思维视角。

（4）独创性，即产生新奇、罕见、首创的观念和成就。这是创新精神最可宝贵的特征，在学习上表现的，就是学生在知识的学习和运用中善于标新立异，善于怀疑，有主见，敢探求。

（5）再定义性，即善于发现特定事物的多种使用方法，善于发现同一问题的不同解决途径，善于对特定概念做出自我认知和内化需要的理解和认识。

（6）洞察性，即能通过事物表面现象把握其内在含义和本质特性。在学习上的表现就是善于发现隐性知识和知识之间的内在联系，善于探求事物的因果关系。

3. 创新精神较强的学生所具有的一般特征

在长期的教学活动中，我们观察到创造精神较强的学生一般具有以下几方面的个性特征。

（1）兴趣广泛

对创造有着强烈的好奇心和旺盛的求知欲，有时甚至着迷。从知识结构上看，此类学生全面发展，不偏科，主动学习，广采博取，勤学好问，善于钻研，勇于涉足未知领域。

（2）目标专一，有毅力

创造活动过程是艰辛的，需要刻苦钻研、持之以恒、百折不挠的毅力。特别是处于环境复杂、问题百思不得其解的状态时，这种坚强的意志则显得更为突出。创新精神强的学生为达到目标表现出下面几个意志品质。

①坚持不懈，百折不挠，不达目的不罢休

能持之以恒地把注意力集中在某个问题上，心理状态达到高度稳定，并能抵御和排除外界的干扰，把心理状态始终保持在一定的水平上。

②克服困难的顽强性

在创造过程中出现困难是难免的，创新精神强的学生能面对困难，逆流而上，抓住任何疑点和含糊不清的地方，刨根问底，非把问题弄个水落石出不可。

③勇敢

创新精神强的学生敢于标新立异，敢于逾越常规，敢于猜测，敢于提出自己的见解，敢于做别人未做的事情；在身处不利的条件下具有胆识，不把自己束缚在一个狭小的框架内。

（3）独立性强

创新精神强的学生善于独立行事，不轻附众议；生活活动"圈子大"，热爱生活，对生活有强烈的感受性，对自己的未来有较大的抱负；态度直率、坦然，感情奔放，不拘细节；敢于弃旧图新，别开生面；对独立与自强有强烈的需要，不轻易对某个问题过早下判断。但这种独立性又时常表现为对待教师不太顺从，不太尊重；行为不合群，甚至破坏纪律。

（4）自信心强

创新精神强的学生深信自己做的事情的价值，即使遭到讥讽，也不改变信念，且不满足于书本知识和教师讲解。

（5）情感丰富

创新精神强的学生办事热心，对创造充满热情，争强好胜，积极进取；对学习和工作有高度的责任感，但有时感情易冲动；有些精力过盛，比较调皮，甚至放荡不羁。

（6）一丝不苟

创新精神强的学生往往用严肃的眼光审视周围的事物，极少出现人云亦云，随声附和的情况；勤奋好学，不知疲倦，不满足于不确切的知识。

（二）创新精神的表现和构成

创新精神主要包括好奇心、探究兴趣、求知欲，对新奇事物的敏感性，对真理的执着追求，对发现、发明、革新、开拓进取的百折不挠的精神，这是一个人创新的灵魂和动力。它首先表现为创新意识，即不墨守成规，思想活跃；其次表现为强烈的开拓进取精神及自信心。在创新的过程中，创新精神是指敏锐地把握机会，敢于付诸探索行为的精神状态。创新过程并不仅仅是纯粹的智力活动过程，它需要以创新情感为动力，要有敢于创新、不怕挫折的恒心和毅力，还要有对真理执着追求的勇气。

教育具有培养创新精神的力量，但在某些情况下，又有压抑创新精神的力量，如何把人的一切创造潜能都释放出来，是教育面临的一项任务。为此，我们必须理解创新精神，知道创新精神的构成，找到培养创新精神的突破口。创新精神的培养是创新教育的最高境界和要求。

创新精神从外显因素上看，应该包含以下内容。

（1）怀疑精神

我们的学生由于缺乏怀疑精神，所以经常是"唯书、唯师、唯上"，难以取得创新成果。要"立"先得"破"，应该鼓励学生大胆怀疑，摆脱传统思维方式的羁绊；同时创设民主宽松的和谐氛围，努力为优秀人才脱颖而出创造条件，激发他们的创新意识。

（2）开拓精神

不破不立，破字当头，立是目的。科学发明、艺术创作需要学生具有开拓精神，传统社会向现代文明迈进也需要开拓精神。

（3）求实精神

科学研究必须实事求是，来不得半点虚假和推想，在教育实践中更需要培养学生的求实精神。

（4）献身精神

创造，这是一条扑朔迷离的道路，它交织着真和假、美和丑、善和恶。因此，从事创造活动必须要有理想、有勇气、有献身精神，这是科学创造活动本身对创造者提出的客观要求，是创造者必须具备的忘我精神。纵观历史，任何创造成果的取得，都需要创造者本身付出艰苦卓绝的劳动，有时即使成功了，往往还要遭到冷遇、非议、压制以致被扼杀的厄运。真正的创造者必须有一种大无畏的精神，勇敢献身科学，而不是在科学事业中追名逐利。

创造的艰辛，往往来自传统观念和习惯势力的阻挠。比如，康托创立的集合论，它是全部数学的基础。但在集合论创立之初，由于其思想比前人在数学学科中所引进的所有思想都更加格格不入，几乎遭到所有数学家的攻击，对康托攻击最激烈的竟是他的老师克罗尼克。克罗尼克是当时德国数学界主要首领之一，他几乎一开始就反对康托的集合论，并对康托进行人身攻击，提出康托必须放弃自己的集合论，否则决不允许康托回母校任教。虽然回母校任教是康托多年的愿望，但是，他不肯以牺牲自己的学术主张为代价。由于粗暴的学术、人身攻击，康托常年郁郁寡欢，终因精神崩溃而病逝。因此，培养献身精神，就是培养学生能怀着为人类进步和文明而献身的动机，不为名不为利。任何经济上的贫困，精神上的压力，甚至肉体上的痛苦，不仅不会阻碍他们，反而会变成动力和兴奋剂，使他们甘愿作为人类进步与文明发展而献身的发明创造者。

（5）不畏艰苦的精神

创造活动离不开科学的想象、直觉与灵感，但这些灵感不是等出来的，它是长期专注于某一问题的思考与探索后的顿悟和思维连贯。即使有了灵感，还要沿着它的方向和思路继续做艰苦的探索与实践。在这艰难的探索中，还要有与困难、失误和挫折做斗争的勇气。例如，数学家在解决难题时所表现出来的勇气和耐心是催人奋进的。早在 1500 多年前，祖冲之父子为计算精确的圆周率，竟把圆周密割到 24576 份，得到了小数点后 7 位的 π 值。荷兰数学家鲁道夫·范寇勒恩几乎把毕生精力都花在 π 值的计算上，1596 年他求出 π 值的小数点后 15 位的近似值，后来他又将 π 的近似值推进到小数点后 35 位。人们把这一数值刻在他的墓碑上以示纪念。把 π 值刻在墓碑上的还有英国人威廉·欣克。他于 1872 年把 π 值计算到了小数点后 707 位。1832 年黎克洛做出了正 257 边形，做图步骤多达 80 多页。继而赫姆斯耗费了十年心血做出了正 65537 边形，手稿有满满一手提箱。

2. 学生的创新精神从其内涵因素上讲，包括：

（1）创新认知。指学生对创新的本质、意义有明确的认识，从思想意识上想创新，形成了创新的动机和动力。

（2）创新情意。指学生在认知基础上形成了对创新的情感和意志，不仅想创新，而且爱创新，乐于创新。

（3）创新个性。指学生具有好奇心，不唯师，不唯书，不唯权威，敢于质疑问难，挑战未知。

（4）创新思维。其基本特征是敏捷性、变通性、精密性和创造性。

（5）创新品德。包括创新理想、坚定信念、合作、责任感、使命感。

创新精神在人的精神世界中占有很重要的地位。创新精神的形成，有一定的天赋因素，但天赋只是给人的发展提供了一定的条件，它需要后天的努力。在后天形成的良好的心理品质的基础上，人才有可能进一步发展。

3. 除了个体掌握的知识及以创造思维为核心的智力发展水平外，从心理品质上讲，创新精神还包括以下几个方面。

（1）创新情感

积极的情感是创新的心理动机。情感按其强烈与持久的程度不同，有激情、热情和心境之分。对于任何有意义的活动，人们需要强烈而持久的热情；而对于创新活动来说，更需要虽不太持久但特别强烈的激情，至于虽不强烈但很持久的心境，也同样需要，如以平常的心态对待创新活动的成功与失败等。消极的情感如整日消沉、不求上进等，无论如何都不会形成强有力的创新动机。创新精神的心理动机一般表现为强烈的求知欲和好奇心，而求知欲与好奇心往往正是人们从事创新活动的前奏，为了满足求知欲和好奇心，人们就会孜孜不倦地追求，在追求中实现发现与创新。道德感（以责任感为核心）与审美感也是创新精神的主要心理动机，缺乏对事业、工作和学习的责任心，缺乏对所创造新事物的美好形象的审美感，是很难实现创新的。

（2）创新意志

意志表现是人的能动作用的心理表现，它是人们在按一定目的、克服困难、完成一项任务过程中所表现出来的行为，因而它也是创新活动重要的心理条件。创新活动是极为复杂的活动，比起接受性或重复性脑力活动来，不仅要强调信息储存，还要提出假设、刻画细节，再经实验或严格论证，因而困难很大。这种与困难相伴相生的活动，离开顽强的意志努力是不可能实现的。创新活动需要创新主体具有良好的意志品质，这表现在目的性、顽强性、果断性、自制性等特征上。如在创新活动方面有明确的目的和目标，知难而进、克服困难、百折不挠，选择方案深思熟虑并迅速果断，自觉排除来自各方面的干扰，甚至身处逆境也坚持到底等，这些意志品质起着有效的调节作用。

（3）创新个性

创新活动与人的个性因素——理想、信念和兴趣密切相关。理想和信念是人的社会性与创新活动的社会性的反映，作为创新活动的主体必须具有一定的思想素质，创新活动本身也需要有一定的社会价值，兴趣与创新活动直接相关，好奇心与求知欲往往就是由兴趣引发的。兴趣产生需要，需要产生探究心理，因此，兴趣是创新活动的最有效的动力。此外，个性特点方面的通用性、进攻性、冒险性、独立性（怀疑主义）、喜欢标新立异、抗挫折性、恒心、自信心、幽默感及广泛的兴趣也与创新密切相关。

（4）创新直觉

直觉是一种无意识的思维，是思维的感觉，是思维的洞察力。直觉在科学创造中具有重要作用，爱因斯坦关于科学创造有一个模式："经验直觉——概念或假设——逻辑推理——理论。"直觉在科学创造中的作用主要体现在：发现问题、做出预见、提出新概念或新理论。

（5）创新灵感

灵感是一种突发的、思维活动特别活跃的心理状态。灵感是创造性活动中普遍存在的现象，创造是富于灵感的劳动。灵感是辛勤劳动和知识积累的结晶，"功到自然成"，灵感油然而生。灵感的最大特征就在于它是研究者调动自己全部智力，使精神处于极度紧张状态甚至如醉如痴的疯狂状态下的产物。日有所思、夜有所想，有人梦中有得也正是如此。

（6）创新想象

想象是富于形象性的思维，创造性想象对于提出科学假设有重要作用。假设的提出或形成的机制很复杂，它是逻辑思维的一种形式，但其中有很多非逻辑思维因素，创造性想象是最主要的因素。

（三）课堂教学中培养学生创新精神的途径

未来新一代专门人才与劳动者的主体精神和创新精神，主要根植于今天中小学校的课堂教学之中。可以想象，若每一节课或多数节课都能较为充分地培养学生的主体精神和创新精神，并注意进行相应的能力训练，那么，当今天在校的中小学生一届届升入高校或进入工农业及科技领域时，他们必定在主动性与创新性思维方式、实践技能和个性发展方面做好了较为充分的准备，因而有可能尽快成为知识创新、科学创新、技术创新过程中的专门人才和劳动者。教学实践证明，有效地对学生进行主体精神和创新精神培养、训练的主要途径，是大力革新现有的教学方法和学生学习活动的组织形式。

根据现代教学论研究的成果，课堂教学是由五个要素构成的系统结构，即教学目的与任务、教学内容、教学方法与手段、学习活动形式和教学效果。合乎客观规律运行的课堂教学，应当是这五个要素达到最佳质量状态并相互形成系统关系的课堂教学。在这五个要素中，最活跃的要素是教学方法和学生学习活动组织形式，这也是教师能够控制的主要变量。教师采用的教学方法应当以建构学习者的主体地位为教学宗旨，突出学生参与、学法指导、启迪思维、师生情感交融等。在学生学习活动组织形式方面，教师应把建构学生学习主体地位作为主要的教学目标取向，自觉地为学生的学习活动安排较为充分的空间和时间，为学生创造出多种多样的学生自主学习、能动学习的课堂组织形式。

通过课堂教学改革实践，我们认为教师在课堂教学中重点要在以下几个方面不断改进和更新，从而促进学生创新精神的培养。

1. 更新教育观念

我们所有的教育实践，都是在一定的教育思想和教育观念的指导下开展的。作为现任教师，我们在很大程度上继承了受教育期间传统教育模式的那一套东西并在自己的教学实践中沿用。21 世纪是一个信息时代、知识经济时代，计算机技术、多媒体技术和现代通信技术的发展，信息网络化和"信息高速公路"的建立，必将给人类未来的生产和生活带来深刻的变化，从而引起未来教育的深刻变革。为此，教育工作者必须把准时代的脉搏，增强时代意识，更新教育观念；要形成具有时代意义的学生观、教师观、教学观、人才观和质量观等。在这一转化过程中，从校长到教师都必须实现由传统教育观念到现代教育思想的转变，真正以学生为学习的主体，解放学生的思想和手脚，为学生提供宽松和谐的教育环境，使学生有充分的精力、时间和空间去创新、去实践。

从施教对象上讲，教师首先要热爱创造型学生。从道理上讲，教师没有不喜欢自己的学生是创造型学生或者成为发明者的，但实际上却不一定喜欢，因为相当多的这类学生比较顽皮、淘气。他们的创造性常常潜存在、蕴藏在某种素质之中，不到条件成熟，不易显露出来，而种种缺点却无时无刻不表露在外，教师容易看到学生的缺点，而不容易看清他们的创造性。所以，教师必须全面地认识并正确引导创造型学生，才能促进学生创新精神的发展。

在教学过程中，教师应当坚信学生身上蕴藏着创新精神。教学活动是在教师的指导下，以学生的认知为归宿的特殊认知过程，在这一认知过程中，学生是具有主观能动性的实践者和认识者。教师要努力营造一个宽松、和谐、民主的学习环境，通过质疑、启发、讨论等方式，激发学生的探究兴趣，引导学生思考，鼓励学生标新立异，大胆创新。同时，教师需要改变一下自己的身份和地位，深入到学生中去，倾听每一个学生的见解，观察全体学生的表现，注意把创新的机会留给每一位学生。对待学生提出的观点或问题，教师要注意遵循以下原则：（1）肯定学生勇于探索的精神；（2）客观、实事求是地评价学生的观点；（3）不讽刺嘲笑学生，不打击学生的积极性；（4）注意引导学生以科学的态度分析问题、认识问题。在这样的课堂教学中，学生才会积极质疑、勇于创新，才会最大限度地激活学生的思维，培养学生的创新精神。

此外，学生在教师搭建的舞台上表演，教师要全神贯注地仔细观察，调动全身感官去搜索、捕捉学生创新精神的火花，并不失时机地吹风助燃。如果在某个问题上，学生的智慧胜过教材、超过教师的时候，教师应当坦率地承认，热情地鼓励。这是教师应有的胸怀和气魄，因为一代胜过一代是我们人类社会发展的必然要求。只有在这样的教师指导下学习的学生，才会成为勇于开拓进取的时代骄子。要在教学中做到以上几点，没有全新的教育观念是不可能的。

2. 优化教学内容

教学内容主要指教材方面。教材为教学活动提供依据并具有导向作用，所以教学内容的编排应为学生主动探索提供服务，即应注意信息呈现形式的多样性，收集、整理、分析信息方法的多样性，解决问题的策略、操作、实践、思考、归纳的多样性。而学生学习的过程应该成为一个连续不断地同化新知识、构建新意义的过程，成为一个以解决问题的活动为基础的认识过程。教师的教学过程则是问题步步展开和向教学目标逼近的引导过程。在教学过程中，教师应以教材为媒介，设计适宜学生自主学习的情境，让学生直接感知教材，从中发现问题，思考问题，想办法解决问题，求得真知。也就是说，教师要想方设法搭建舞台，为学生展现创新精神的表演活动提供机会和条件。这是在教学活动中教师主导作用的表现。

3. 整合教学目标

教学目标是教师"教"的目标，也是学生"学"的目标。依据"大纲"要求和21世纪人才培养对基础教育提出的新要求，着眼于认知、情感、意志、个性、智能及身体素质的全面发展。我们认为在设计课堂教学目标时，应尽可能摆脱"知识中心"的束缚，而以知识型、教育型、智能型教育目标的完美整合为总体目标。具体到课堂教学过程中，就是要根据教材内容，充分考虑到技能目标、能力目标、科学方法教育目标、学法目标、德育目标和情感目标等多个领域，即使不能面面俱到，也应"因材而定"，千万不可以"教材中心，知识中心"为单一目标。通过实践探索，我们提出的课堂教学整体目标是：（1）引导学生掌握知识、掌握学习方法与学习策略，会自觉主动地、尝试性地学习；（2）训练技能与基本的操作实践能力；（3）发展智力；（4）塑造和谐人格，尤其重视学生创新性品质和个性的培养。

4. 改进教学策略

教师要根据大纲和教材，结合学生实际，确定教学内容和重点、难点，注重选择最佳教学手段、教学方法和形式，改进教学策略，充分体现学生的自主性和创造性。在具体操作上努力做到：（1）给学生一个独立的空间，包括三个方面。一是独立人格的空间。每个学生在班集体之中有人格独立性的一席之地。二是独立思维的空间。学习活动的本质也是思维的活动和发展，学生成为学习的主人，其前提是让学生学会独立思维。三是独立活动的空间。学生的参与和学习离不开活动，每个学生都应有参与活动的机会，都应在活动中有一小块属于自己的天地。对此，苏霍姆林斯基有过深刻的论述："给学生以自由支配的时间，这不仅是学生借以丰富智力生活的首要条件，而且只有当学生每天按其自愿随意使用 5～7 小时的自由支配时间，学校才有可能培养出聪明的、全面发展的人来；离开这一点去谈论全面发展，谈论素质、爱好和天赋才能的发展，只不过是空谈而已。"这位著名教育家在强调给学生充分的自由支配时间对培养创新能力的至关重要作用时，几乎是耳提面命的。

5. 革新教学方法

创新精神和创新能力要靠逐步培养才能达到一定的层次。我们若将创新精神的培养上升为教育思想和教学原则的话，那么在课堂教学中，应注重以下几个方面。

（1）教学氛围的营造是培养学生创新能力的前提。没有生理的安全保障与情感的归属和依靠，最佳的学习状态就不可能产生，更谈不上创造，只有提供宽松的学习环境，才能为创新提供土壤。

（2）激发好奇心是培养学生创新能力的起点。好奇心是求知欲的动力，是学习积极性中最现实、最活泼的心理成分。在教学中要善于开发和利用学生的好奇心，创设特定的教学环境，吸引学生的求知欲，推动学生学习的进程。

（3）诱发创造性思维是培养创新能力的主要途径。荷兰著名学者弗赖登塔尔说，"学习的唯一正确方法是实行'再创造'"，也就是由学生本人把要学的知识发现或"创造"出来。教师的任务是引导和帮助学生进行这种再创造性的工作，而不是把现成的知识灌输给学生，这也就是说只要是由学生自己观察、思考、归纳所得到的，都可以理解为一种创新活动。这就要积极培养学生思维的多向性（即发散思维）。多向性思维是创造思维的重要成分。多向性思维是从不同的角度，对已知的条件进行分析、综合，实现问题的解决。这就要求我们在教学中要给学生提供发散思维的机会，安排一些发散点，逐渐养成学生多角度认识事物、解决问题的习惯。

6. 变革课堂教学模式

创新教育以素质教育思想为主要指导思想，要培养学生的创新精神，需要课堂教学做出全方位的变革和反应。在课堂教学改革实践中，我们主要实行启发式、讨论式等人才培养模式。此外，还创造了独具特色的"尝试型""探究型""辩论型"等课堂教学模式，取得了突出成果。通过教学研究实践，我们认识到，课堂教学模式应有创新暗示性。教师应以自身的创新意识、创新精神、创新思维及创新能力等因素去感染、推动学生创新意识和创新能力的形成和发展。有研究成果显示，创新能力强的教师，学生的创新能力也强。教师的创新性，主要体现在创新的教学模式、创新的教学方法、灵活的教学设计和教学内容的优化选择等方面。

7. 创设多种学习活动形式

教师要在创新教育理论指导下，在实践中创设多种自主创新性学习活动形式，培养学生的创新意识和创新个性。

（1）在轻松的气氛中学习

沉闷、紧张的学习气氛对学习习惯好的学生来讲，有利于注意力的集中，但在普遍意义上，却不利于学生思维的发散和畅通。因此，教师应根据教学内容和学生的年龄特征、心理需要创设灵活多样的学习形式，让各类学生都能积极主动地参与教学活动。

（2）在操作中学

学生对具体形象的实物材料、文字材料通过多种感官活动获得感性经验，自主获得知识。这样做，不仅能培养学生的操作实践能力，激发学习兴趣，而且在一定意义上，还利于学科知识渗透。如在学习"赤壁之战"时，要了解该战的前因后果，既可参阅《三国演义》中的描述，还可进一步从地理学角度解释诸葛亮的神机妙算。在操作中学习，不仅可以激发学生的好奇心和求知欲，更重要的是教给学生获取知识的方法，培养学生的创造性思维能力，使学习成为学生的一种强烈的精神追求。

（3）在讨论中学

学生分小组汇报预习情况，讨论难题，交流观摩作品，交流思想情感体验等。讨论学习与一般的教师讲、学生学，以及学生自学知识不一样，它是一种开放式的学习。课堂上让学生就某一知识进行广泛的讨论和交流，通过学生相互合作，集思广益，逐渐完成对某一知识的学习。在讨论学习中，学生兴趣盎然，处于一种积极的探究之中，努力寻找解决问题的方法。这样的学习提高了课堂教学的效果，同时满足了学生自主参与、相互交流的心理需求。

（4）在尝试中学

创新由尝试开始，教师要改变过去那种先向学生宣布"结论"，然后再讲解的教学过程，而应采用给学生提供文字材料或实物材料，引导学生依靠自己已有的知识经验，独立地观察探讨、实验分析、主动尝试、发现问题和解决问题，从而获得知识。尝试学习的方法，有利于培养学生的独立性、自主性和创造性，并使学生在探索规律中学会参与、学会选择和学会创新，这样的学习会使学生终身受益。在尝试中学，学生可以"异想天开"，大胆猜想；可以在探索中试验，寻找证实猜想的最佳方法，形成探究心理，并从中得出结论，掌握和运用知识，有效地提高学生自主创新性学习品质和能力。

通过这一方面的教学实践，我们认识到：培养学生敢于创造的精神，关键是教师要为学生提供一个有利于学生创造的学习环境，一个愉悦、民主、宽松的人际环境。教学中巧妙的构思、精心的设问等都是激活学生思维，培养学生创新精神的有效途径。

8. 调适课堂教学评价标准

课堂教学的评价标准是具有激励和导向作用的，是课堂教学的"指挥棒"。因此，必须建立起以创新思维培养为核心的评价标准，这个标准必须是以是否充分发挥、调动、培养学生的主体性为核心的。自主创新型学习课堂教学评价，在强调教师引导作用的同时，更要强调学生的参与，因而评价教学应以学生参与情况及其效果为主要依据。

（1）学生参与的状态。学生在课堂上热情饱满，注意力集中，师生关系民主，师生进行双向交流，教学共振。

（2）学生参与的广度。学生应人人参与，特别要关注不善发表意见的学生，学生在小组活动中参与率达90%。

（3）学生参与的时间。学生在课堂上自己活动的时间（读、写、议、算、操作、演示、板书等）不少于2/3。

（4）学生参与的方式。教师为学生创设多种有效的机会，让学生自主选择机会，以多种形式参与。

（5）学生参与的品质。培养训练学生善于倾听、理解他人的发言，并能抓住要点。学生要有问题意识，敢于质疑问难，发表意见，有较强的动手能力。

（6）学生参与的效果。在知识方面，当堂的教学、学习效果应达到合格率90%以上，优秀率70%以上；学生能选择运用并不断调整自己的学习方法，能将掌握的新知识、新方法迁移到新的学习情境中，有较强的创新意识和实践能力；同时意志品质和道德品质也得到较好的发展。

知识经济时代需要创新型人才，培养学生创新精神是教育发展的永恒主题，课堂教学是培养学生创新精神和实践能力的主阵地，优化、改革课堂教学是实施创新教学的突破口和核心任务。我们在教育科研实践中对课堂教学的各构成要素进行了初步的思考和探索，面对课堂教学这个古老而又永无止境的改革对象，我们都还有更全面、更具体的工作，需要在教学、科研实践中进一步落实和研究，以期课堂教学焕发出知识经济时代特有的风采。

（四）激发和培养学生创新精神的几种具体做法

在课题研究实践中，课题教师勤于学习、钻研，乐于实践、提炼，善于总结、升华。概括起来，我们在研究实践中尝试、实践、运用了一些颇有效果的具体方法来培养学生的创新精神。

1. 教师行为激励法

此法就是以教师优良的行为行动和行为习惯为学生做出示范，提供可学习仿效的模式，使之在学生身上产生相似或相同的心理和行为的一种方法。按照心理学观点分析，学生对教师的优良行为表现耳闻目睹，了解、收集教师发出的种种良好信息，通过内心感受和体验，先内化为自己主观意识上的认识、态度、愿望和热情，再外化为受自己主观意志控制的实践行动。在不受外界因素控制的情况下，状如"随风潜入夜，润物细无声"，学生自发产生模仿效应，朝教师示范的目标发展。

教师是人类灵魂的工程师。"不能正其身，如何正人乎？""其身正，不令而行；其身不正，虽令不从。"（《论语·子路》）教师以自己的优良行为汇集成为一种巨大的感召力，就如同一种无声的命令，激励着学生模仿，并在这一过程中扩大模仿效应。"话说百遍不如身做一遍""打铁先得自身硬"，说的就是这个道理。相反，如果教师的品行不端，修养和水平得不到学生的欣赏和认可，就难以有好的教学效果，更谈不上在学习中创新。

2. 情感激励法

列宁说："没有人的情感，就从来没有也不可能有人对真理的追求。"人的情感是人类追求真理的动力之一。情感是人们的内心世界的窗口，健康而深厚的情感是唤起意志的号角，会激发学生以惊人的力量去克服学习中的困难，并大幅度提高学习效率。消极的情感只能使人斗志削弱，放弃既定目标，降低学习效率。"情感"是每位学生的最基本的需要，他们的一切行动都是在一定的情感推动下完成的。但情感需要激发。俗话说："人非草木，孰能无情。"教师应重视对学生的情感投资，改变学生心灵中的"不纯"与"邪念"，强化学生心灵中的"高尚"与"纯洁"，教师要动之以情，晓之以理，与学生情感交融，不断增强师生情感的融合度。若此，学生就会自觉完成教师交给的学习任务，主动做力所能及的事情，作为对教师情感上的补偿。师生情感融洽，这是一种比什么都重要的巨大力量。在研究实践中，我们认识到："建立平等、友好、民主的师生关系"是教学中的一条重要原则。在师生信息传递、情感交流的过程中，教师本身的情感对整个教学工作的情感活动起重要的能动作用。这种作用直接影响教育教学的效果。教师应该努力以自己对学生的良好情感去引发学生积极的情感反应，创设师生情感交融的氛围，使学生在轻松和谐的学习氛围中产生探究新知的兴趣，积极主动地去追求人类的最高财富——知识和技能，从而使学生敢于创造，同时迸发出创造思维的火花。

3. 信任激励法

信任是对学生自身价值的一种肯定。俗话说："信任就是力量。""信任是最高的奖赏。"学生受到教师的信任后，便会产生自豪感、归属感和自信心。在师生相互信任的基础上，学生的志向、兴趣、爱好就会"龙腾虎跃"。这样，学习不再是一种负担，而是一种荣誉和享乐。信任有明显的激励功能。要想在学生心理上建立起一种被信任感，相信教师是信任他们的，必须对学生一视同仁，不能有亲有疏。即使是犯了错误的后进生，也潜存着一种想使自己好起来的愿望。教师的责任就在于利用学生求好向上的心理，加以正确引导，给予信任，激励成才。

4. 关怀激励法

"爱是理解的别名。"（泰戈尔）关怀爱护学生是教师的天职，没有对学生的关怀和爱护就没有教育，关怀、爱护是教育的基础。教师对学生关怀备至，把"爱"的温暖送到学生中，把"爱"的火种播进学生心田，会在学生身上产生一股暖流，激发学生的自主意识和学习热情。关怀是一种真诚的爱，教师应当深入学生的生活实际，随时了解他们的需求，及时加以解决，激发学生尽心尽力地搞好学习，健康成长。

5. 榜样激励法

榜样是根据学生善于模仿的心理特点而树立起来的一面旗帜。如树立方志敏、杨靖宇、黄继光、董存瑞等革命英雄人物榜样，树立雷锋、焦裕禄、徐洪刚、孔繁森等先进人物榜样，以及学生身边的优秀人物榜样。"榜样的力量是无穷的"。这些榜样一旦树立起来后，就如一盏明灯，具有形象鲜明、具体生动的特点。教师把抽象的理论说教变成活生生的典型的人和事例，以及他人的模范行为来影响和教育学生，从而引起学生感情的共鸣、学习、对照和仿效，指引学生行动的方向，具有巨大的吸引力和说服力。此法较说理教育更具有感染力和可接受性，具有强烈的导向功能、激励功能，会取得"以一当十"的效果。

6. 支持激励法

教师是成才的导师和支撑力量，学生迫切需要教师的支持。当学生在学习中遇到困难，或提出的某些建议和要求得到老师的支持后，就会以极大的热情待人待物，以肯于求知探索的进取态度加倍努力地学习和做事。在具体的课堂教学实践中，教师如何以有效的支持来激发学生的创新精神，在实践研究中，我们认为教师应做到：

（1）尊重和支持学生的创新精神，不贬低他们的智慧，并创造必要的条件，尽量满足他们的愿望。这就要求真正把学生作为学习的主人，根据他们学习、生活的需要，设计学生感兴趣、能创新的教学组织形式。

（2）对学生合理化的建议和要求及时决断，如果久拖不定或决而不行，往往会挫伤学生的积极性。这就要求教师要善于观察，把握教学的最佳时机，准确抓住学生思维的兴奋点，导引、促发学生的创新火花。

（3）学生遇到困难时，教师要主动帮助解决。不论在学习上，还是工作中，学生都会遇到一些阻力，成为他们进一步深入思考和思维创新的障碍。教师作为导引者，应该帮助学生找到解决问题的办法，让他们在不断的尝试中增强成功意识。

（4）当学生出现问题和差错时，不把一切错误归于学生，教师应主动承担责任。这样可以有效地保护学生的自尊心，并让学生在教师的理解中恢复自信，从而增强学生的耐挫力，保护学生继续尝试创新的意识。

7. 自由激励法

给学生以适当的自由和自主权，这对学生是很有实效的激励。学生可以根据自己的意愿，自主地选择目标，采取或抑制某种行为，按照某种方式、方法行事，学生的行为就有高度的自主性。"按时完成作业，你就可以自由支配自己了。"这是给学生自由的激励。青少年学生有着特别的灵感和丰富的想象力，常常自发萌动创造力，如法国的帕斯加尔自小聪慧，父亲不准他学数学，但他在游戏玩耍中发现三角形内角和等于两直角和的规律。中国的司马光也是在游戏玩耍中表现出了超人智力。每一个学生身上都潜存着独有的智慧，教师们不要给学生造成压力，要归还他们自由创造的权力，给他们留有创造思维的余地、时间、空间、条件，留有一块属于他们创造的自由天地，让学生有利用和体验自身能力的环境和自由。在"玩"中萌生灵感，创造力就会"突围而出"。

8. 机会激励法

也称个人成长机会的奖励。学生是有自尊心的，喜欢得到表扬和夸奖，有着希望被教师、他人和社会尊重和肯定的炙热情感需求。有了成绩而得不到教师的肯定，学生就会感到无比委屈。学生都喜欢在各类活动中扮演角色，表现自我才能。教师要善于发现学生的良好动机，为他们创设自我表现的机会，交给他们任务，以此来锻炼他们的创造力，也就是以机会点燃他们的创新之火。在这之中，教师要善于发现学生的闪光点，及时表扬和肯定，抓住各自的特长优势，扬其所长，促微弱之星火燃熊熊创造之光。此法使学生在享受胜利的喜悦中，发现自我价值，激发创新欲望。

9. 表扬与批评激励法

表扬是一种正强化激励性激因，就是对在某些方面表现突出的学生，运用表扬先进、给予荣誉的方法，振奋其热情，使其产生良好的心境状态，提高学习活动效率，同时起到鞭策前进的作用。批评是一种抑制性负强化激励激因，就是对违章违纪的学生给予批评、惩戒、否定。这对上进心比较强的学生而言也是期望得到帮助的需要，同时也是给非受批评的学生一种间接满足，同样可以达到激励作用。表扬与批评是激励学生创造积极性的重要手段之一。

10. 目标激励法

心理学观点认为，学生都具有成才心理，在教师指导下，按照成才需要确定行动目标。当学生有意识地明确自己的行动目标，并把自己的行动与目标不断加以对照，知道自己的前进速度和不断缩小达到目标的距离时，他的行动的积极性就会高涨，向既定的目标迈进。教师的责任就在于为学生设计理想的目标，使学生成才目标与现代化建设目标相一致。目标过高，可望而不可即，容易失去信心；目标过低，轻而易举，激发不出应有的干劲。确定"跳一跳，够得着"的目标才是合理的，积极性才会高，才能挖掘潜力，最大限度地调动学生的积极性。因为这种满足学生的需要的目标价值最大。应充分发挥 21 世纪现代化建设目标与学生成才目标的启动、导向、激励和聚合功能，向学生展示现代化建设的美好前景，激励他们为实现自我、报效社会而努力奋斗。在一个阶段一个时期的目标实现后，再及时地向他们提出进一步要求，激励他们早日成才、快成才，使他们具有求真的勇气、为善的热忱、美好的心灵，具有乐观、豁达、勇敢、大度、自重、自立、自信、自强、独立、求实、多能、创新的品质，"敢探未探明的真理，敢入未开化的边疆"。

（五）结束语

培养学生创新精神是知识经济时代的必然要求，是 21 世纪教育的主旋律，是教育工作者的职责和使命，是一项长期、无止境的工作。因此，开展对这一课题的集中研究，不可能"毕其功于一役"，在这条道路上，我们愿和所有的教育界同行一起，与全社会融合，与时俱进，不断地实践、探索，继续为培养出适应知识经济时代的人才而共同奋斗。

八、课堂教学改革的有益探索

素质教育以培养学生的创新精神和实践能力为核心内容和根本目的。课堂教学是实施素质教育的主阵地，学生的各种素质和能力主要是在课堂教学中奠定和培养的。如何把素质教育全面地落实到具体的教育教学过程中，如何使素质教育在学生能力的培养上产生质的效果，如何培养学生的创新精神和实践能力以适应知识经济时代人才培养的要求，这些问题都要求我们坚持不懈地改革课堂教学，不断地探索素质教育中的课堂教学模式。可以说，课堂教学直接关系到素质教育的具体落实和发展，关系到 21 世纪创新人才的培养，这是由我国的具体国情决定的。

商南县高级中学是我区的一所名校，教育教学质量连续十余年来居地区前列。除了管理、师资、条件等因素外，一个重要的方面就是始终把教育科研放革在重要的位置上，以研促教、以研促学、以研促改，形成了"教学——教研——科研——发展"的良性循环，特别是成为全省首批基础教育科研项目学校以来，新一届学校领导班子思维新、胆子大，真抓实干，使该校的教育教学、教育科研都有了更高层次的发展，以此推动了学校工作的整体提高。

"课堂教学中培养学生创新精神的方法和途径研究"是该校承担的省级基础教育科研课题。三年来，课题组和全校老师以课堂教学中培养学生创新精神的方法和途径研究为核心，从课堂教学中教师的创新教育活动、学生的创造性学习活动、创新教育中的师生关系和课堂教学创新应遵循的规律等方面进行了深入实践和探索，重点探索了课堂教学中培养学生创新精神的内涵、特征、方法和途径。通过实践，教师在以上几方面形成了对课堂教学中创新精神培养的认识和理解，对创新教育做了初步的理论探索。在课题研究实践中，突出主导和主体作用，并侧重在转变观念、革新教法、教学管理、科学评估等方面对素质教育、创新教育的具体落实做了有益的尝试。

《课堂教学与创新精神的培养》是学校课题研究的成果汇集，书中收录的研究报告、论文和教学设计对课堂教学中创新精神的培养做了科学而富有个性的阐发，对素质教育下的课堂教学改革做了有益的尝试和探索，为课堂教学的改革和优化奠定了一定的基础，具有鲜明的科学性、时代性和前瞻性，从而有效提高了课堂教学效率，推动了课堂教学的进一步改革。

课题研究实践表明，学校开展教育科研不仅可能，而且可行；不仅有效提高了教育教学质量，而且是教师在岗自修、继续教育的有效途径，对我区的基础教育改革、师资队伍培训都具有很好的实际指导意义。实践证明，学校开展教育科研既能及时解决教学实践中存在的具体问题，又能促进理论与实践的结合，从而使先进的教育思想观念、理论更有效地指导教育实践。

第二节　实施弹性教学的过程优化

2001年6月，教育部在颁布的《基础教育课程改革纲要（试行）》中提出：本次课程改革致力于构建符合素质教育要求的新的基础教育课程体系，确定以学生发展为本的课程目标，设置具有均衡性、综合性与选择性的课程结构，精选学生终身学习和终身发展所必备的基础知识、基本技能，倡导自主、合作与探究的教学方式，积极鼓励教师与学生的创造性，探索有利于学生、教师和学校发展的课程评价制度，推行民主化的三级课程管理政策，实现教育观念的重建和教育制度的创新。据此，广东省国华纪念中学结合自身办学特点和教学实际开展了"实施弹性教学，优化教学过程的实验研究"的教育科研课题，把课程改革的任务与要求有效整合到教育教学的具体工作实践中，以求从整体上推进学校教育工作对目前教育改革的积极适应和改革创新。

所谓弹性的教学，就是活的教学，不对教学方式、练习作业、教材教法做固定的要求，而是根据学生实际定教学目标、学生实际定教学要求，学生实际不同，教学方式也不同。弹性的教学不以教师主观想法施教，而是以学生为本、以学生发展为本施教，以全体学生（包括知识基础、能力基础、学习方法、特长个性均不相同的学生）都有发展为本施教。在这种教学模式中，教学目标是分层分类的，学习材料是多维、开放的。教学手段是形式多样、经常变换的，教学活动是注重互动合作的，评价方式是多元复合的。

这种教学难，难组织，难设计，但是它却体现了以生为本的教育理念，体现了要促进每一个学生全面发展的教育理想。

一、实施弹性教学的背景和理论依据

（一）研究背景

1. 广东国华纪念中学办学特点和学生状况决定

广东国华纪念中学是一位不愿透露姓名的成功企业家怀着崇高的办学理想和远见卓识，以扶危济困、培育英才的博大胸怀，投资创办的国内第一所纯慈善、全免费的高级中学。学校面向全国广泛搜寻、精心挑选家境贫寒、素质超群的学生，致力于为中华民族的伟大复兴培养未来社会发展中各行各业的顶尖人物和精英人才。学校以扶助因贫困而隐于草莽的可塑之才和胸有珠玑者为己任，以培育学生坚毅自强、志存高远的人格理想为总要求。从该校的生源构成特点不难发现，存在学生发展不均衡、基本素质有差异、知识能力层次相差明显的问题，如果学校在学生的知识学习、能力培养、素质提高上常规化、齐一化、简单化是不可能最终实现学校的办学目标的。但是，该校学生具备高度的学习自觉性、强烈的学习愿望、极强的学习内驱力和比较优异的学习成绩；而且该校教师有较强的教学业务能力、高度的敬业精神和强烈的改革要求。另外，我们有成功进行教育科研课题研究的条件和能力。

2. 目前的形势、任务和现实的需要

由于受经济条件的限制，我国大部分地区长期以来基本实行大班教学，教师不得不按中等学生水平施教。这样的课堂教学必然会使一部分学习基础较好学生的求知欲无法得到满足，中等基础的学生没有前进的动力，同时也使学习基础较差者反复受挫，甚至丧失学习信心，这是教育教学过程中的难题，更是对教育资源的极大浪费。

国华纪念中学的创办在中国教育史上具有重要历史意义，引起了教育部、《中国教育报》、中央电视台等社会各界的广泛关注。国华学子千里求学，对成功和实现美好理想充满渴望；国华"追求卓越、培育精英"的教育理想等因素都要求学校必须用改革的精神来对待学校的一切工作，志存高远，否则就会不知所终。

3. 落实"科研兴教、科研促学"教学指导方针的需要

教育质量靠科研保证，办学水平靠科研提升，学校特色靠科研打造，师资队伍靠科研建设。教育科研始于课题研究，课题研究的要点在切合实际，贵在有所创新，成在理论与实践。"自主学习、弹性教学"与课程改革所倡导的"自

主、合作与探究的教学方式"的旨趣是相吻合的，开展此项课题研究具有很强的现实意义和一定的理论意义。

（二）理论依据

1. 基本依据

素质教育要求教育要面向全体学生，让每个学生获得积极主动的个性化发展。

2. 根本依据

打好学生"自主学习，成为精英"的初步基础，培养学生自主、探究合作的学习能力，增强创新意识。

3. 具体依据

（1）"因材施教"教育思想

2500多年前古希腊大教育家苏格拉底和我国古代大教育家孔子都曾明确提出"因材施教"的教育原则。我国古代教育名著《学记》中说："学者有四失，教者必知之，人之学也，或失则多，或失则寡，或失则易，或失则止。此四者心之莫同也。知其心，然后能救其失也。"这里强调要根据学生个性差异，因材施教。为人熟知的《子路、曾皙、冉由、公西华侍坐》就是孔子因材施教的一个典型教学案例。

（2）"知行统一"教育思想

"伟大的人民教育家"陶行知先生深受明代王阳明"知行合一"学说和美国实用主义教育家杜威"教育即生活""学校即社会"教育思想的影响，创造性地提出了"生活即教育""社会即学校""教学做合一"，主张"教学做"相结合的"知行统一"教育思想。如果我们再把回顾的范围放大一些，我国古代学者荀况、朱熹、王夫之等都曾从不同角度阐述过"知行合一""致知力行""知行相资以为用"等有关的观点。

（3）目标分类教育理论

随着科学技术的发展，社会生产和社会生活发生了巨大的变化，对学校教育的要求有了新的内容，学生的能力与知识一样重要。教学目标方面呈现出日益综合化，即综合涉及人的多方面的素质和品质，体现着与德智体全面发展一致的要求。它与过去所倡导的"知识型""智能型"等单一型人才目标是不同的。传统教学一贯重视知识的传授，对如何通过教学发展学生的能力则有所忽略。面对这样的要求，教育学家和心理学家开始把注意力集中在如何通过教学促进学生能力的发展和素质的提高上。20 世纪 60 年代，美国课程改革的目标之一就是通过改革课程和教材为学生的智慧训练提供条件，这一目标反映在以美国布鲁姆（T. S. Brume）为代表的学者群所提倡的目标分类与自学辅导教育教学理论和实践中。

（4）差异教学理论

"差异教学是指在班集体教学中立足于学生个性的差异，满足学生个别学习的需要，以促进每个学生在原有基础上得到充分发展的教学。"它是根据学生现有发展水平把学生分为几种不同层次而进行针对性教育的一种教学方法，"强调教学要能够面向全体，照顾差异，为学生提供适合他们各自特点的发展方式，促进每个人都能得到发展"。它包括"分层推进"和"分组协作"两种形式，它讲究的是在共同特点的基础上，重在对个别差异的补救与拓展。①

著名教育家吕型伟说："打好基础不是教育的目的，学生个性有差异的发展才是我们的追求。"江泽民同志在第三次全教会上也号召要"努力为优秀人才的脱颖而出创造条件"。"在出人才的问题上……我们鼓励冒尖和一马当先，但也要求学得好的影响和带动学得不太好的。"中小学应为学生的禀赋和潜能的充分开发创造一种宽松的环境。鼓励冒尖，坚持面向全体学生，做到"上不封顶，下要保底"。

二、弹性教学的涵义

（一）弹性教学

何为弹性？弹性指事物的可多可少、可大可小等伸缩性。教育教学也应具有弹性。弹性教学是教师基于网络环境，在充分激发学生的学习积极性，对学生进行科学指导的基础上，采取差异教学的手段，适应不同层次学生的发展需求，引导学生根据自身认知水平和需要确立学习目标，选择适合自己的学习方法，自觉调控学习状态，并做出有效自我评价，实现自主发展的教学过程。它是建立在尊重差异、面向全体、以学生为主体等原则基础之上的，目的是使学生真正从机械被动的学习中解放出来，变被动学习为生动活泼的主动学习。弹性教学体现了现代教育的主动性、民主性、合作性和发展性等时代特征，有利于把学习的主动权交给学生，培养学生学习的自主意识和创造能力。教学中的

---

① 华国栋. 差异教学论［M］北京：教育科学出版社，2001.

弹性原则即切实认识并重视学生的实际基础存在的个别差异，在教学内容的安排、教学方法的选择、教学活动的设计、教学评价的标准等方面都应体现对不同水平学生的不同发展状况的适应性，着重关注学生参与学习活动之后，每个学生在各自原有基础上掌握了什么，具备了什么（不仅是知识，更重要的是态度情感的发展和能力的提高）。

（二）教学过程

教学过程包括教学内容的处理、课堂教学各个环节和具体的课堂教学形式与活动的设计、课堂教学效果和学生学习能力的检测等内容。

（三）优化

所谓教学的最优化是依据确定的教学目标，考虑心理学所揭示的制约教学过程及其结果的内外因素，从整体上把握教学过程，把教学看成一个系统，从系统的整体与部分、部分与部分以及系统与环境之间的相互关系、相互作用中考察教学，以便能最优化地处理问题，设计优化的教学程序，求得最大的教学效果。

三、实施弹性教学的目标和总体要求

（一）基本目标

第一，优化教学过程，提高教学效果，实现对精英人才的基础培育，为学生适应未来社会的激烈竟争奠定坚实的基础。在过程中达成预期的教育、教学、科研目标：受益学生，促进教师，成就学校。具体内容为：

（1）学生目标：学业上有精进，智商情商有提高，德育力度有改善。通过自主学习，促进学生学会求知、学会做人，不断提升自身的基本素质。

（2）教师目标：教学上有创新，业务精湛；科研能力有增强，取得弹性教改科研成果。

（3）学校目标：整体上体现因材施教的优势；综合体现出办学思想的精髓。

第二，总结弹性课堂教育教学模式，探索弹性教学理论，为课程改革、教学实践提供有效服务。

第三，促进学校各项工作的开展，形成学校管理和教学的良性互动。

第四，提高教师、职工的业务素质，推动学校教育队伍建设。

（二）总体要求

21 世纪是一个"知识化时代"和"学习化时代"，现在的中小学生是新时

代的生力军，培养新一代知识型劳动者是知识经济对教育提出的新要求，基础教育必须为学生的未来发展着想，教育的重心不再是教给学习者固定的知识，而是转向塑造学习者健康的人格。教育的根本任务在于使学习者学会如何学习，学会如何劳作，学会如何与他人共同合作，以及如何生存，所以教师观念的转变至关重要。教学的设计应遵循弹性原则，少干扰学生，给他们更多的主动发展的空间和时间。

"尊重学生个性发展，提高学生全面素质"是素质教育教学思想的核心。我们既要让学生全面发展，又要尊重学生发展的个性差异，避免"一刀切"。为了使每个学生的个性特长都得到发展，结合教学实际中存在的问题，教育教学势必应该建立必修课分层教学的目标体系、选修课分类的课程体系和学生个体质量综合评价体系。为学生发展特长创设更为宽松的环境。学有特长的学生可申请教师带"研究生"从事研究性学习，并可申请免考。例如，对于一个在物理方面具有特长且又希望进一步得到发展的学生来讲，他可以同时选择物理必修课、物理方面的选修课、课外小组，或提出免修申请，经批准后利用上必修课的时间到图书馆、电子阅览室或实验室学习，必要时学校将安排教师进行指导。同时，学校应创造条件鼓励有条件的学生提前报名参加高考。

在教学中贯彻因材施教的教学原则，坚持对于个别学生的补课答疑，鼓励和欢迎学生前来问问题、讨论问题或补课答疑。学校应高度重视对个别学生的补课工作，并把它当成一个科研课题来研究。学校教师在给学生进行个别辅导和补课的基础上，逐步建立辅导员制度，总结出一整套针对性强、个性化的补课方法。补课过程中应关注"五补"：补知识、补方法、补思想、补心理、补信心。

总之，就是要努力探索课堂教学中如何实施开放的有弹性的教学，构建"分层目标、突破教材、灵活教法、多元评价"的弹性教学模式，营造一种让学生学会学习、善于思考和乐于学习的教学环境，使知识掌握较好的学生在如沐春风细雨般的教学中，日积月累，脱颖而出，使知识结构有欠缺的学生，也学有所得，做到普及与提高相结合。努力开发每一个学生的潜能，使他们都能得到良好的培养和发展。

四、弹性教学的具体内容和要求

（一）确定弹性教学目标，注重学生整体发展

实施弹性化的教学目标是落实"面向全体"的有效措施。制定教学目标不

能"一刀切"，而应从实际出发，根据学生的个体差异，制定切实可行弹性化的教学目标，给予不同层次的学生以不同的学习要求。传统的教学比较强调知识的系统性，更多地关注知识和技能的传授，而"以学生发展为本"的课堂教学则更侧重于学生发展潜能的培育。每堂课的教学不仅要有明确具体的可操作的知识技能目标，而且要有注重整体素质提高，着眼学生可持续发展能力培养的发展性领域的目标，还要根据学生的原有认识水平与最近发展趋势，把学生分成不同层次（教师教学做到心中有数），然后从教材的整体着眼，认真钻研，结合不同层次学生的具体情况分层设置目标。设置分层目标不但要遵循"下要保底（达课标基本要求）、上不封顶"的原则，更要切实关注学生的个体差异和实际。确立弹性化的教学目标，体现教师对不同学生有不同的要求，使不同的学生在学习上得到全面的发展。

（二）组织弹性学习材料，满足个性发展需要

教学内容对学生来说，是外在的、陌生的，需经教师的加工才能更好地为学生所接受和掌握。所以教师要具有驾驭和处理教学内容的能力。教材是知识的载体，是学生在学习过程中的认知对象，是教师进行课堂教学的依据。叶圣陶曾说过："教材只能作为教课的依据，要教得好，使学生受益，还要教师善于运用。"这就要求教师在钻研教材的基础上，根据学生的实际有目的地对教材内容进行改编和加工，使教材变得更生动活泼，更贴近学生的实际，以满足学生的不同学习要求，使每位学生都能得到相应的发展。

1. 改变课题的呈现方式，让弹性内容充满活力

教材上有些内容脱离学生学习和生活实际，学生不易理解。在具体处理教材时，结合现实问题和实际生活，以多维的、开放的呈现形式重新设置教材内容，从具体到抽象，从表层观察到深层理解，步步推进，以适合不同层次学生发展的需要。同时，激发学生学习的兴趣和动机，从而感受到所学知识与日常生活的密切联系和价值。

2. 优化组合学习材料，让弹性内容价值递增

教材的内容结构是根据学科的科学系统编排的，不一定完全符合学生的认知习惯、能力和规律，所以教师不应拘泥于教材所排定的次序进行教学，而应根据学生的认知规律去优化组合学习材料，使教材更好地为己所用，为学生服务。这样的教学教师教得如意，学生学得轻松。

3. 创设问题情境，让弹性教学充满情趣

在教学中创设问题情境，提出不同层次的问题，会使每个学生都能对其中的一些问题提出自己的想法，获得成功的体验。接受能力较强的学生上课不会"吃不饱"，基础欠缺者不会"吃不着"。开放性的提问，能满足不同的学生个性发展的需要。把教材上处于静止状态的知识信息变为输出状态的知识信息，学生能获得良好的知识结构。

总之，教师应把握时代对教与学的要求，根据教材提供的材料和学生的实际情况，灵活处理和运用学习材料，不断优化学生的学习过程，促使学生主动投入学习活动中，时时处于"跳一跳摘果子"的状态，又时时有体验收获的喜悦。

（三）运用弹性教学手段，促进学生全面提高

教学手段的选择和使用要恰当，真正达到教学手段的优化。随着社会的发展，传递信息的手段发生了巨大变化，但是一定要将现代化的教学手段与传统的教学手段进行恰当的配合，借此来传递教学信息，才能真正达到教学手段的优化，更重要的是达到宏观教学手段和管理方式的弹性化。

1. 鼓励学生自学

鼓励学生自学，能避免班级授课制中的不足，能克服"一刀切"的缺点，能使优、中和学习困难三类学生都得到较好的发展。课堂中安排一定的时间让学生自学并质疑，课外布置阅读内容，每节课前 2 分钟开设"我来说……"栏目，每次有 1～2 个同学介绍学科知识、故事，剖析疑难问题等。这些活动能激发学生学习兴趣，渗透学科思想和方法，能为学有余力的学生提供更大的学习和发展空间。

2. 巧设"练习超市"

练习是师生为完成教与学的既定任务而进行的实践活动。设计生动有趣、构思精巧的练习，能调动学生的学习兴趣，激发学生的思维火花，诱发学生的求知心理，使学生获得主动发展。在练习的设置上做到形式多样，有层次，有坡度，同时设立"练习超市"。让学生根据自己能力的大小，走进"练习超市"随意适量选择、交流练习题。教师根据要求对部分学生的选择做适当指导，对学生设计、提交的练习做必要的点评，使不同层次的学生获得相应的提高。

3. 小组合作学习

小组合作学习能让每个学生人人都参与学习的全过程，既能发挥个人禀赋和潜能，又能培养合作精神。教师在具体操作时可据学生状况采用同质分组、异质分组、自由分组等多种合作学习形式相交叉；同时设计好学习题、讨论题，由易到难，形成坡度；学习讨论时，鼓励学生在独立思考的基础上，展开合作学习。小组成员之间信息多向交流反馈，互帮互学，实现学习互补，增强合作意识，提高交往能力，真正实现在合作中学习，在合作中发展，在合作中创新，在合作中体验成功。

（四）设计灵活教学方法，有效实现三位一体

决定教学方法的因素主要是教师、学生和教材内容。教学过程本身是一个动态过程，教学方法又处在一个变量地位，所以教师应根据教学中产生的新情况，随时改变教学方法。而且教师应该看到每个学生都是可以培养和造就的，要努力开发每个学生的特长和潜能，对学习有困难的学生，要热情关怀，循循善诱，加强个别辅导，帮助他们增强学习信心，逐步达到教学的基本要求，使每个学生都有适合自身的发展途径和方式。因此，教师应不只是考虑到某些学生，而是要考虑到班里每一个学生的学习和发展情况；在教学过程中坚决不斥责学生，学会欣赏学生。在教学方法的设计上，要从单纯重视学习的结果转变为既重视学习的结果又重视学习的过程；从只重视教学方法的研究转变为同时注重学习方法的探索。针对不同的教学内容和学生应有不同的教学方法。在教学方法的选择上要灵活且能促进学生的"学"，要适应学生的基础和个性特征，注意从学生的实际出发，选择那些能促进和发展学生学习独立性的方法，并根据需要采用多种教学方法，调动学生的多种感官参与教学活动，提高学生学习的积极性，整体激活教师、学生和教学内容三要素。

（五）开展弹性教学活动，焕发课堂生命活力

第一，创设氛围，提供情境，使学生不同程度地感受学习内容与生活实际的联系，使得学生产生比较迫切的想学习这方面知识的欲望和兴趣。

第二，给学生提供充分的学习实践和交流的机会，使他们不同程度地获得感知和理解知识的时空和经验。在教学中，要尽可能多地给学生提供实践动手的机会和时间，帮助学生体验、理解知识产生和发展的过程，并通过动手和实践获得实际经验，提高解决实际问题的能力。未来社会越来越注重个人能否与他人协作共事、能否有效地表达自己的看法和见解、能否认真倾听他人的意见、能否概括和汲取他人的经验等。教学中应着眼于学生学习过程的多向交流，注重学生合作意识的培养。多采用自学和小组合作学习等多种形式相互补充的教

学结构，切实发挥各种学习方式的特长，使学生学会竞争与合作。教师尽量扮演学生学习的组织者、指导者、协调者，而不是指挥者和裁判员。

（六）采取弹性教学策略，提高学生参与程度

第一，按课程改革的要求，重组教材，教学内容和练习设计有层次性，富有创造性，鼓励学生独立思考，质疑问难，大胆创新。

第二，改革课堂组织形式，正确对待学生的个别差异。采用合作学习、小组学习等灵活的教学形式，坚持以学定教，因材施教的原则。

第三，教师转换角色，成为学生学习的组织者、引导者、参与者与合作者。

第四，学生明确自己原有的认知水平，准确定位自己，并主动参与探究，主动参与合作。

（七）建立多元评价体系，增强学生学习信心

评价应贯穿于课堂教学的始终。学生的动手实践、自主探索、合作交流与创造性的思维活动等，需靠以学习目标为依据的正确的教学评价去引导、激励和调控。在教学中，可采用多种形式的评价活动。

1. 教师对学生的评价

这是教师在教学中经常使用的方法，教师对学生的评价应是全方位的。做到评价的内容既关注知识技能，更关注学生情感和态度的形成；既关注学生学习的结果，更关注学生在学习过程中的变化与发展；既有书面作业的评价，也有课堂提问的评价，还有实践活动中的评价；既有书面评价，也有口头评价。同时采用多种激励性评价活动，激发学生学习热情，促进全体学生共同进步与提高。

2. 同学评价

这是指同学间的互相评价和反馈，针对别人的观点发表自己的看法，或肯定，或否定，或做补充，并且陈述自己的理由。在课堂教学中，教师应多给学生创设交流评价的机会，不断引导学生大胆地阐述自己的观点，并对自己的思维过程和观点进行反思。这样，不仅使学生知己知彼，而且更能激发学生的竞争意识。这种竞争意识，又会促使他们勇于表现自己，促使他们奋发向上，确定更高的目标，并为之付出更大的努力。

3. 自我评价

这是指学生对自己的学习行为进行反思、评价。课前布置预习作业，让学生用不同的记号标出理解的与不理解的知识，找出重点内容，等等，以便提醒

自己上课时集中注意力。练习的设计要灵活，做到质和量的辩证统一。课内经常鼓励学生大声说出分析过程，或教师创设问题情境引导学生自评，比如：这节课你学会了什么？掌握了哪些知识？你想提醒自己或大家注意什么？你采用什么方法学的等等。在口述分析过程中，学生的思维由混沌趋向清晰。另外，针对学生作业中的典型错误，批改时尽量少打"×"，而是让学生自己把错题抄在黑板上，或收入自己的"错题集"进行自我分析评价。部分作业可采用自查自批、自我评语等方式来批改。通过自我评价，增强学生学习的责任感。

4. 评价教师

学生评价教师，首先要创设民主平等的教学氛围，让学生敢想、敢说，教师要充分尊重学生的意见，这样学生才能不畏权威，敢于向教师质疑，敢于评价教师的教法，阐述自己的观点。同时，教师在日常的教育过程中要渗透科学的评价态度和方法，以自己严谨的治学态度和公正高尚的品质塑造学生健康的人格和道德精神。学生评价教师的过程，也是学生不断超越自我、体验成功的过程，同时也为教师更好地钻研教材和改进教学提供参考和实践经验。

总之，评价方式应该多元化，增强每一位学生的学习自信心，提高学生学习兴趣，从而促进学生的全面发展。

五、取得的初步成果和存在的问题与对策

（一）通过近一年的实验与探索取得了以下初步成果

第一，调动了学生的学习热情和自主精神。在实验教学和学习中，学生不满足、不迷信于教材的叙述和教师的讲授，敢于提出自己的不同见解，敢于指出老师的失误和不足。

第二，增强了学生的危机感与责任感。实验中，学生参与教学的频率增加，效率明显提高，从教学目标的制定、教学内容的取舍、教学方法的选择到教学效果及评价，学生都愿意参与自己的意见和感受，从而提高了施教的针对性、学习的积极性和教与学的质量。

第三，学生自主学习的意识加强，自学能力提高。课前，学生根据目标导学自主学习教材内容。课上学生积极表达自我见解并提出问题，教师更多的是在"导学"，其次才是"施教"。课堂教学热烈而又刺激，师生的参与度很高。

第四，促进了教师教学观念的转变。教师通过理论研究提高了对教改和课改的认识，通过教改实践暴露出自身的不足，学生对教学过程的参与增加了教师自身的危机感和责任感，进而推动教师实现从观念到行动的彻底转变。

第五，对各个学科进行了有益的探索，初步探索出一些有效的教学方法和措施。

第六，在弹性教学改革过程中充分暴露了教学中存在的突出问题，为我们进一步改进教学和推进课题研究工作提供了材料和目标。

（二）实验中存在的基本问题

学生当中反映出来的情况：思想认识存在误区；适应能力不强；学习方法欠科学。

教师方面存在的问题：没有形成一个统一的认识；学科之间的配合欠缺，集体奋斗的意识不是很强；师生之间交流沟通不够；教师的教学方法存在问题。

学校存在的问题：一是对教师的指导不到位，二是信息技术的作用尚未得到充分有效地发挥，三是对各个学科的教改监督不够。总体表现出来的就是学校的教育科研管理不到位。

（三）如何继续认真抓好本课题的实验研究

1. 加强理论研究

针对我们工作中的不足，继续加强理论方面的研究，重点是要研究我们改革的目标、内容和方法及它们在实践上的效果。

2. 要继续探索和把握学生自主学习能力的基本标志及其表现

在前一阶段的实验研究中，初步探索出学生自主学习能力的一般表现及特征：学生参与确定对自己有意义的学习目标，制订学习进度计划，参与设计评价指标；学生在学习过程中有情感的投入，有内在动力的支持，能从学习中获得积极的情感体验；学生能在学习活动中积极运用和发展各种思考策略和学习策略，在解决问题中学习；学生在学习过程中能够进行自我监控，并及时做出相应的调适。

3. 具体操作的方法与步骤

（1）把握中学阶段教材的关键，准确理解课程标准，切实落实课程改革的精神，争取课程改革、教学改革和考试改革整合效益。

（2）了解每位学生，指导每位学生制订出切合实际的学习计划。

（3）将教师的教学计划交给学生，将单元教学目标、课时教学目标告诉每位学生，使学生明确努力的方向。

（4）给每位学生编写出精要的学习指导提纲——目标导学。目标导学意在置学生于学习主体的地位，让学生看了学习目标就能明确本节课的学习内容及学习要求，进而围绕学习目标主动动手操作、动脑思考问题，积极、主动地参与学习活动，使学生在探究新知的过程中，暴露自己在感知、理解新知过程中的困惑、矛盾和差异，把自己弄不懂的地方、错误的地方都摆在桌面上，再引导学生通过独立思考，认识错误，探求结论，发现真理，实现由感性认识到理性认识的飞跃。这样，通过教和学使学生自己发现需要学习的知识及学习方法，在教学中积极地转变自己的错误思维，从中得到更深刻的理解。

4. 努力探索、总结自己的教学新模式

通过课题实验，教师和学生的观念、教和学的实践、教学活动的内容和形式、教学效果的认可和评价都有了很大变化，这些变化就是创新的源泉、工作的依据和行动的方向，更是我们的实验成果，应该在分析的基础上提炼、在归纳中升华、在整理中扬弃，探索出具有个人特色的教学新模式和新成果。

5. 在改革中要进一步探索并遵循的基本原则

（1）整体性原则：整体把握教材，面向每一位学生，实现学科教学间的配合、学科知识的整合。

（2）适应性原则：师与生、教与学、师生与课程教材间的相互适应和调适。

（3）可变性原则：研究计划与教学实践、教学方法与教学内容、个别与整体始终处于一种动态变化之中，实验应追求、建构诸要素间的科学的、最佳的结构。

（4）自主性原则：这是此项实验所追求的教育理想，学习应该成为学生自主的、内在的一种需求和快乐。

（5）反馈性原则：这是实验成功的一种保证，也是一切教育活动所必须遵循的一项原则。

6. 需要深入探索、准确理解和科学处理的几对关系

（1）自主学习与自学的关系。

（2）课内学习与课外学习的关系。

（3）教师指导与学生自学的关系。

（4）精要训练与弹性作业的关系。

第三节 提高课堂教学自控性

自控式课堂教学模式是指在强调教师主导作用的前提下充分发挥学生学习能动性的历史课堂教学方法和程式。它包括如下环节：（1）自学，教师指导学习方法，让学生预习和课堂上自学，要求学生做自学笔记，并鼓励学生在课堂上自由提问；（2）解疑，包括教师对个别学生的解疑和对全班学生的解疑；（3）精讲，教师揭示教材知识结构让学生对照修改自己的笔记，然后对教材难点讲深讲透；（4）演练，教师紧扣本课能力培养目标设疑，鼓励学生上讲台回答，然后教师总结。

一、自控式课堂教学模式的依据

自控式教学满足了高中学生心理发展的需要。首先，满足了高中学生思维发展的需要。高中学生抽象思维能力较强，思维的独立性、批判性进一步提高，表现为能独立思考，不盲从，喜欢发表个人见解。实施自控式教学正是为他们创设了一个发表创见的教学环境。其次，满足了高中学生自我意识发展的需要。处于现代传媒包围之中的学生，具有较强的独立性和成熟感，渴望自己的能力得到同学和老师的承认，同时随着社会的开放发展和日益活跃，学生的表现欲和竞争意识也大大加强，自控式课堂教学鼓励学生自由提问和上讲台发表创见的做法巧妙地将这股强大的心理趋势转化为学习动力，为学生提供一个表现才华的舞台。

自控式教学也满足了教学双方信息交流的需要。传统的历史课堂教学只有教师的传授和学生被动地承受，缺乏学生对知识的理解和掌握程度的及时检测，更不利于能力的培养，而自控式教学中教师可以客观地审视学生自学的全过程，随时接收学生的信息反馈，并以解疑、精讲、设疑等手段对学生的学习活动实施动态监控，使学生朝着能力培养目标迈进。

高中历史教材的改革为自控式教学创造了条件。新教材增添了大量的地图、插图和文献材料，激发了学生的阅读兴趣，使学生通过自学掌握基础知识成为可能，而教师照本宣科式的知识讲授只能使人误认为"历史课就是故事课"，不利于历史学科地位的提高，也与教学改革和课程改革相悖。

二、自控式课堂教学模式的具体操作

（一）自学

自学环节的关键是教师必须使学生掌握正确的自学方法，整个自控式教学的成败也在此一举。学生有能力自学，教师就可淡化知识的讲授，实施其他三个环节的教学，否则仍不脱传统历史教学模式的窠臼。当然，学生对自学方法的掌握并不是一蹴而就的，在正式实施前须有一个较长的适应期，以便对学生进行自学方法的培训。

自学方法之一是阅读。历史学科的特点决定了学生必须有较强的阅读能力，故教师在对学生做一般阅读方法的指导外，针对新教材的特点还应特别强调阅读每章前的引文和文中的资料、图表等，以培养学生正确把握历史材料提炼观点的能力。其二是善于存疑。南宋陆九渊提出："为学患无疑，疑则有进。"教师应创设一个民主融洽的课堂教学氛围，鼓励学生精思善问。学生的学问自由对教师也是一种考验，教师时常会遇到出人意料的问题而难以当场作答，这时切忌以"与本课无关"等借口搪塞敷衍，而应课后经查证思考后给予圆满答复。其三是做自学笔记。"善张网者行其纲"，笔记就是教材知识的"纲"，是知识之间内在联系的反映。教师的笔记——板书必须规范，在一个较长的示范期后，可先让学生做些简单的笔记。如某一时期的文化，按科学技术、教育、史学、文学艺术等几个方面归类。实施初期，对学生的笔记应经常督促评估，甚至作为作业上交批改，写一些简评，并把优秀笔记展出示范。

（二）解疑

"只找到一个原因的解释，也比成为波斯人的王好。"德谟克里特的这句话形象地说明了追求真理的乐趣所在。学生的提问经教师引导由他们自己得出正确答案，比教师直接解疑更能使学生产生心理上的愉悦感，能进一步融洽师生关系和强化学生的学习主动性。教师主动解疑应坚持这样的原则：概念性、知识性的问题由教师直接解答，如"什么是五色旗？""沙文主义是指什么？"；分析理解性的题目应引导学生回答，不能一下给出答案，如"蒋介石为什么一定要发动内战？"教师可引导学生分析蒋介石的阶级属性，然后剖析当时中国社会的现实及国际形势，从中得出正确结论。在实际操作中，自学和解疑两个环节结合较紧密，特别是教师对个别学生的解疑是在学生的自学过程中完成的。

（三）精讲

本环节教学的最大的特点是"精"，教师讲评的内容要精，语言要精。内容之一是教材的知识结构，学生自学笔记一开始不能很好地提示知识的内在联系，教师可将知识结构预先写在幻灯片或小黑板上向学生演讲。注意此时不是讲具体的知识点，而是讲教材内容的"框架"。一段时间后，教师可在课后打出幻灯片或挂出小黑板，让学生自己对照优化其笔记以节省课堂教学时间。当然，学生的笔记不求与教师完全一致，教师应多发现有独创性的学生笔记并予以表扬。学生由于知识和能力水平的限制，不能多角度深层次地分析教材重点和难点，故这又是教师精讲的内容。教师讲课内容应精炼，点到为止，让学生独立感悟，如当时未能掌握，课后教师再布置针对性练习以让学生加深印象。

（四）演练

本环节教学要求教师紧扣课堂教学能力培养目标，巧设疑问让学生自我演练，这是本环节教学培养提高觉悟能力的核心内容。以《英国君主立宪制的确立》一课为例可设如下疑问：

（1）英国为什么会爆发资产阶级革命？能力培养目标是：认识生产力与生产关系，经济基础和上层建筑这两对矛盾是推动历史发展的根本动力，而阶级斗争是直接动力。

（2）结合史实证明人民群众在革命中的作用。能力培养目标是：认识人民群众是社会变革的决定力量，是历史的创造者。

（3）如何评价克伦威尔？能力培养目标是：学会评价历史人物的方法。

（4）如何评价英国资产阶级革命？能力培养目标是：认识英国资产阶级革命是进步性与保守性的统一，掌握"把历史事件放在特定的历史条件下进行分析和评价"的方法。

教师还必须具备较强的课堂气氛控制能力，这是本环节教学顺利实现的重要保障。对走上讲台回答问题的学生应提如下要求：站姿端正，两眼平视，声音响亮，语言简洁、流畅。要面对全班同学的注视做到以上几点，大部分学生有困难，但经磨炼，学生的心理素质、语言表达能力都能有很大提高。

三、自控式课堂教学模式的教学策略

实施"自控式课堂教学模式"教学必须遵循科学性、主动性、层次性和实效性的原则。

（一）科学性原则

课堂教学必须根据教学大纲的要求和教材体系来组织教学内容。阅读思考题和目标训练的设计力求科学、严谨，防止出现题意含糊不清、答案模棱两可的情况。知识结构的形成应根据教材的内在联系和历史发展的客观规律，符合科学、合理、简明的原则。对教材内容的加深分析尤其要做到史论结合，分析得体，表达准确，切忌随意发挥，违背科学的本质。

（二）主动性原则

现代教学论认为，教师主导作用和学生主体作用的最佳结合是提高课堂教学质量的关键。发挥学生的主体作用，一方面具有学习主体论的含义，就是要使学生自觉地做学习的主人，最大限度地发挥学生的主观能动性；另一方面又具有教学方法论的含义，就是要通过教师的启发、点拨、诱导，使学生"自求自得"。在课堂教学中，学生的阅读思考和师生的双边活动，应该是在教师的引导下，由学生来构建教材的知识结构，教师根据学生在阅读思考后提出的疑问和学生完成目标训练所暴露的问题，点拨释疑和集中讲评，以保证学生自始至终积极主动地参与教学活动。

（三）层次性原则

层次性包含两层含义：一是根据认知规律，在教学过程中的各个环节之间体现不同的认知层次，循着由现象到本质，由感性到理性，由理解到运用的顺序进行；二是根据不同层次的教学对象在每一个环节中体现相应的知识和能力要求。总之，要符合循序渐进和因材施教的原则。

（四）实效性原则

教学效果是衡量教学设计优劣的标准，高中历史教学就是要按照教学大纲和考纲目标要求，设计教学方法，组织教学内容，切忌漫无目的，流于形式，并且通过课时目标训练来检查教学，及时矫正，使学生的知识、能力要求得到有效落实，从而最大限度地提高课堂45分钟的教学效率。

四、自控式课堂教学模式的教学评价

"自控式教学模式"按照认识规律指导学生参与知识的形成过程，在动态中发展学生思维，充分发挥教师的主导作用，保证学生的主体地位，组织和引导学生积极学习，以改变教师在教学过程中一味灌输知识和学生在学习过程中被动接受的消极状态，达到优化课堂教学、提高教学质量的目的。

实施"自控式课堂教学模式"可以激发学生的学习动机，充分发挥学生的智力因素和非智力因素，培养学生自学能力，保持积极而又活跃的思维状态。"自控式课堂教学模式"立足课堂教学，有利于减轻学生负担，有利于学生更好地掌握知识和运用知识，有利于学生素质的全面提高。

第四节　积极开展历史活动课

20 世纪 90 年代以来，活动课程实验日益成为人们关注的热点，但由于活动课教学论还不成熟，人们对活动课特点的把握尚不准确，认为在实践中活动课程不存在教学问题，或者用分科教学的路子来套活动课教学等，致使活动课的课程功能尚未充分发挥。

一、活动课程是培养"全面发展的人"的必需

马克思主义全面发展学说的核心思想是"发展观"和"全人观"。"发展观"认为人的发展既包括物质、精神、心理、人际社会关系、文明修养、个人才华等多方面的发展，也要求社会各方面的发展都以人的全面发展为最终目的。所谓"全人观"，用素质教育思想来解释，就是人的各方面素质得到整体的和谐的发展。马克思主义认为，人的发展与人的活动的发展是一致的，人的发展取决于人的活动，人是在活动中得到发展的，人的活动是人自身得以发展的根本方式。"人类个体是什么样的，这同他的生产是一致的，既和他们生产什么一致，又和他们怎样生产一致。"① 在"全人发展观"的视野中，学科课程与活动课程在促进人的整体发展上各有侧重，各具不同的育人功能和育人目标。具体来说，学科课程目标以单一的学科能力的培养为核心，而活动课程目标以综合能力（主要是学习能力、动手能力、交往能力、创造能力)② 的培养为核心，两类能力有机地构成人的完整的能力结构。由此可见，活动课程是与学科课程相互对应的一种课程形态，二者之间不是主次关系，而是彼此独存、相互补充、相辅相成的关系。

---

① 马克思恩格斯全集：第 42 卷［M］. 北京：人民出版社，1979：25.

② 国家教委基础教育司. 九年义务教育活动课程指导纲要（试行）［Z］. 1996 - 01 - 03.

历史活动课是实现历史学科课程与潜课程价值的必需。历史学科课程逻辑结构严密、知识体系庞大、难度高，容易使天真烂漫的青少年过早地承担起成年人的负担。而历史活动课的活动性、实践性、自我总结性，则使学生学习气氛相对轻松，学生有更多的操作体验机会，获得第一手直接经验，从而提高学生的认识能力与认知水平。历史潜课程的教育功能是隐性的，非公开的，零散的，潜移默化的。历史活动课是有意识地、有计划地向学生提供范例和实践条件，让学生去感知、认同和领悟其中的教育意义。

活动课对学生个体素质的发展有着学科课程与潜课程无法替代的作用。历史活动课中，学生可根据自己的兴趣爱好广泛地涉猎自己所感兴趣的知识，提高自己的整体素质，如收藏课涉及的知识除历史知识外，还有物理、化学、音乐、书法、绘画等知识。历史活动课对学生能力的培养不仅表现在历史学科能力上，更重要的是还表现在日常生活能力上。从教育心理学来看，丰富多彩的活动课能给学生学习生活增添轻松、愉快的氛围，能有效地调剂学生的学习生活，减少学习生活本身给学生带来的某种压抑和烦恼，促进学生心理健康的发展。从学生知识结构和技能看，活动课内容丰富，形式多种多样，能扩大学生知识面，促使学生获得许多课堂上得不到的信息，并运用众多信息进行创造性活动。

历史活动课是新课改背景下历史教学改革的必需。当前学生普遍的反映是"喜欢历史，但不喜欢上历史课；喜欢读历史书籍，但不喜欢读历史课本"。据《历史活动课教学情况调查表》调查结果显示：希望由历史教师组织、指导，学生自主进行活动的占学生人数的93.3%；希望走出教室，在校外开展历史活动课的占97%。（笔者在江苏省邗江中学、珠海恩溢学校和广东省国华纪念中学对高一和初三学生所做的问卷调查结果）仅此两项调查结果表明：历史活动课教学在学生学习心理上存在着较大发展空间，学生急切渴望历史活动课。

二、历史活动课的内容及类型

2003年颁布的《普通高中历史课程标准（实验）》在"教学建议"中指出："历史教学是师生相互交往、共同发展的互动过程。教学中应充分发挥学生的主动性，逐步推进教学手段、教学方法和教学形式的多样化和现代化。学生要进一步了解和掌握学习历史的方法，在探究历史问题的过程中善于独立思考和交流合作，切实提高发现问题、分析问题和解决问题的能力。"据此，教师可以根据学生实际情况、历史学科特点、历史活动课的内容和表现形式设计多种多样的活动形式。这里笔者结合教学实践对活动课类型做一个大致的划分，以就教于方家。

（一）读书阅读类活动

阅读是学习的基础和基本方法。会不会学习在很大程度上取决于会不会阅读。历史学科阅读广泛，如历史教材、历史通俗读物、历史人物传记、历史文选和专著等。多读书，更要会读书。历史书籍浩如烟海，学习和掌握科学的读书方法尤为必要。教学中应经常开展交流读书心得活动，使大多数同学的阅读能力在原有的基础上都能得到提高。交流的内容可以是对文章的体会、自己受到的教育等，也可以是文章的写作方法、运用恰当的史料典故等。交流的形式可以是口头交流，也可以采取书面交流，以使听众"有所得"为宜。

组织此项活动应坚持课内阅览和业余阅读相结合的原则，真正使之起到陶冶学生情操和培养自学能力的作用；应以本班或同年级为单位进行，按年级特点，由浅入深提出必读书目，并进行读书方法指导，制作读书卡片，搞书评式的讨论，写阅读体会、评论等；也可以结合研究性学习中的问题进行专题阅读，并为阅读研究所取得的成果开设专题讲座，给学生以成功感。

（二）历史创作类活动

历史创作类活动是以具体历史知识内容为活动背景，通过相关历史材料的研究、筛选，模拟文学家、历史学家进行创作、研究活动，模拟艺术家进行表演活动，在教师引导下让学生通过自己主动参与，掌握所选内容的基础知识，积极思考、感悟、表达、记录所学内容，培养学生表述与写作能力。学生在活动中体味历史真实、体验历史知识的应用。创作范围很广，主要有专题讲座、历史故事、主题演讲报告、历史影评、历史人物评析、学史心得和历史小论文撰写等。

1. 新闻透视

让学生根据生活中所见所闻、收看的电视新闻等为内容展开评析。这项活动在内容上要新鲜，要有吸引力；在组织形式上要灵活，一般情况下，一天安排 1~2 人，但必须提前安排，以保证活动正常开展；同时应允许和鼓励每次有 1 人随机发言，为活动增添活力。长期坚持不仅可以提高学生的口头表达能力，还可以促进课堂片段教学，达到课堂教学与课外活动相辅相成的效果。

2. 编辑历史小报

此项活动可以更全面地锻炼学生的能力。历史小报版面的设计、资料的搜集、文字的录入、图画的处理、绘画的创作等都由学生自己独立完成。小报的形式可以是专题型专集、历史综合型刊物，也可以是历史题材的绘画。内容则可以广采博取。

3. 编写故事

高中学生已经具备了一定的文学创作能力，个别学生还相当突出。结合所学知识和成语典故，就某些情节展开合理想象，编写历史故事或历史小说，不仅有助于学生综合能力的发展，而且可以促进学生对历史的真切感悟。比如，学生结合"天京事变"编写的《巅峰时刻》，结合"《马关条约》的签订"编写的《李鸿章马关遇刺》等历史故事，在学校广播站播出或在校刊上发表后收到了意想不到的效果，促进了学习活动深化发展。

4. 策划辩论会

就学习中遇到的有争议的问题，由课代表收集归纳出有价值的论题，据不同观点立场分组组织研讨交流，激发、引导学生参与讨论。在分析、探讨中形成竞争交流机制，使学生主动参与，多角度分析问题，积极发表自己的见解，倾听、尊重他人的意见。教师则充当学生学习的引导者、倾听者和咨询对象。辩论的方式一般有双方对阵辩论式和课堂即兴发言辩论式。第一种设计准备时间充分，学生的自主活动比较突出，整个辩论的思路比较清晰。后一种设计活动简单，学生的辩论随机性更强，更易呈现出课堂研讨的自然状态。两种辩论各有所长，都能起到培养学生史论结合、分析说理能力的作用。

5. 图片上的历史

组织学生围绕一幅历史价值、艺术价值都很高的绘画作品展开研究、创作活动。学生要像一个历史学家那样研究图中的历史信息，像一个画家那样欣赏绘画的艺术风格，像一个博物馆的工作人员那样撰写解说词，像一个文学家那样进行触景生情的想象与历史文学创作。

（三）艺术表现类活动

历史知识涉及传统文化和美德，通过欣赏、扮演、收藏等活动，激发学生学习历史的兴趣，加强审美教育，弘扬民族传统，培养学生特长和高尚情操，如历史字画欣赏，历史图片、实物欣赏和收藏，历史歌舞、历史短剧表演等活动。

1. 编排历史短剧

自编、自导、自演历史短剧，组织活动相对要复杂，但教科书为学生活动提供了大量内容生动的历史参考资料，在互联网上也可以查阅到大量的相关材料。例如，在学习"重庆谈判"时，先让学生阅读教材、查阅资料、观看电影，再让学生创作剧本，角色扮演。这样学生从中得到的锻炼远比听讲多得多。

2. 历史故事讲演

在学生自由或有组织地阅读、收看、收听他们喜爱的故事的基础上，组织学生在一周一次的班级故事会上去讲述。故事的内容由学生自己来定，没有太多的限制，可以讲与本节课有关的内容，也可以讲民俗知识，介绍文物古迹、成语典故等。要求每个学生必须参加，所讲故事要求情节完整，语言清晰、洪亮。在每节课学生讲故事的基础上每个学期举行一次历史故事演讲比赛。

（四）技能展示类活动

历史学科活动中有许多内容可以让学生动手尝试，如绘制历史地图、制作历史小制作，编辑历史小报、历史幻灯片，编制历史录像片、计算机软件等。

1. 历史小制作

历史小制作可以充分培养学生的动手动脑能力。学生的小制作完全从自己的兴趣出发，如简单的"唐曲辕犁"复原模型，陶艺制品"秦始皇兵马俑"，仿制的古代官服官帽等。所有这些小制作，不仅提高了学生的动手能力，同时也充分显示了他们丰富的想象力和创造力。

2. 学法活动交流

学法活动属于技能、方法训练活动，熟练掌握学习方法，有助于历史学习水平的提高。学法是学生在活动中得到的实际经验和体会，学法交流必须结合具体活动进行，离开活动就等于纸上谈兵。《历史地图的综合学习法》就是在不断尝试和挖掘历史地图知识的过程中得出的认识成果。在历史教学中，历史地理的学习往往是薄弱环节。该文提出了"发现地图中补充教材的知识""在地图中理解历史""地名变化所反映的历史"三段式历史地图学习方法。

（五）社会实践类活动

社会实践可以使历史知识形象化、感性化，并能把学到的历史知识和社会实践应用相结合，开阔学生视野，了解社会，培养学生各种优秀品德。历史社会实践活动有参观博物馆、考察史迹、访问各时期革命人物、历史旅游活动等。

1. 游览

组织学生游览学校附近的山峦丘陵，以登高磨砺学生意志；观览广阔无垠的大海，以浩瀚的大海陶冶学生情操和胸怀；游赏名胜景点，以源远流长的文化激发学生的民族自豪感；参观经济建设的新成就，让学生切身感受社会的发展和进步。游览考察可以帮助学生把抽象的"热爱祖国"转化成看得见、感受得到的现实。

2. 制作网页

结合研究性学习中对具体问题的专题研究，在学生互助和教师的指导下制作主页，挂在校园网上，作为全校师生的网上学习资源。如由学生制作完成的"鸦片战争""甲午风云"等主页，得到了师生的较高赞誉。

3. 历史知识竞赛

通过精心设置竞赛主题，使学生在竞赛活动中运用、巩固所学历史知识，开阔学生的历史知识视野。例如开展"'新疆、西藏、台湾自古以来就是中国领土'知识竞赛"使学生了解祖国的历史，记住祖国的山河——新疆、西藏、台湾自古以来就是中国的领土，增强学生"对祖国疆域、领土主权的历史认同感，开阔人文知识视野"。历史知识竞赛强调学生学习自主性的充分发挥，强调学生自主管理、合作共事，强调在活动过程中注意对已有知识从专题角度进行整理的学习活动，强调历史与时事政治的联系。

三、历史活动课的实施特点

"活动课程是以学生的主体性活动经验为中心组织的课程，它着眼于学生的兴趣和动机，主张通过一系列的由学生自己组织的活动，使学生获得经验、培养兴趣、解决问题、锻炼能力。"① 历史活动课本身的课程特点必然是活动课实施中的应有之义。

（一）学生的主体意识贯穿于历史活动课实施的全过程

活动课程是按照国家基础教育课程改革计划设置的一门全新的课程，它是以塑造学生健全人格、培养学生创新精神和实践能力为基本目标，以实现学生主动发展、追求人文精神与科学精神相融合为价值取向，以贴近学生最关注的自然现象和社会问题为基本内容，以学生的经验与生活为核心的实践性课程。活动课的特点之一是以学生的自主体验为主，从课程设计、实施、材料运用、

---

① 杨天平，范诗武. 课程：跨文化比较的观点 ［J］. 课程·教材·教法，2004（2）.

成果发表到学习评价都不能没有学生的参与。教师的角色由"传道授业解惑"变为课程主题的创造者和设计者、教学活动的组织者和协调者、学生实践活动的指导者和促进者。活动课教学需要师生之间、生生之间深层有效的互动，实现教师与学生真正意义上的平等沟通。

（二）历史活动课的内容和能力要求体现出教育综合性发展趋势

中学历史活动课的教学目的不仅仅是让学生知道更多的历史知识，重要的是通过历史活动课的开展培养学生创造性学习能力、历史思维能力、发现问题的能力、分析和解决问题的能力，以及与他人合作参与社会实践活动的能力，使学生形成正确的历史意识，为树立正确的价值观和人生观打下良好的基础，这是中学历史活动课的本质所在。历史科学的特点决定历史活动课必然带有较大程度的综合性。这是教师和学生必然要面对的事实。实验探索、小组讨论、文献收集、模拟创造、现状调查、作品制作、角色扮演等是活动课经常采用的学习方式，历史活动课内容涉及政治、经济、科技、文化、社会生活等诸多领域，因此，历史活动课必然带有较大程度的综合性。

（三）历史活动课诉求发展性教学评价方式

活动课的内容和实施方式要求坚持正面评价、全程评价、主体评价和多样评价的原则。要重过程、重应用、全方位。注重评价学生参与学习活动的态度，学生的合作精神、创新精神和实践能力的发展情况，以及学生对学习方法和研究方法的掌握。评价方式可以采用教师评价与学生自评、互评相结合，小组评价与个人评价相结合，书面评价与口头评价相结合，定性评价与定量评价相结合。

（四）历史活动课体现出教育的人文性本质

活动课教学过程主要是学生自己的独立活动，从学生的兴趣出发，引导学生由暂时兴趣变为持久的兴趣，由一时的兴奋变为理智参与的兴趣。活动内容、活动方式除要根据知识本身的价值——知识的实用价值、教育价值和智力价值外，必须从学生的特点和实际出发，甚至活动内容本身也必须以学生的需要为根本出发点，这正是以人为本的教育本质要求。

教师是历史活动课的参与者、协调者、引导者和促进者，同时也是历史活动课的实施者和开发者。只有在教学过程中，结合具体情况，教师创造性地实施历史活动课，历史活动课才有生命力。

四、活动课示例：中小学劳技课素质教育模式初探

实施劳动技术教育，是全面贯彻落实党的教育方针，培养21世纪人才的需要，是"应试教育"向"素质教育"转轨的重大举措。《中国教育改革和发展纲要》指出：加强劳动观点和技能教育，是实现学校培养目标的重要途径和内容，各级各类学校都要把劳动技术教育引入教学计划，逐步做到制度化、系列化。劳动技术课是中学设置的一门对学生实施劳动技能教育、训练的必修课。如何在教育实践中提高劳技课的教育实效，如何通过劳技课实施素质教育，提高学生素质，是实施劳动技术教育的研究主题。

（一）关键：编写符合素质教育的活化型教材

能否编出一套与当地经济建设接轨，符合青少年身心发展规律及学校实际的教材，这是劳技素质教育改革能否成功的关键。基于此，经过反复调查研究，依照"旧三论"（系统论、信息论、控制论）和"新三论"（耗散结构论、协同论、突变论）原理及《中小学劳动（劳技）大纲》为指导，制定了《中小学劳技》教材编写的指导思想：依据学生的基础性学力、发展性学力和创造性学力，设立基础型课程（以基本工具的使用方法、训练简易作品制作为主）、拓展型课程（以设计和控制工艺为主）和研究型课程（以技术综合运用、创新设计为主），树立以学生发展为本的教育观念，以德育为核心，以培养学生创新精神和实践能力为重点。编写出"衣食起居""安装维修""加工工艺""种养技术和农林副产品加工""外语""信息科学""计算机""摄影""陶瓷工艺"等多个技术系列的活化型教材。

（二）重点：加强"合作师资"和"校户合作型"基地建设

1．"选、培、聘"结合，解决劳技课缺乏师资及缺乏科技方面知识与技能问题

"选"，即在现有教师中，选有一技之长者担任劳技课专（兼）职教师；"培"，即在现有教师中选出青年教师，送出去离职培训；"聘"，即聘请大专院校、工厂、农林、科委、科协等部门及民间的能工巧匠到校上劳技课。同时，加强行政业务管理，设劳技教研室主任一人，专职负责中小学劳技教学常规工作，统筹安排课表和教师，根据各自的特长，进行流水式合作教学。

2．"建、挂、靠"结合，解决教学实验基地问题

"建"，即创造条件，建立"五小"（小科技、小实验、小发明、小养殖、

小种植）及手工制作车间等"校园"设备及实验基地；"挂"，即与当地乡村、专业户、企业挂钩，建立"田园"实验基地；"靠"，即依靠学员家庭，建立"庭园"（或楼顶）实验基地。

（三）核心：构建劳技课的教学模式

现代心理学告诉我们：每一项技能的形成，都要经过学习、巩固、提高与应用几个阶段来完成。因此，我们本着"因时、因地、实用、实际、实效"的原则，注重"四个结合"（即劳技课同相关学科相结合、现场科学试验与理论教学相结合、电化教学与传统教学相结合、系统学习与当前"短、平、快"项目生产难题相结合），创设出融"基本素质＋个性素质"于一体的劳技课系列训练课模式。

1. 智能启导课——劳技课素质教育的立足点

围绕教学目标，创设与教材相关的问题情境，以"快"强化效率感，以"趣"激发动机，以"美"愉悦身心，使学生产生亢奋的学习愿望，进入最佳的自学教材的状态；教师适时点拨，使学生在一种自由的、亢奋的、和谐的气氛中弄懂有关的理论、操作环节及技术点，设计出具体操作方案和进行技能模仿学习，从而培养学生"乐学"的态度，"快学"的技巧和"自学"的能力。

其课堂结构为：

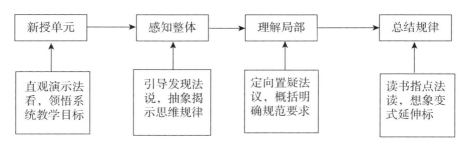

2. 电化教学课——劳技素质教育的切入点

（1）模拟剪辑。利用电化教具，对实物、标本、模型、实验、照片、图画、科教片、录像、音乐、演习操作等进行转录、剪辑或浓缩，模拟出同教材内容有关的"活"的画面，让学生结合教材看到这些"活"的画面情景，激发兴趣，展开丰富想象，从而达到对教材内容的掌握和理解之目的。

（2）综合迁移。电教片播放以后，教师引导学生围绕重、难点进行讨论，把学生在电化教学过程中获得的种种感性材料理论化、零散材料系统化，进行强化知识技能迁移的综合训练。

（3）变式拓宽。采用"点中带面，零中求整，线中引申，序中求变"等办法，将迁移等环节内容向深度和广度拓宽延伸，培养学生的创造能力。

3. 手工制作课——劳技素质教育的关键点

利用"三园"（校园、庭园、田园）基地，激发学生的学习兴趣，指导他们掌握手工制作的基本加工、制作方法，同时培养他们的观察、思维、动手、想象、鉴赏美的能力和创新精神。

课堂结构为：引（欣赏样品）—看（步骤方法）—做（按序制作）—评（集体评比）—（科技角）展览。

4. 科技实践课——劳技素质教育的支撑点

（1）仿——模仿学习。教师根据新教材相关内容，选编一些新、精、小的科技资料，引导学生阅读，弄懂操作原理、环节及注意点，设计出具体操作方案和进行技能的模仿学习。

（2）练——操作训练。建立"三园"试验基地，如农作物高产试验田、蔬菜品种试验地、水产养殖场、树木苗圃、花卉苗圃、地理植物园、珍稀植物园等，鼓励学生以"五小"为突破口，熟悉新情境，熟练准确地操作，掌握科学的技巧，鼓励革新创造。

（3）范——典型示范。让学生把自己学到的科技技术等，向家庭、亲朋、农户等做宣传、示范、推广，使更多的人学到新技术。

5. 社会活动课——劳技素质教育着力点

（1）引——旨在把学生的注意力从课内技术点、线、面、体内容，引向课外更深、更广的天地，强化个性人才的培养，实现从"领会学习"向"主动学习"的过渡。方法有鼓励学生成立"技术革新组""标本采集组""'五小'兴趣组"等。

（2）放——旨在引导学生重视科技环境这本无字的书，强化学生"处处留心皆科技"的"大科技学习"的意识。方法一：引导学生从报刊上搜集"五小"资料，整理成册交流。方法二：鼓励学生自动地参加农、林、牧、副、渔、商、运、建等行业的新科技实践与推广活动。方法三：撰写"五小"论文，创办手抄报展览，实现从"主动学习"向"学会学习"的过渡。

（3）奖——奖励鼓励。对课外活动进行评选，评比出优、良、中、差，对表现较好的学生给予精神的或物质的鼓励。

（四）导向：重学练，宽考评，力求考章形式多样

1. 设计具体的目标要求，以"证书"和"奖章"激发学生主动参予的热情

中小学设劳技技能"必修章"和"选修章"共30枚（小学10枚、初中10枚、高中10枚），对不同年级、不同层次的学生提出相应的要求。如小学设4枚必修章（"家务章""保健章""烹饪章""李时珍章"），6枚选修章（"蔬菜章""农作物章""后稷章"等）。每人必须先获得必修章，当必修章全部获得后，可根据兴趣爱好和条件，在选修章中另定报考项目。小学毕业时，能夺得6枚的学生（初、高中各夺得7枚），即发给教育局和科委验印的绿色的技校毕业证、相关的褐色的等级证和红色的小学（初、高中）毕业证。

2. 考章程序

（1）个人申报，班级备案，签发"专项技能考核卡"。

（2）课堂内外，进行相应技能的训练。

（3）组织考核，盖章认可。

（4）向家长报喜，全校升旗仪式上颁发技能奖，以示祝贺。

3. 考章形式

采用多种实用、实际的考核形式，避免考核形式的单一化、一阵风，保证考核活动健康、稳步地进行。可采用以下几种方式。

（1）问卷式。以一般常识为考核内容，含查阅争章日记、实验卡、信息卡。

（2）答辩式。主要考查明辨是非、操作、处理问题的能力。

（3）联络式。以查阅"家庭劳动情况联系卡"为主，考查参加家务、烹饪、种、养、加等劳动方面情况。

（4）活动式。组织参观、考察、实验、操作比赛等活动，进行考查。

（5）实践操作式。到"三园"参加劳动实践、操作、实验等。

（6）竞赛表演式。

（五）成效：显示出了旺盛的生命力

第一，有利于培养学生热爱劳动的思想感情，使学生的意志、品德、体力、审美感等得到锻炼和熏陶。这种劳技教育模式，不是一般地参加一些生产劳动，而是有具体教学方案的教育活动，是系统的劳技、生活知识的素质教育。在对学生进行劳技教育的过程中，注重理论与实践相结合，让学生接触社会，接触实际，并亲身体会到劳动的价值和意义，不少的"小皇帝""小公主"，逐渐变成吃苦耐劳、心灵手巧、遵纪守法、热爱集体的"小主人""小行家"。

第二，学生学到了一些实用技术，掌握了一定的劳动技能，为社会输送了一批合格的劳动者。这种模式着眼于学生技术知识的学习与技术素质的培养，具有较强的实践性。在传授技术知识的同时，注重引导学生动手操作，使学生在学中干，干中学。这样，既学到了知识，又掌握了技能。

第三，促进了科技辐射，推动了当地经济的发展。该模式着眼于劳技知识的学习与技术素质培养的同时，还积极向社会推广，传播了先进的科技。

第四，促进了教学质量的全面提高。该教学模式的实施，使大多数班级从片面追求升学率的羁绊中解脱出来，开始重视对学生的全面教育，进而拓宽了学生所学各种知识、技能的相互渗透，提高了他们的思维能力和动手操作能力。

第五，增强了学校自身造血功能。

（六）启示

第一，劳技课教育模式的实验，标志着基础教育已突破了小农经济的桎梏，打破了单一的封闭式旧模式，正面向市场经济，朝着服务于经济建设的多元化发展之路迈进。这对促进农村文明建设将产生积极的影响。

第二，劳技课教育模式的兴起，架起了基础教育通向社会实践的桥梁，使中小学教育与经济建设自然接轨，促进了办学效益的全面提高，为当地教育的改革与发展拓宽了思路，开辟了一条新途径。

第三，成立"少年技校""职业技校"，有待于教育行政部门及相关部门的支持。如"少年技校"和"职业技校"的成立、审批、占地、发证、教材、师资与实践基地等问题，有待于进一步完善。这样，才能促使劳技素质教育的健康发展。

第五节　以创新能力为历史课堂教学的中心

长期以来，历史课堂成了历史教材的复印机，课堂教学观念陈旧，教学手法单一落后，学生接受的是死的历史结论，以至于影响了史学功能的发挥。随着素质教育的全面推行，历史教学局面有了很大改善，但上述问题并未得到根本解决，在这样的基础上培养学生创新能力，应着重做好以下几方面的工作。

一、在课堂教学中注重培养学生的创新意识、创造个性和创造品质

在教学中，教师不仅要引导学生了解知识是怎样被发现的、结论是如何得出的，还应带领学生在掌握现成结论的同时，设活突破现成的结论，不断创新

知识。譬如在讲授"鸦片战争的影响"这节内容时，通过鸦片战争引起了中国社会主要矛盾、革命任务、社会性质等变化这一史实，使学生理解"鸦片战争是中国近代史的开端"这一历史结论。再进一步引导学生思考，中国人在经历了鸦片战争的惨败后，不得不改变对世界的认识，重新正视世界，兴起"向西方学习"的思潮。同时由于通商口岸的开辟，便利了外国商品进入中国市场，并在此后呈不断增长的趋势，从而使中国的自然经济逐渐被破坏而最终解体。这些客观作用，同样属于中国近代史发展的内容，也是中国实现近代化的一种因素。这些认识不仅进一步说明了课本的结论，对于学生来讲，也是一种不拘泥于教材的"知识创新"，他们可以从中初步掌握理解知识、创新知识的一般方法。

在实施素质教育的过程中，教师要着力培养学生的创新能力，培养学生的质疑态度和批判精神，更重要的是要指导学生观察、发现事物的特点并加以改进，实施发明创造。具体到历史课堂中，在学生了解历史事件真相、全貌的基础上，教师应帮助学生得出正确的历史结论，辨别是非，提高认识。如当学生学习了洋务运动的相关内容后，教师应指导学生从洋务运动的国内背景，得出"这是一场地主阶级的自救运动"的结论；从国际背景得出它是"近代世界发展潮流的必然反映"的结论；由结果认识其失败的必然性；从其影响认识"洋务运动是中国近代化的先导"。有了这些实事求是的历史结论，学生自然可以准确、全面评价这一历史事件，学生判断、辨别的能力也就得到提高，同时也大大丰富了教材的结论和评价，学生的创新意识也在潜移默化中逐渐形成。

二、要善于引导、培养和锻炼学生的创造性思维

高中生的年龄特征决定了他们的思维一方面具有灵活性和敏捷性，另一方面又缺乏深刻性、流畅性和广阔性，从而影响其思维的批判性和创造性。历史课堂教学应针对高中生的思维特点，采取有效的方法培养提高学生的思维水平，这是知识经济时代创新教育的客观要求。创新教育就培养创新思维而言，是高度重视学生在思维训练中的独立自主权，鼓励他们自觉选择、矢志突破、发奋建构，尤其是着力培养学生创新性思维所必须具备的独特的优异品质，诸如对现实问题的批判意识、追求思维方向的求异性、思维结构的灵活性、思维表达的新颖性、思维进程的飞跃性等。如此，学生的怀疑态度、批判精神才能得到升华进而转化为创新意识。同时，帮助学生学习、掌握、运用创造方法，具体到课堂中就是结合有关历史知识，有目的地对学生进行发散思维、聚合思维、

联想思维、类比思维、逆向思维的训练，使各种对立统一的思维形式有机地融为立体动态式的思维结构，从而最大限度地扩展具有张力的思维空间，使学生思维活跃，不拘泥于现成的结论，善于应变，敢于应变。

例如在讲授"资本主义世界的经济危机和政治危机"一节时，重点要让学生明白当时资本主义世界针对 1929—1933 年的空前经济危机，采取的解决途径主要有两种，即美国罗斯福"新政"和德、日法西斯专政。在此基础上，教师应引导学生思考当时为什么会出现这两种解决途经，在历史上各产生了什么样的影响，然后进一步思考：无论是法西斯的国民经济军事化还是美国的"新政"，在一定程度上都把计划机制引入了国民经济管理中，说明计划和市场从来就不是社会主义和资本主义的本质区别，从而坚定了我们建立社会主义市场经济的决心和信心。这就是联想、类比等思维方法在知识创新中的具体运用。

三、科学地使用教材，大胆增删教材内容，以利于培养学生的创新能力

随着素质教育的全面推行，中学历史教材的思想性、现实性和科学性大大增强，但由于中学历史教材所担负的使命和编写方式决定其总是相对滞后于历史研究的水平，在体例和内容上总有一些需要改进的地方。如果在教学中拘泥成说，照本宣科，培养学生的创新能力就只会是句空话。因此，必须科学地使用教材。

教材知识是信息，是原料，对知识的认识和创新就是对教材知识的占有、配置和加工。教师作为课堂教学的主导者，除应有扎实的基础知识外，更应不断钻研，掌握最新历史研究动态，以此为基础对教材里的相关内容进行合理、大胆的增删，从而使教材更利于培养学生的创新能力。

例如，在讲授中国四大发明的产生和传播过程时，教师要使学生了解我们的祖先在生产劳动中创造了领先于世界的科技成就，在增强学生的民族自豪感和献身国家建设动力的同时，更要让学生明白，为什么灿烂的古代文明却在近代被西方远远地抛在历史快车的后面。为此，就应适当增设有关材料，如在《韩非子·有度》《萍州可谈》、马克思的《机器、自然力和科学的应用》和鲁迅的《电的利弊》中有关四大发明的论述，从而使学生理解科技能否转化为生产力还取决于政治制度和社会环境。这样，学生认识和理解历史的能力及创新能力自然会得到培养。再如教材中关于北洋军阀统治的最终结论是"封建军阀的黑暗统治"，但这种黑暗统治并不是当时中国社会的全部。在黑暗统治下，中华民族仍在进行不屈不挠的抗争，其中也包括北洋军阀政权内部的爱国力量。

为此，就应适当增加 1919 年 6 月 28 日《中国代表团宣言》、王芸生《六十年来中国与日本》和《顾维钧回忆录》等有关中国代表团在巴黎和会上外交努力的内容。这样，学生就会获得较为丰富和准确的历史知识。反之，对教材中次要的内容或不易于培养创造能力的内容则要大胆地删繁就简。如此，就能给学生提供一个适当的思维发展空间，使学生的各种思维方式在适宜的场所中得到最有效的训练和提高。

四、转变课堂教学观念，探索适于培养创新能力的课堂教学模式

传统的教学观念是把学生视作知识的容器任意填塞，传统的教学模式是灌输式的。这种观念和教学模式都扼杀了学生的创造性思维。要培养学生的创造性思维和创新能力，就必须改变传统的教学观念和教学模式。笔者在历史课堂上主要采用的是讨论式和探究式的教学模式。

讨论式课堂教学是通过师生之间、学生之间的讨论，来解决教学中的难点和重点问题。讨论应该在教师引导和帮助下有目的地进行，最终在教师的点拨下得出正确结论，在讨论的过程中学生的思维得以开阔，能力得到提高。因而，讨论式课堂教学的最大特点是充分发挥了师生双边互动的作用。如讲述秦始皇"焚书坑儒"时，教师可诱导学生发散思维，从"焚书坑儒"对专制主义中央集权的影响、对儒学的影响、对文化发展的影响等角度进行分析和讨论，在对"焚书坑儒"做出多种评价的基础上得出恰当的评价。

探索式课堂教学是围绕某一历史问题，教师精心设问，通过点拨、启发，让学生动脑、动手，从而在解决问题的过程中，全面认识、理解这一历史问题，开展培养学生的思考和动手能力的课堂教学活动。这种课堂教学模式关键在于学生能积极参与思考，亚里士多德曾说过："思维从问题、惊讶开始。"因此教师针对某一节内容所设计的问题一定要具有启发性、科学性，能激发学生的兴趣。如在学习《罗斯福"新政"》时，笔者设计了以下问题：（1）何谓罗斯福新政？（2）罗斯福为什么要实行新政？（3）罗斯福为什么能实行新政？（4）罗斯福新政为什么首先从整顿银行、恢复银行信用开始？（5）罗斯福新政的中心措施是对国家工业的调整，其措施与社会主义计划经济有何关系？（6）罗斯福新政既从根本上维护了垄断资产阶级的利益，又在一定程度上反映了中小资产阶级和劳动人民的利益。那么在不同阶级之间，在某些问题上是否有共同利益？师生在共同解决这些问题时，是在共同研讨、探究、交流的基础上进行的，学生获得的认识和能力远远超过了教材的叙述，和谐的气氛使学生创造性思维得

到培养。

五、及时整理、转化学生的创新成果，科学评价学生的创新能力，以促其进一步提高

学生的创新思维不但需要引导，更需要学生自身参与思维的积极性，而调动积极性最有效的方法是兴趣，"兴趣是最好的老师"。除了内容的趣味性、方式的新颖性外，通过及时、科学的评价，肯定学生的创新能力，同样可以使学生增强自信并产生更浓厚的兴趣。

在课堂教学中，对学生的创新性见解，对超出教师自身理解的创新性见解，万不可视为"异端"，要认识到"师未必贤于弟子"的客观现实。对毫无创见的学生，教师也应从不同角度寻找其长处，予以鼓励，切忌伤害学生的积极性。因为积极参与是创新的重要基础。

对于有价值的创新见解，应引导学生深入思考，使其认识更深刻、更全面，特别优秀的创新见解可以在教师指导下，让学生成文，在班级内交流，也可以向有关的杂志报纸推荐发表。用思维的"价值"来鼓励学生创新思维的进一步发展。

创新教育是时代的要求，其目的就是培养出具有创新能力的人才。学校教育中，课堂教学是一块永远的阵地，教师理所当然地要承担起培养学生创新能力的历史重任。历史课程作为一门重要的基础学科，具有培养创新思维和创新能力的丰富原料，只要全体史学教育工作者顺应历史的潮流，不断探索，一定会使历史学科在知识经济时代焕发出更加光彩夺目的风采。

六、努力教好历史课

历史教师都有同感：历史教学越来越难了，或怨学生，或怨考试。从根本上看，这种"难"是社会发展转型和教育改革深化进程中的必然。当然，历史教学的"难"与考试改革、课程教材改革、人才培养标准等密切相关，但真正属于历史教师的舞台是课堂教学，只有在这个舞台上，我们才无须等待；只有在这里才有真正属于我们的快乐。作为一名从教10年的历史教师，笔者愿谈几点感受以就教于方家。

一是立意新。教学立意是教师根据教和学的实际所确定的教育目标及教学设计，教学立意决定教学层次。转变学生学的方式的前提是教师应首先转变自己教的方式，一切教学方式都由教学立意决定并为其服务。作为课堂教学灵魂

的教学立意首先要求教师科学处理教材。例如，"中华民国的成立"一节，我以《临时大总统誓词》《临时大总统宣言》和语文教材上《江泽民在北京大学建校100周年的讲话》为材料展开教学活动，使学生在理解这些材料中运用教材知识，从情感上感受伟人当时的处境，形成对时代伟人的科学认识；并从中掌握演说词的基本特点，对学生的人生发展有实际的促进。

三是讲析当。历史教育承载着重要的人文素质教育功能，中学阶段是一个人人文素养的奠基时期。中学历史教育的首要要求是得当，课堂讲析的"当"比"透"更重要，"当"也是中学历史教师力所能及的。以义和团运动为例，在分析"扶清灭洋"口号的局限性时，常有老师做如此确凿的分析："'灭洋'，能够动员广大群众参加反帝斗争，却带有笼统的排外色彩，这是农民阶级局限性的体现。"但同属于农民阶级的太平天国运动为什么就能提出"与西方国家自由通商，交流文化，平等往来，但不准外国干涉中国内政"的合理主张呢？两者相较，势必要重新对"口号"做出更为恰当、精当和得当的分析，否则难以服人，何谈人文？!

三是态度明。"学史"如何才能"明智"？首先要认识到"当代的一切都是历史的"，"明智"建立在对现实的历史洞察上。教师对现实的深刻理解和对历史的现实分析能有效增强教学魅力。例如，怎样理解今天的"引进外资、对外开放"与近代中国向列强贷款、开口通商的本质差别？这是一个最令学生"愤悱"的问题，仅仅做主权、主动权的分析显然不能尽如人意。笔者从促进社会发展的角度，引用具体史实，做实事求是的分析和对比，承认"近代的掠夺性贷款也有非掠夺的一面"，分析"今天引进外资也不全是纯经济性的"。这种明确的态度赋予教学以真实性，"真"的教学会有"真"的效果。

四是用情真。讲述史实要饱含真感情。常常听一些老师在讲述历史事件时把自己置身于事外，全然没有自己的感受和理解，更谈不上有感情的投入，听起来索然无味，更谈不上教育效果；讲述一个历史事件，尤其是中国近现代的历史事件，那是在叙述自己的历史，感动不了自己就不可能感动学生。比如对于义和团运动，相当多的老师不是从特定的时代出发，对其深刻的关切、同情和理性的分析，而是在不自觉中把义和团讲述成了一群跳梁小丑，如组织落后、思想愚昧、手段残忍、方法可笑等，并把这些都归因为农民阶级的局限性，最后又要让学生接受"义和团运动是一场伟大的反帝爱国运动"的结论。这在理论上讲得通，在感情上却有点强人所难，也就没能做到"情感、态度和价值观"的一致性、连贯性。历史结论如果不能让人信服而且坦然地接受，就不是一种诚信的教育。历史教师应该有丰富的情感，爱憎分明，对历史有深刻的情感体验。这样不仅是教会学生学习，更是一种人文关怀和生命的本真。

第六节　历史课堂教学要坚持创新

一、历史课堂教学需要情感投入

好的历史课固然有很多标准，但没有情感投入的历史课一定是苍白的，没有情感交流的历史课一定是干瘪的，没有情感共鸣的历史课一定是无效的。因此，历史课堂需要情感投入，好的历史教学必须有爱的付出。

教师们都明白，上课需要投入。但投入什么，怎样投入，却是最大的问题。教师上课除了要投入精力，更重要的是要恰到好处地投入真情和爱，这是不同教师之间存在的主要差别之一。作为历史教师，笔者对历史课堂教学中的爱有以下几种理解。

爱是追求。严格说来，好课不是"做"出来的，好课是长期追求的结果。每一位教师都想上出好课，但却不是每一位教师都能坚持不懈地去追求好课。"全国教书育人楷模"、语文特级教师于漪说："选择教师就选择了高尚，选择教师就选择了理想。一辈子做教师，一辈子学做教师。"表面看起来，做教师是年复一年地重复，周而复始地轮回，但实际上，有的教师是在平面内的轮回，而有的教师是在螺旋上升中的轮回，同样是"轮回"，差别大着呢！另一位著名的语文教育专家钱梦龙，他 1951 年刚刚初中毕业就成为中学教师，但他当时就不甘心当一个混饭吃的教书匠，而要成为一位好教师。正是这种想成为好教师的愿望，成了当时对语文教学一窍不通、知识储备远远不够的钱梦龙去做一名好教师的原动力。1979 年，已 48 岁的钱梦龙以执教《愚公移山》一课打响、一课成名。如此看来，不是所有想上出好课的教师都能上出好课，但用行动去追求"好课"的教师最终一定会诠释出"好课"的内涵。

爱是理解。好的历史课一定有好的历史理解，尤其是对教学内容的理解。正如于漪老师说的那样："教文和育人必须紧密联系，不可分割。只有把'文''道'两者辩证统一起来进行教学，缘文释道，因道解文，才能使学生在弄懂语言文字的基础上，深刻地理解文章的思想内容，受到启发与感染。"① 历史教学何尝不是如此，历史教学的方法和目标就在于"从历史现象认识历史的本质"。著名历史特级教师刘宗华就曾经指出，"要教会学生运用思维方法得出正确的认识，就要下大力气，选取典型，进行深入的分析。比如抗日战争胜利后蒋介石三次电邀毛泽东去重庆谈判，大造和平谈判气氛，这是现象不是本质，加紧准备内战消灭共产党才是问题的本质。1946 年蒋介石终于发动了全面内战，向各解放区发动了全面进攻，扬言不出三个月，最多半年就能消灭共产党。许多民主人士为共产党担心，为国民党的嚣张气焰所迷惑。这又是一种假象，并不反映本质，本质是毛泽东指出的'一切反动派都是纸老虎。'果然，战争才打了两年多，到 1948 年年底，蒋介石就打不下去了，在 1949 年的新年文告中发出了求和声明。这是缓兵之计，共产党不被这种假象所迷惑。毛泽东提出八项和平条件，戳穿了国民党假和谈的阴谋"②。只有深入理解历史现象，才能认识并解释历史发展的本质，才能启迪学生思维。

爱是深刻关注。好的历史课是富有教育意义的历史课，因此，好的历史课必须对人和社会给予深刻关注。著名历史特级教师时宗本"在讲述希腊奴隶被用于航海时，巧妙地引述自己看过的一部外国电影，为学生描绘出奴隶被整队地押上海船，把手铐在船桨上，集体划船与悲惨地在沉船时被全部淹死的情景；讲美国南北战争前，南方大种植园中黑人奴隶的痛苦生活时，引述了《汤姆叔叔的小屋》小说所描写的黑奴境地；讲华工被欺骗去美国西部开采金矿，从而帮助了美国经济繁荣时，引述了电影《海囚》的内容；甚至在讲《赵州桥》时，引述京剧《小放牛》中牧童与村姑的对唱，'赵州石桥什么人修，玉石的栏杆什么人留啊？……'给人一种艺术感受"③。同时，也引起人的深深思考。时老师固然有渊博的知识在讲课时可以随手拈来，但更值得我们研究的是他为什么要在课堂上引用这些材料，这其中就是对人性的深刻关注。看来，"情感态度价值观"历来是好的历史课所孜孜以求的。著名特级教师郭富斌老师也曾撰文说："如果从关注学生发展的角度考虑，就会发现但丁是第一个探索人类心灵的人。当无数的人匍匐在上帝的脚下丧失了真实的人生价值与意义时，但丁却探

---

① 张滢．于漪：育无止境 爱满天下 [N]．中国教育报，2010－10－15.
② 刘宗华，孙恭恂．刘宗华历史教学艺术与研究 [M]．济南：山东教育出版社，2000：46.
③ 北京师范大学历史系教学法教研室．时宗本中学历史课堂教学 [M]．北京：北京师范大学出版社，1986：87.

求人的价值和意义，寻找通往人内心的'天堂'之路。他让代表着知识和理性的诗人维吉尔做向导引导他走出迷惘和苦难，让代表着爱和信仰的初恋女友贝德丽采指引他游历天国，提出了'知识＋爱＝天堂之路'的思想。600多年后，英国哲学家罗素说，'高尚的生活是受爱的激励并且有知识引领的生活'，其与但丁的认识何其相似。时光流逝，可但丁对人生的认识没有过时，尤其在物欲横流、理想贫弱的今天，在人生道路上，我们更需要有自己的'维吉尔'和'贝德丽采'，引导我们在广阔的历史视野中去思考个人价值和民族命运。这样，才不会迷失自己。"① 如此看来，好的历史课就要深刻关注社会，关注人性。

爱是合理创造。爱的力量是无穷的，当我们潜心专注于我们的历史课堂教学时，我们就有可能穿越历史的隧道与古人沟通，从而理解过去，进而理解现在。好的历史教学须在准确理解的基础上有所创造，这种创造至少可以体现为三个方面。

首先是对历史材料做出有效的解读。比如，在学习雅典"公民"时教师引用了如下材料："学习是希腊公民的第一需要，每个公民到了一定的年龄，都要被送到学校学习诗歌、音乐、修辞、数学等课程，教师由城邦选定。他们在担任公职之余，欣赏戏剧、听大师讲学、健美身体、艺术鉴赏、思想辩论、高朋宴饮，他们拥有开拓进取、积极乐观的精神和开阔的心胸。"② 这段史料是在描述希腊公民的生活状态吗？是城邦对公民的要求吗？都没错。但其中最重要的应该是"他们拥有开拓进取、积极乐观的精神和开阔的心胸"，这与雅典民主的发展繁荣有着内在联系，从教学主题来看，这是解读的重点和方向。

其次是对历史概念做出生动的诠释。课程改革历史教科书的一个鲜明特点是历史概念有所增加，如何处理历史概念是教学中的难点问题，而对历史概念的理解是否到位，将决定着历史教学和历史教育的成败，当然也是有效历史课堂的标志之一。比如，有老师在讲解"平等"这一基本概念时做了如下分析："'平等'这一概念是如何在历史发展的进程中一步步演绎，其内涵又是如何得以不断充实和完善的？要解答这些问题，应先找出'平等'概念提出的渊源及其背景。在自然经济占据主导地位且封建专制占统治地位的中国，历代的农民起义提出了诸如'王侯将相宁有种乎''均贫富等贵贱''均田免粮'主张，力图实现'有钱同使，有田同耕，有衣同穿，有饭同食'的理想社会，反映了中

---

① 郭富斌，张艳. 让思想的光芒照耀历史课堂［J］. 中学历史教学参考，2006（5）.
② ［美］斯蒂芬·G. 希斯洛普. 全球通史［M］. 吉林文史出版社，2010：67.

国农民阶级对平等概念绝对平均主义的朴素认识。在商品经济较为发达，舆论较为开放的西方国家——希腊，斯多亚学派第一次系统地论述了'天赋人权，人类生而平等'的理论，从人的价值、地位和基本权利的角度解释了'平等'概念。显然，中西在认识'平等'上存在着明显的差异，而中国历次农民起义的最终结果，也从另一个角度说明了绝对平均主义只能是脱离社会实际和客观规律的空想。随后，伴随着资本主义的发展，资产阶级在启蒙思想的宣传中进一步认识到，平等不仅仅是人天生的一种权利平等，更应该是能有效地保障这种权利的制度。于是，资产阶级为建立民主制度以保障人的基本权利，掀起一次又一次的革命或改革的浪潮，并在历次工业革命的推动下使这一制度得以不断完善。总之，平等既是一种权利，也是一种能保障平等权利的民主政治。教材所传递的'平等'概念，主要体现在后一层面上：平等不是简单或绝对意义上的'平均'，所有人都一样并不是平等的真正含义，也是行不通的；平等是一种有制度保障的权利平等，保障的是人的各种权利。"[1] 这样的历史基本概念在教学中往往不被教师重视，但却是制约历史教学深入的关键。

再次是对历史结论做出合理的理解。最基本的方法，是直接针对教材结论设问，把教材结论问题化，通过对问题的深入思考和全面解答，理解它所包含的内容与本质，把握其历史依据。问题的设置有三种方式。一是针对结论本身的理解设问。如："如何理解'第二次鸦片战争是第一次鸦片战争的继续'？它要求抓住两次鸦片战争的背景、目的、手段、结果和发动者进行比较，从中提炼概括出它们的连续性和一致性。又如：与以往的农民起义比较，太平天国运动有哪些'时代赋予它的新的特点和意义'？它要求把握住太平天国运动时期中国社会的基本特点，将太平天国运动的背景、形式、任务、纲领、失败原因以及领导者的认识等与中国以往的农民起义一一比较，找出其不同之处。二是用史实说明结论的正确性。如：'遵义会议是中国共产党从幼稚走向成熟的标志'，试根据1935—1945年的历史事实从政治、军事两方面说明中国共产党已经是一个成熟的党"。它要求通过1935—1945年政治、军事两类史实证明中国共产党已经成熟这一结论。三是直接提问结论的主要依据是什么。如：毛泽东认为：'如果我们能够普遍地彻底地解决土地问题，我们就获得了足以战胜一切敌人的最基本条件。'他得出这一结论的依据是什么？"[2]

---

① 沈玉林. 历史学科教学中概念解读的缺憾及其对策［J］. 教学月刊，2008（3）.
② 肖延安. 历史高考命题特点与教学对策［J］. 中学历史教学，1999（1、2）.

对历史教学投入感情，既要从宏观上激活历史事件，提升历史认识，更要微观上体贴入微，在历史知识的关键点上深入理解，升华情感，产生共鸣。有"共鸣"才能"有效"，"有效"则须有"情"。

二、历史课堂教学基本功修炼

课程改革对历史课堂教学提出了新要求，使历史教学的面貌焕然一新。在繁荣景象之下，教师要立足于自己的阵地，苦练学术基本功、教科书研读基本功、课堂讲授基本功和探究点拨基本功。这是搞好历史课堂教学的关键之所在，也是课程改革顺利推进的重要力量源泉。

认真审视课程改革所提出的六大具体目标①，不能不感觉到教师责任的重大，有道是"课程改革成败的关键在教师"。改革是永恒的，工作是变动的，发展是多维的，但每个人脚下的路只有一条：从做好基本的工作开始，以练好基本功为根本出路。面对日渐深入的课程改革，练就课堂教学基本功，这是课程改革对教师的要求，也是教师的任务和职责所在。

（一）学术基本功——实施课程改革教学的内力

人们把特别优秀的教师称之为"教学专家"或"专家型教师"。何为"专家"，《现代汉语词典》中的解释是"对某一门学问有专门研究的人或擅长某项技术的人"。"专家"的称谓反映的是一个人的专业功底和专业能力。说明要成为一名优秀的教师，需要有一定的学术功底和研究能力，这是搞好课程改革教学的内力所在。赵亚夫老师认为："历史有效教学的原动力不在教育学和心理学，而在历史学。以往凡是把历史讲得不熟不透的教师，都是因为学科功底不

---

① 功能：改变课程过于注重知识传授的倾向，强调形成积极主动的学习态度，使获得知识与技能的过程成为学会学习和形成正确价值观的过程；结构——改变课程过于强调学科本位、门类过多和缺乏整合的现状，使课程结构具有均衡性、综合性和选择性；内容——改变课程内容繁、难、偏、旧和偏重书本知识的现状，加强课程内容与学生生活经验以及现代社会、科技发展的联系，关注学生的学习兴趣和经验，精选包括信息技术在内的终身学习必备的基础知识和技能；方式——改变过于强调接受学习、死记硬背、机械训练的现状，倡导学生主动参与、乐于探究、勤于动手，培养学生搜集和处理信息的能力、获取新知识的能力、分析和解决问题的能力，以及交流与合作的能力；评价——改变过分强调评价的甄别与选拔功能，发挥评价促进学生发展、教师提高和改进教学实践的功能；管理——改变课程管理过于集中的状况，实行国家、地方、学校三级课程管理，增强课程对地方、学校及学生的适应性。

好的缘故。"① 课程改革在结构、内容、实施、评价等方面的一系列变革，对历史教师的专业知识结构和学术视野提出了挑战。这些挑战突出表现在以下四个方面。

一是人文知识和科学知识素养缺乏。例如，有关艺术、宗教、哲学，包括政治学、经济学等方面，很多历史老师在备课和上课时觉得内容陌生和棘手，尤其是难以做到准确理解、融会贯通、深入浅出，常常因此导致课堂教学词不达意、"理屈词穷"、顾左右而言他，学生只能是一头雾水；再如有关近现代的科技发展成就，高中历史老师很难弄明白这些成就的相关原理和科技发展意义，有些甚至理科教师也不是十分清楚，上课时往往只能简单地照本宣科。

二是专业知识的广度不够，对学科知识的前沿发展情况不了解。比如，历史必修I《关于古罗马》一节，学习的重点是罗马法问题。作为高中历史教师，至少应该了解罗马法的主要内容：第一，什么是成文法和习惯法，二者之间有什么区别；第二，什么是公民法、万民法和自然法，三者之间有什么区别；第三，罗马法的历史意义及其对后世的影响，了解什么是陪审制度、律师制度、审级制度等法律专业知识以及一些概念和术语。此外，在选修课《探索历史的奥秘》中，增加了带有人文社会科学和自然科学前沿成果互相渗透交叉的"人类起源之谜"的内容，这一问题涉及诸多学科研究领域，如历史学、民俗学、动物学、自然学、考古学、社会学以及人类学等。这些知识都是高中历史教师非常陌生或从未接触过的，因此，历史教师现有的专业知识结构和历史课程改革知识结构之间，出现了越来越明显的差距，只依靠原有的知识结构进行课程改革教学，就难免会出现意想不到的困难。

三是缺乏相关的教育学理论基础和教学技能。课程改革"积极倡导自主、合作、探究的学习方式"，但对于教学组织形式、学生主体性作用、发展性评价、探究性学习等内容，大部分教师只有一个模糊的、粗浅的了解，更多的是个人的一些想当然的理解，操作上难免形似而不神似，往往显得生硬和捉襟见肘。比如，学生在进行探究性学习时，有时会碰到一些学术性很强的选题，如"三星堆未解之谜探究""声电光影里的历史与人生"等，面对学生的这些课题，教师们既难以从学术上进行指点，也难以从研究方向上给以明确指导。

四是对教科书中的一些重点难点知识的学术背景缺乏必要的了解，教学中难以驾驭这类知识，只能遵循教科书。新课标历史教科书注重对新史观的借鉴

① 赵亚夫. 历史学：历史课有效教学的原动力［J］. 中国教育报，2007：（06）.

和运用，审慎地用文明史观、全球史观和现代化理论透视中外历史，对革命和改革的关系的评价，做了更合理的阐释；对一些历史人物、历史事件等，进行历史唯物主义的客观评价；以往一些被隐蔽的历史真相和被颠倒的历史事实恢复了历史原貌，正本清源。新课标教科书在一定程度上成为反映学术成果、体现学术进展的载体，体现鲜明的时代性，并保证教科书内容的科学性。例如，各版教科书都把"夏商周断代工程"研究新成果，明确写进夏、商两朝的起讫年代和西周的建立时间。关于中国古代中央集权制度的历史地位和历史影响，近年来，学术界不少学者从制度文明的角度，认为古代中国政治体制体现了"现代行政"的特点；当代著名学者张传玺认为中国古代中央集权制度具有明显"公天下"的因素。这些，在新教科书中得到了充分体现，并对中央集权制度给予了不同程度的肯定。新教科书第一次介绍了《大宪章》，这是采纳了史学界的共识：《大宪章》中"把王权置于封建习惯的约束下"的精神，为议会制度的建立提供了重要经验，它确立的"法律至上"和"有限王权"的原则，逐渐被承认为立宪政治的基础。在选修一教科书中，日本明治维新、俄国 1861 年改革都被置于工业文明冲击下的改革大背景下，认为明治维新使日本走上了近代化道路，俄国 1861 年改革是向现代化迈出的重要步骤。

（二）教科书研读基本功——实施课程改革教学的引力

在课程改革中，教科书不仅成为编者、作者、教师、学生共同对话的媒介，而且是一个开放的系统，给教师留下了很大的创造空间，教师在使用教科书时，不仅要考虑如何教，更要考虑学生如何学。只有教师发挥出自己的教育智慧，不断更新知识，对教科书进行不断拓展和补充，才能使教科书显示出它的生机和活力。正如陈衡哲先生在《西洋史》序言说："教科书减去了教师，便是一本白纸黑字的死书，我深望采用此书的教师们，能理解我编书的原旨，能给我以一点精神上的赞助。我尤希望他们能帮助青年们，去发达他们的国际观念，俾人类误解可以减少，人类的谅解和同情也可以日增一日。这个巨大的责任，历史的著者不过百分之一，其余的九十九分都在一般引导青年们的教师上。"教师只有对教科书解读得深刻、到位、准确，才能为教学方式和学习方式的选择提供最准确的依据和基础。因此，研读各种教学文本和教科书的基本功，是历史课堂教学走向成功和深入的引力。

一方面，在进行一个模块的教学时，要能对一个模块的编写思路和主题立意准确理解。例如，《普通高中历史课程标准（实验）》中关于历史必修 I 的学习要点是将中国和外国的历史分别从古到今纵向排列，而课程改革历史教科书基本是按照从古到今的顺序将中国和外国的历史并列排列，这样不仅照应到了中国史和外国史的关系问题，而且更能体现二者之间的相互作用，形成"民主"与"专制"的鲜明对比，为后来学习中西关系和世界发展做了准备。同时，将中国的历史置于世界之中，既能时刻了解中国在世界的位置，让学生感觉或自豪或屈辱或责任，也进一步突显了"世界史"的真正含义，体现历史发展的磅礴气势，唤醒学生对历史的尊重和认同，激发学生强烈的学习历史的兴趣，开阔学生的视野，更便于学生深刻理解历史。

另一方面，还要注重对不同版本教科书内容的研究。中学历史课堂教学的一个突出特点是要依据学情和考试要求来确定教学的难度、深度，正确处理好教科书内容、把握好教学的要求是教师面临的重要的实际挑战。此外，选修课模块增加了很多中学教师很少接触过的教学内容，教学难度可想而知。课程改革历史教科书并不完全是按照"课程标准"的顺序和内容划分编写的，不同版本的教科书都在"课程标准"的基础上有所创造，但对学生能力考查的基本依据是"课程标准"。如何取舍这些教学内容就成为教学中的一个难题。

（三）课堂讲授基本功——实施课程改革教学的魅力

课程标准"积极倡导自主、合作、探究的学习方式"这个基本理念的提出，使现在课堂教学的面貌发生了很大变化。也正因如此，传统讲授法遭到了激烈的批评和指责，教师们也是"能少讲则少讲，能不讲则不讲，尽量让学生讲"，有的教师甚至谈"讲"色变，视"讲授"为课改的对立面。其实大家都明白，节节课全部采用讲授法固然不利于学生勇于质疑、善于发现的品格和创新能力的形成，但全盘否定讲授法会是更严重的错误，讲授法可以在最短的时间内让学生接受最多的知识，这一点是其他任何一种教学方法都无法替代的。

在每个人受教育的经历中，都会对老师们的精彩讲授难以忘怀，现在很多电视节目如"百家讲坛"等都是以讲授为主，也还是很受欢迎的。这说明问题不在讲授法本身，而是我们怎样应用讲授法。实践告诉我们，在课程改革教学中教师全面准确地把握讲授性教学的基本思想及其操作方法，恰当地处理好讲授性教学与探究性学习的关系，对确保教学实效至关重要。课程改革教学并不是要排除讲授法，而是要提高讲授的水平和效果。在教学中要注意抓住知识特点、学生思维点、能力增长点进行精当讲授。

例如，课程标准必修Ⅱ专题7《苏联社会主义建设的经验与教训》中基本史实大家都很熟悉。这个专题的教学教师如果只在补充史实或方法手段上下功夫，很难引发学生的思考。陕西省西安中学的郭富斌在讲授本课时，把苏联建设社会主义比喻为"一场悲壮的实验"，实验又分成三次："第一次：追随理想的实验——按马克思设想进行的实验；第二次：面对现实的实验——列宁从国情出发进行的实验；第三次：回归理想的实验——斯大林模式建立的实验"。郭老师在讲授这一系列问题时，准确抓住了教科书的本质问题和学生的思维兴奋点，深刻揭示出历史发展的实质，看起来是教师在主导课堂，实际上学生在思考探究，得到了阅读、思考、分析等多方面能力的培养，课堂教学效果很好。

再如学习岳麓版历史必修 I 第一单元第 2 课《中央集权制度的确立》时，一位教师结合《秦始皇像》对秦始皇做了如下刻画："秦始皇目光炯炯有神，两眼虎视眈眈，一手指向前方的威严而傲慢的神态，流露出了他当年威征六国、一统天下的勃勃雄心；他头戴挂满珠子的皇冠，身穿绣花龙袍，腰佩宝剑，显示了他唯我独尊、君临天下的帝王身份；他面带微笑，仿佛为自己功高盖世、流芳万代而流露出洋洋自得的表情。"生动形象的语言给学生以"如闻其声""如见其人"之感，引起了学生学习研究历史的兴趣，使学生从中领悟到如何正确评价历史人物的要领。

（四）探究点拨基本功——实施课程改革教学的活力

探究性教学是课程改革课堂教学中教师施教的重要方法，同时这也是教师在教学中可以大有作为的地方。实施探究教学的关键是要求教师能给学生思维的深入以及恰当的引导和指导。当学生讨论"山穷水尽"之际，教师的点拨可以帮助他们走向"柳暗花明"；当学生的认识"误入歧途"之时，教师的三言两语可以帮助他们回到"正确航道"；学生思想的粒粒"珍珠"有待教师的概括总结串成精美"项链"；学生源自感性的"窗前小景"有待于教师的理性升华将其引入意境高远的"别有洞天"。

例如，学习岳麓版历史必修 II 第15课《社会主义经济体制的建立》时，教师可从学生已有的认知角度出发，搜集有关从战时共产主义政策、新经济政策到斯大林体制的相关史料，设计以经济政策调整为主题的体验探究课。教学中，教师通过运用史料，层层设疑，使学生从政策的调整过程中，认识社会主义经济建设的本质规律。比如战时共产主义政策的问题，可以查一查当时的史料，了解一家农民每年收入多少，每年需要上交多少，问问有什么感受和想法；再比如斯大林体制的利弊，可以把当时苏联的轻重工业的成就和人民的生活水平与同时期的美国或其他国家相比。这样课堂容量会更大，课会更生动，学生的认识也会更深刻。在学习中，学生认识到用新经济政策取代战时共产主义政策不仅是形势的需要，也是促进经济发展的有效措施，但为什么在理论上和实践上都是正确的政策也被终止了呢？教师提供相关史料，在学生合作探究的基础上进行总结归纳，从中理解历史发展的曲折性和复杂性。

再如斯大林在经济上的重点是实现工业化和农业集体化，工业化可以提高生产力，农业集体化也符合社会主义发展的总方向，结果为什么事与愿违呢？教师可以结合"两化"的具体内容和过程，引导学生思考探究，分析出"两化"的共同本质就是片面发展战略，认识到经济发展不仅要有正确的方向，还要有科学的战略。这样的引导，不仅深化了学生对知识的理解，也分析出了"两化"之间的内在联系，同时也很好地锻炼了学生阅读思考、比较鉴别的能力。

探究式课堂教学是否能取得实效，归根到底是以学生是否参与、怎样参与、参与的效果来决定的。同时只有学生主动参与教学，才能改变课堂教学机械、沉闷的现状，让课堂充满生机。所谓学生主动参与就是给学生自主探究的权利，让学生主动去发现问题，探索解决问题。教师不要预先设置框框条条，要求学生按照教师的设计去束缚学生手脚。每步探究先让学生尝试，把学生推到主动位置，放手让学生自己学习，教学过程是在教师的帮助和指导下学生自己主动完成，这样，就可以使探究式课堂教学进入理想的境界。

课程改革对教师能力提出了新要求，学习方式和教学方式出现了很多新变化，课程改革教学日益变成一种充满智慧的挑战。在挑战面前，教师既感到刺激，又承受压力；既面临很多机遇，又感到纷繁复杂；既满怀发展和提高自我的愿望，又容易迷失方向和自我。教师作为推进课程改革的中坚力量，需要冷静头脑、静下心来，苦练教学基本功，这才是于课程改革、于学科教学、于教师发展有利的根本所在。

三、历史课堂教学创新的基础

随着知识经济的显现，以培养具有创新精神和实践能力的新型人才为目标的创新教学已成为人们的共识，这也是 21 世纪我国教育改革的发展方向和重要内容。教师作为创新教学的直接实施者和推动者，应该怎样适应教育的改革和发展，如何有效地完成所肩负的任务，则是创新教育的关键。历史是一门综合性很强、内容涉及很广泛的学科，在创新方面有着十分重要的地位。作为历史教师，应该积极地面对创新教学。

（一）更新观念是前提

若要培养21世纪所需的创造型人才，首先要求教师自身必须是创造型的。在实施创新教学的过程中，教师首先要更新观念，并在此基础上更新课堂教学的目标、要求、内容，准确把握教育对象，积极主动地在历史课堂教学中实施创新教育。

在更新观念方面，要把历史教学从以历史知识的存储、记忆为主，转变为以培养学生学科能力为主。主要包括教会学生掌握认识历史知识过程的方法和技能，提高学生用历史意识考察社会及认识社会的能力和用历史智慧解决问题的能力，尤其要重视激发学生的创新情感、培养学生的创新意识、开发学生的创新能力、健全学生的创新人格。总之，要把历史教学从"为考试而教、为考试而学"的陈旧观念中彻底解放出来。

在更新课堂教学的目标要求方面，要处理好传授知识与培养能力的关系。在历史教学过程中，历史基础知识的传授和历史思维能力（尤其是创新能力）的培养是密不可分的，单纯地强调任何一方面都是不可取的。教学中既要向学生传授历史知识，又要培养学生掌握历史知识的基本技能，更重要的是培养学生运用历史智慧解决问题的能力。具体地说，运用历史智慧就是学习、认识历史上人们对事物认识、辨析、判断、处理和发明创造的能力并以之解决现实问题，通过历史课程的教学使学生在获得认识社会、认识人生、认识自己的能力和经验的基础上，真正成为21世纪所需的创造型人才。

在更新教学内容方面，要从侧重于历史知识的传授，转变到侧重培养学生的历史意识、丰富学生的历史智慧、提高学生的学习能力及创新能力上来，要通过对历史因果的分析、对历史人物的介绍和评价，培养学生正确的历史观察法。"授人以鱼仅供一饭之需；教人以渔，则终身受用无穷"，要注重教会学生学会学习，培养学生的终身学习能力及获取、加工信息的能力。

准确把握教育对象即树立创新教育的学生观。创新教育的最终目的是最大限度地开发学生的创造潜能，把学生培养成敢于挑战、勇于创新的高素质人才。这就要求在教学过程中充分体现和运用以学生为主体的教学思想，面向全体学生，全面提高学生素质。学习历史学科，需要学生具有理解历史、感悟历史、反思历史的意识和能力，这些是教师所无法包办代替的，必须发挥学生的主体作用。

（二）提高能力是关键

实施创新教学，首先要求教师应具有创新精神和创新能力，因此，教师应该不断追求，用创造性的思维进行教学，以实现培养学生创新思维的目的。具体地说，历史教师的创新教学能力主要表现在以下几个方面。

1. 创新处理教材的能力

历史教材是对过去知识的追忆，是对昨天世界的记录。传统的历史教学侧重于对教材叙述的识记而缺乏对历史的感悟、理解和反思。创新教学要求我们从"过去"发现未来，从"原始"翻出现代，从昨天的世界走向今天和明天的世界，从具体的文字叙述中发现深隐在历史表象背后的东西。这些都来源于对教材的深层次分析和研究。比如，高中《世界近代现代史》（上册）多处谈到西欧社会的进步，其第3页在谈中世纪末期西欧农业的进步时说："由于清除大片森林和排干沼泽，耕地面积大为增加，农牧产品在这一时期有显著增长。"其第110页、第111页，介绍第二次工业革命带来的"进步"时选载了两幅插图——《1890年的美国纽约街头》和《德国萨尔冶金矿区》，教材对这些都做了充分的肯定。但若对此深入分析，便可发现这些正是对学生进行环保教育的极好材料。因为西欧农业发展是以对人类的居住环境和资源的破坏——森林的砍伐和沼泽的排干为代价的，工业的发展使人们的视觉受到了严重的污染（《1890年美纽约街头》），使空气变得令人窒息（《德国萨尔冶金矿区》）。这样的深入的辩证分析，可以培养学生的环保意识，树立起辩证的历史观。

2. 设计创造性教案的能力

创新教学要求教师能设计创造性的教案，根据历史教材所提供的教学内容，充分发挥自己的聪明才智，结合各种教法的特点，科学地构思教案的整体，认真地推敲每一个教学环节，在每一个细小的环节上培养学生的创新意识和创新能力，使教材内容变得生动具体，诱发学生深入探索的兴趣。

3. 优化教学过程的能力

创新教学的思想和设计都要通过具体的教学教程体现出来，这就要求教师具备相当的教学操作能力，对每堂课的教学过程都应该精心设计，以新奇、独特、科学吸引学生，激发学生的学习兴趣。在设计具体的教学过程时，有两点必须重视，一是形式要根据具体的教学内容而定，二是形式要根据学生的知识和思维水平而定，脱离了这些教学实情的教学设计只能是空中楼阁。

4. 科学评估学生的能力

为鼓励学生思考、探索、创新，培养他们的创造思维能力，教师应在教学和考核中建立有利于创新能力发展的学习环境和评估体系。在课堂教学中，教师要善于发现、培养学生的创新意识和能力，对学生的创新性见解给予鼓励和肯定；在考试中，应加大对学生创新考核，对学生的创造性答案给予加分；在教学实践中，要引导学生思想发展，指导学生撰写小论文并向相关的报刊杂志推荐发表。

（三）坚持实践是根本

教育心理学家认为，所谓"创新"，是根据一定的目的，运用一切已知的信息，产生出某种新颖、独特、有社会或个人价值的产品的智力品质。创新教学的一个重要目的就是培养学生的创新智力品质，历史教师是历史创新教学实践的组织者和实施者，必须坚持创新教学的实践观。

1. 坚持学习实践

创新是知识重组、方法交叉、能力综合的过程。实施历史创新教学，教师不仅要有扎实的历史专业知识，还应有深厚的"史外功"；不仅要有娴熟的学史方法，还要有科学的教学方法；不仅要有基本的历史学科能力，还应有较强的综合创新能力。这都要求历史教师坚持学习、不断充电，并与具体的教学实践相结合，成为一名"创新型"教师。

2. 坚持教科研实践

以培养学生创新能力为中心的历史教学是素质教育的发展和要求，是在素质教育的基础上培养学生的创新素质和能力。围绕这一目标，历史教师应根据教学内容，广泛开展相关的教育科研课题研究，如"历史教学与创新人格的培养""历史学科培养学生创新能力的方法和途径"等专题研究。只有不断实践、探索、总结和提高，才能高效完成"历史创新教学"这一崭新的历史教学发展课题。

3. 构建创新型教学模式的实践

实施历史创新教学，教师必须冲破业已存在于脑中的传统教学模式，站在跨世纪的高度，适应素质教育的需要，坚持教学实践，构建创新型教学模式，从而科学、高效地实施历史创新教学。如有的历史教师探索的历史教学"问题式课堂""开放式课堂"等。

实施以培养学生创新能力为中心的历史教学的主导是教师，创新教学对教师的主导作用的要求不是"灌"的能力，而是导、引、创的教学能力。因而，创新教学首先要求历史教师应具备教学创新的素质和能力。

四、把公开课作为提升教学水平的助推器

做一名教师总是会上公开课的，只不过是"公开"的范围有所区别；公开课一定会促进教师成长和提升的，只不过对不同的人会有"程度"的不同。笔者听过很多老师上的公开课，也看过很多研究公开课的文章，但帮助最大的还是自己上公开课。公开课能促使教师的课堂教学水平不断提升。

笔者上过的公开课已经很多，很长一段时间里，笔者认为公开课是上给别人看的，对自己虽有帮助，但更关心的是听者的赞美和认同，收获的是一种鼓舞、自信甚至得意。近几年来，笔者越来越把上公开课视作向人求教和研究自我的机会，特别重视听者的感受和建议意见，尤其注重课后的自我反思，收获的是问题、思考和改进的方向。以下是笔者曾经上过的印象深刻的三次公开课及其思考。

2008年11月21号，西安市举行"高中课程改革优质课评选"，我执教的《西学东渐》一课获得第一名。课文内容主要反映的是中国近代向西方学习的过程：林则徐、魏源的"开眼看世界"，洋务运动时期的"体用之争"，从19世纪六七十年代逐步兴起的维新思潮。这些内容对于学生来讲在初中阶段都接触过，并不陌生；对于听课教师来讲更是非常熟悉。但这节课教学效果得到了师生的一致好评，其最大特点是平中见奇，引人入胜。

教学从新闻报道导入，然后链接历史。"2008年11月20日《南方周末》报道时任广东省委书记汪洋'以书施政'，向干部推荐《世界是平的》一书，要求官员们'和这些硅谷或者华盛顿的精英接轨，让观念升级，让视野放大'。而150多年前的清王朝时期，也有一位著名的官员同样是在广东发出了'向西方学习'的呐喊，倡行'开眼看世界'。这说明了什么呢？"这样的导课，一开始就紧紧抓住学生的兴趣点和注意力。紧接着，在重点内容上，我成功设计了出其（学生）不意又在情理之中的问题，从而保证了学生持续的学习参与度和思考注意力。如："课题为什么叫'西学东渐'？""在林则徐之前还有徐光启、康熙帝等也曾积极学习西方科学知识，为什么不称他们为'开眼看世界'的第一人？""如何看待'师夷长技以制夷'？""'体用之争'的价值何在？"等。

　　整节课没有刻意设计"讨论"的环节，但在课堂教学的全过程中，学生的思维始终是积极的、有效的，表现出的思维能力和问题解决都是高水平的，师生对话很有深度和挑战性，课堂生活真实自然。课后评委老师征求了听课学生的意见，学生认为这节课教学：深入教材且高于教材，不是对记忆历史问题的解决，而是在解决历史问题的过程中自然记忆。评委老师也认为这节课在许多大家熟悉的地方进行了巧妙的设计，值得老师们学习借鉴。这堂公开课教学再次强化了我的一个信念：有效的历史课堂教学必须建立在真正吃透教材和准确把握学生的基础上。

　　2009年2月20号，西安市普通高中课程改革办公室安排笔者到西安市的一个郊县上一节示范课，并建议我就上"西学东渐"一课。我通过电话了解了上课的具体情况和要求：给高二文科班上课，教学时间45分钟，听课教师为全县的中学历史教师。那我就觉得有一个问题：学生在必修课中已经上过这节课了，现在正上选修Ⅰ"历史上重大改革回眸"中的"日本近代化的启航——明治维新"。如果我用"西学东渐"来上示范课就会打乱学生的正常学习进度，而且会让学生认为这是有备而来，觉得不真实。我决定就按他们的实际进度上课，就上"日本近代化的启航——明治维新"的第一课时。

　　本课的第一课时主要讲明治维新的背景、内容和改革成效。我设计这节课时力图与中国近代改革形成对比，为下节课学习"戊戌变法"打好伏笔。因此，我对这三块内容进行了重新设计：关于明治维新的背景，我设计为"面对危机的正确选择"，将其具体背景分为四个方面：正视落后（内容包括阶级矛盾、经济状况、闭关锁国、佩里叩关及日本各界的反应），勇于学习（吉田松阴、佐久间象山、桥本佐内、横井小楠、高杉晋作、久坂玄瑞、伊藤博文等），扫除障碍（从尊王攘夷到武装倒幕），制定国策（从王政复古到近代化、《五条誓文》与近代化国策的制定）；关于明治维新的内容，我从对内改革和全面开放两个方面对课文内容进行了重新概括，并指出对内改革的重点是改造武士，版籍奉还、废藩置县、四民平等都共同起到了改造武士阶层的作用；而对外开放的本质是用欧美文明全面改造日本；关于明治维新的成效，我在参考有关日本历史专著（如宋成有的《新编日本近代史》、[美]安德鲁·戈登的《日本的起起落落——从德川幕府到现代》等）的基础上概括为：一大变革——社会转型，两大成果——富国强兵、独立自主，三大措施——殖产兴业、立宪强兵、文明开化。

　　本课的教学设计有整合、有创造、有新意，教学实施很流畅、很真实、很有效，学生参与很积极，能思考、敢表达，教师评课很充分、很赞同、评价高。正当我得意之际，为整个过程的完美暗喜的时候，一位年长的女老师发言了："徐老师，您的课确实很有特色，我很受启发，从中也反映出您是一位爱读书、善思考的教师。但我有一个问题要请教您，您平常也是这样上课吗？您带的班级的历史考试成绩如何？"我回答说："我平常的大部分时间都是这样上课，我所带班级的历史考试成绩都不错。您还有什么疑问吗？"她说："我也是位老教师了，数年来一直在教高三，高考成绩都不错。今年我到高一教课程改革教科书后，一学期下来，我所带班级的历史考试成绩比年轻教师的成绩低了很多，校长为此都找我谈话了。所以从这学期开始，我的课堂不搞知识拓展了，只讲知识要点，然后让学生记忆。轮到我值晚自习时，我就让学生记忆历史基础知识。这样考试成绩才好了一些。因此，我怀疑您这样讲能不能取得好的考试成绩。"听她这样说，我觉得有很多话想说，但一时又不知如何说才好，就问了她两个问题："您这样教会不会觉得痛苦？学生会不会真的愿意学习历史？"得到的答案是："很痛苦。学生的学习是被我强迫的。"

　　这次公开课让我生发了很多感慨，从活动暴露出中学历史教育领域存在的一些严峻问题，尤其是在相对边远、偏僻和师资薄弱的学校，类似上面这位老师的情况还是相当普遍的。解决这些问题本身就是一个复杂的工程。对我自己来说这节课也许是成功的，但作为"示范课"应该起到"示范"的作用，如果把课上成只能让人欣赏，却不能让其他老师学习和践行，"示范"的意义就没有达到。尽管我可以说这节课给了老师一个奋斗的方向，但怎样更有效地与具体的教育实际结合起来，进而产生互动效应，是我要探索的新问题。

　　2009年3月28号，陕西省举行普通高中课程改革优质课评选活动，我以"希腊先哲的精神觉醒"参赛。参赛课题要求在必修课程范围内自选。我没有选过去上过的公开课，比如"新航路开辟""西学东渐""日本的明治维新"等，决定重新选一节课。权衡后，我决定选"希腊先哲的精神觉醒"（岳麓版历史必修Ⅲ第三单元"从人文精神之源到科学理性时代"第11课）为什么要选这一课呢？有四点想法：一是学生普遍觉得这节课的内容很难，甚至学过了仍没有真正理解，无法体会希腊先哲的价值和意义，值得教师去研究和突破；二是老师们对古希腊哲学相对比较陌生，掌握的资料相对较少，是日常教学的难点和教研活动的热点，有探讨的价值和必要；三是这是进入高中课程改革后全省举行的第一次公开课教学活动，应该在重点难点问题上着力；四是我想借机丰富自己对古希腊哲学的了解和理解，突破一下这个教学难题。我觉得这样去备课、上课才更有意义，更有收获。

在设计这节课时我觉得最难的是确定什么样的教学主题来统领全课。我始终认为，在历史教学的准备过程中，首要的问题是要弄清楚"为什么教"，这是我备每一节课时要考虑的第一个问题。具体到一节课，则应该结合具体教学内容确定"教什么"，这当然不能仅仅是指教学内容本身，而应该是从教学内容中升华出的教育主题。能否正确确定一节课的教育主题，对一节课有着至关重要的作用。为此，我开始认真研读教学内容，挖掘教学主题。

这节课内容十分庞杂，课文内容重点介绍哲学家的思想观点，从最初的自然哲学到社会哲学、人的哲学，是如何发展的，阐述了推动希腊哲学精进的动力到底是什么，为什么会是这样的发展趋势，知识点比较抽象枯燥，头绪较多。不解决这些问题，教学过程就不能流畅，学生的理解和认识就不能建构，希腊哲学的价值和意义就难以领会。而要解决这一问题，就必须找到一个恰当的教育主题。

带着这样的目标，我开始翻书架上所有有关希腊哲学的书籍、进书店翻阅购买相关主题的书籍，用上下班乘车、散步等所有的闲暇时间思考寻找这个"主题"。第一周，先想到"希腊哲学的发展"这个问题，就讲希腊哲学从最初的自然哲学到社会哲学，再到人的哲学的发展历程。但这仍是教科书课文的知识逻辑，没有教学的设计价值，否定了；第二周，找到了"人对世界的认识"这个主题，想到古希腊的神话时代是从"神"的角度认识世界、自然哲学家是从"物"的角度认识世界、智者学派开始从"人"的角度认识世界、从苏格拉底开始逐渐地从人的"理性"的角度认识世界。围绕"人对世界的认识"这个主题，确定四个层次，体现了希腊哲学的发展取向，还有所拓展，觉得不错。但静下心来想，这样的教学架构无法让学生明白希腊哲学为什么会是这样发展的，同时，教育价值也难以升华，很难有教学的高潮和亮点，再次否定了。

眼看离公开课只有一个星期了，恰当的教学主题在哪里？翻开吴光远的《听大师讲哲学》，看到序言"人活着究竟为了什么""人对世界的认识又是为了什么"，这时，一个词——"幸福"浮现在我的脑海里，人活着就是为了人的幸福，为了人类的幸福。"希腊先哲的精神觉醒"就是对人的幸福的追求！我有些动心了，但"为了幸福"能把课文内容完全涵盖进来吗？仔细一想，"为了幸福"是可以用来解释课文的全部的，自然哲学是解释自然、认识环境，这可以获得安全感；智者学派重视人的认识和判断，这可以获得一种生活的价值感；苏格拉底、柏拉图和亚里士多德重视知识、德性、正义、真理，这是让人的生活具有道德感。"安全感——价值感——道德感"，这不就是幸福吗？好了，就用这个主题——追求人类生活的幸福感。

　　真的可以这样架构这节课吗？我心里还不太踏实。电话征求了《中学历史教学参考》主编任鹏杰先生的意见；利用给陕西师范大学历史文化学院 2006 级学生上"历史教师教学技能"的机会，当面请教了王大伟教授，并且和历史文化学院的学生们进行了探讨；利用工作餐时间与我的同事、全国著名特级教师郭富斌老师进行了交流；利用到北京开会的机会，晚上在咖啡馆请教了赵亚夫教授。大家的意见是一致的：这个主题很好，整合课文的力度很大，更容易为学生所接受。赵亚夫教授还特别提出，教学中要让学生体会到而不是教师讲出"追求幸福感"。

　　寻找教学主题、设计教学流程、实施教学过程都顺利完成了，但评委提出的一个问题却让我陷入了沉思。他说："这节课能这样讲吗？怎么能说明这些哲学家的探索是为了人类生活的幸福感呢？"在赛课现场我难以回答评委的提问，因为我没能找到史料和深入哲学家的内心，无法确定他们是否是为了"幸福感"，但我觉得通过他们的哲学命题和探索可以获得"幸福感"。我的这种分析是一种"牵强附会"吗？

　　这个问题让我深思，让我清醒，让我重新审视"历史课堂的有效教学"：是注重理性分析还是感性理解、是服务考试还是服务人生、是注重课程资源的丰富还是为学生"量身定做"，这恐怕永远都是一个动态中求平衡的问题。有效的历史教学就在于能找准它们之间的平衡点，而能否把握好这个平衡点，就在于能否准确把握学生的需要和教师自身的专业素养。

　　公开课给了我许多启发，帮我发现了许多问题，不断地给我提供新的努力方向。美国教育家波斯纳说："教师的'专业成长 = 经验 + 反思'"，通过公开教学我发现专业成长的两个阶段，即"经验 + 反思 + 批评 = 成熟"和"经验 + 反思 + 创新 = 成功"。公开课不断地校正着我的课堂教学，指引着我在课堂教学上的努力方向。公开课是提升课堂教学的有效途径。

　　我感谢公开课，更感谢对我的公开课提出质疑、引领我思考的老师们。

第三章

积极开展历史教育教学研究

畅想未来，阐发理想，是我们的一种习惯和嗜好，很多人乐此不疲甚至有点自我陶醉。勾画美好的蓝图可以激励斗志，催人奋进，但如果不研究实际，不能脚踏实地，就可能是空想。拿历史课程改革来说，要转变教师的教学方式和学生的学习方式，不论是"自主""合作""探究"，还是"因材施教""分层教学"，都必须面对教育现实，尤其是面对学生都要参加高考的现实。比如一所生源一般的学校，应对高考的措施，从学校领导到教师，选择"应试"教学和加班加点是比较正常和相当普遍的。当然，"教师的施教能力"是决定学校教学水平的关键，但教师的生存空间和创新舞台到底有多大，这是一个很大的现实。我们不能对此视而不见，而一味责怪教师课程理念不到位，施教能力不强。

在一次历史教研活动中，有一位老师的课上得比较失败，他很沮丧，也很委屈。后来我问他你真是想那样上课吗？他说不是，是因为这是公开课，校领导提醒他一定要体现课程改革的理念，课堂上要有学生讨论，学生发言的人数要多，课堂气氛要热烈。结果，这位老师在进行教学设计时注重了领导意见，委屈了教学内容，施教中就感到不能左右逢源。

这个实例中反映的当然有教师的基本功问题，但有一种现象不可忽视，就是教师在教学设计时所受到的外在影响。说句实话，很多公开课就是在追求"气氛""效应"。这也是现实。曾听一位专家说过："一切教育改革在高考面前都得低头！"一位特级教师也慨叹道："为了考试，我的教学风格有时候也得妥协。"不承认和面对现实，一切教育改革都难以取得应有的改革成效。改革不能仅从理想出发，必须从现实出发，在改变现实中达成理想。

因此，过多地描绘理想状态的教育、课堂，容易脱离实际而成为空谈。这正是目前教育研究、教学研究和课程改革中应该注意的问题。在任何一项改革，抑或是常规工作开始之前，首先需要思考解决的问题应该是这样三个：我们想要做什么？目前能够做什么？准备如何做？如果单纯强调其中的任何一个问题，都可能使工作效果打折。理想和现实的距离不能拉得太大，距离太大了专家鞭长莫及，教师望而却步，改革就会裹足不前。

第一节 历史教师的教育科研写作

一、教师与科研

苏霍姆林斯基有一段名言："如果你要想让教师的劳动能够给教师一些乐趣，使天天上课不致变成一种单调的义务，那你就应当引导每一位教师走上从事一些研究的这条幸福的道路上来。"中小学教师从事教育科研是工作的必须，幸福的需要。

首先，要理解教育科研。中小学教育科研，是指以先进思想、观念、理论为指导，运用科学的方法系统认识和有效变革教育现象、过程、方法、对象，乃至教育者自身的过程或活动，这一认识和变革的结果，就是通常所说的教育科研成果。这一认识有三层含义：（1）强调科学理论（思想、观念）的指导和科学方法的运用，这是教育科研和一般教育教学工作的根本区别。（2）强调系统的认识和有效的变革（解决问题）相结合的过程。系统观念和系统认识的缺失，必然会导致教育科研过程黯然失色，乃至"只见树木，不见森林"，终至失败；同时强调教育科研是一个有效变革（解决问题）的过程，如果不能引起教育本身、学校、教师、学生等的积极变化和发展，是没有多大实际意义的教育科研。（3）强调中小学教育科研应当把教师自身作为认识和变革的对象，也即通过教育科研，还应使中小学教师不断反思自己的思想和观念，调整自己的教学行为，努力增强自己的教育教学能力，提高自己的素质。必须指出，通过科研来认识自己、变革自己是中小学教育科研与一般教育科研的重要区别。

教育科研是教育教学工作的必需。从事教育教学工作面对的基本问题是：为什么教？教什么？如何教？怎样教更有效？倘若不清楚这些教育的基本问题，就不能成为真正的教师，甚至误人子弟。而教育问题是最复杂的问题，没有人可以从根本上回答这些问题，只有靠教师在面对具体教育对象时，根据现实条件和未来发展需要做出判断。而这种判断非经研究不能做出，至少不能正确做出。由此可见，这种判断至关重要，而判断背后的"研究"更是极其重要。

教育科研是教师人生幸福的关键要素。幸福的本质要素是成功，成功的一般过程是发展，教师的人生幸福感取决于日积月累的专业发展。只有研究每一天，才会让每一天过得充实，才可能有成功的一天，才会有职业的幸福感。

二、教师与写作

写作是教学研究的方式和必要环节之一。通过写作，教师可以提升思想、加深认识、凸显成果、扩大影响。研究而未能成文交流，只能是个人经验难成成果。

写作就是教师的基本自由和权利。作为教师，作为公民，有写作的自由和权利，也有不写的自由和权利，这个问题我们还是可以自己说了算的。

写作是思维和智慧的修炼。写一篇文章就是为了更好地说明一个问题，而且往往是为了说明一个有价值的问题。因此，写文章就得思考说理的角度、主次、结构，相对于说话，写文章要求更严格的逻辑、更严密的分析、更准确的语言，因此，写作能有效提高我们的思维的缜密性。而在这种思考和分析问题的过程中，可能会加深我们对某一问题的认识，获得新的发现和理解，产生新的认识，进而使自己的思维生发出智慧。那么，这样的写作和思考的过程就能给自己带来一种成功感，带来自信和兴趣。

写作是教师的基本工作方式。教师每天要写教案，每月要写试题分析，每学期要写工作计划和总结，还要写学生评语，有的学校还要求写读书笔记、思想汇报、各种申请。除了这些基本的工作要求外，有的老师还想写点自己的东西，诸如日记、教学反思、博客等。既然我们在很多情况下不得不写，就不要用应付的态度来消耗自己的精力。我们完全可以让这些工作精彩起来，比如用写文章的要求来写教案，用对待朋友的态度来写学生评语，用鉴赏的眼光来写读书笔记，用科学家的方法来做试题分析，等等。或许这样的要求太高了，但我们完全可以选择其中的一方面先做起来。怎样让自己的工作亮起来，让自己的生命多彩起来，对我们做教师的来讲，写作是一条可行的道路。有了这条道路，我们就能找到自己可以掌握的幸福，就会少了很多痛苦和无奈。

写作是时代对教师的要求。在当今这个信息化时代，信息的数量和传输信息的速度日新月异，我们不应该默默无闻，我们应该珍惜生命所给予我们的一切权利。在我们身边出现的诸多问题，我们也有义务进行关注和解决，"教育兴衰，我的责任"。

三、撰写文章的准备

很多教师不能将自己的教育教学经验写成具有较高水平的教育教学文章，主要原因是"写前准备"不足。概括地讲，"写前准备"包括三个方面。

（一）思想上的准备

不写文章的教师一般有两种不当认识：一是不能写，一是不必写。后者是少数，会随着时间和实践的变化而自我修正。关于"不能写"，则是一种自卑，至少是信心不足的表现。没有人天生是"能写"的，教师是有着"能写"的基础的。与专门从事教育科研工作的专家和研究人员相比，一线教师在撰写教育教学论文方面确有不足之处，但也有独特的优势。

1. 实践基础深厚

中小学教师直接从事教育教学实践，对实践中存在的问题有着切身的感受，并积累了一些解决这些问题的经验，这就为我们撰写教育教学论文奠定了深厚的实践基础。可以说，撰写教育教学论文的过程，也就是我们解决教育教学实践中的问题的过程。

2. 有一定的教育理论素养

中小学教师大都受过正规的师范教育，或者受过专门的师范培训，因而具有一定的教育理论素养，这为教师撰写教育教学论文奠定了理论基础。中小学教师可以运用这些教育理论解决教育教学实践中的问题，并在此基础上写出教育教学论文。要避免轻视、忽视教育理论的情况，极力做到理论与实践相结合。

总之，中小学教师只要充满信心，克服自卑心理，扬长避短，刻苦努力，就一定能写好教育教学论文。

（二）理论上的准备

中小学教师要撰写教育教学论文，必须具有一定的教育理论素养。一篇有价值的教育教学论文不仅要说明"怎样做的"，而且要阐释"为什么要这样做"。显然，我们在师范院校学习的教育理论是远远不够的，这就要求中小学教师加强现代教育理论的学习，不断提高自身的理论素养，为指导自己的教育教学实践和撰写教育教学论文做好理论上的准备。根据中小学教师工作的特点和实际状况，有两种方法可以有效地促进我们的理论学习。

1. 带着问题定向学习

中小学教师在日常的教育教学工作中，常常会遇到各种各样的难题，为解决问题而展开对相关教育理论的学习。带着问题定向学习，一是可以增强学习的针对性，使理论学习收到立竿见影的效果；二是我们在学习过程中往往会发现新的课题，产生写作的灵感，变吸收性学习为创造性学习。

2. 围绕专题进行比较学习

比较是人们认识事物的重要方法，也是提高理论学习实效的重要途径。围绕专题进行比较学习，一是可以促使自己对教育教学领域中的某一问题有系统而深刻的认识，二是可以帮助自己把握正确的选题方向，避免重复研究。

（三）实践上的准备

教育教学实践活动是一线教师写作取材的源泉。实践积累越丰富，写作素材越丰富。教师要善于做教育教学实践的有心人。

1. 要善于带着问题有目的地实践

这里的"问题"，一是广大中小学教师在教育教学实践中遇到的难以解决的共性问题。如：如何寻找学生的"最近发展区"？如何提高全体学生的学习成绩？二是由教育理论与教育教学实践的矛盾之处产生的问题。带着问题有目的地实践，就是要求教师围绕"解决问题"这个目标，运用已有的教育理论和经验，探索解决问题的新途径和新方法。要做到这一点，教师必须实现由"教书匠"向"研究者"的角色转换。

2. 在实践中要善于思考、善于积累

教师在带着问题有目的地实践的过程中，要不断地思考实践中的经验与教训，并及时将这些经验或教训写成教育教学札记。实践证明，教育教学札记是提炼教育教学论文最有价值的素材。

四、撰写文章的要求

"教研论文"是教育、教学、教改工作者对教育领域中的现象、问题进行专题探讨研究和描述教育科学研究方法、成果的文章，是学术论文的一种。它既是教育教学教改工作者对现象、问题进行专题探讨研究的手段，又是描述教育科学方法、成果，进行教育经验交流的工具。所有教师及教育工作者，无论参加何种规格层次的教育教学科研活动，最终都要以论文或实验报告等形式，把方法成果发表出来，让同行评判、实践、分享、借鉴。

教研论文以文字为媒介表述教研成果，让读者评判、借鉴或运用，以解决问题。撰写教研论文应该遵循一些基本规范。

（一）选题源自实践

选题，既是研究工作的起点，也是论文写作的起点。英国著名科学家贝尔纳说："提出课题比解决课题更困难……所以，选择课题便成了研究战略的起点。"因为选题的论证过程已经预示了研究结果的正确性、现实性、价值性。

目前，我国教育界的问题是很多的，作为第一线的教师应该都有深切感受。教师要充分利用自己的优越条件（身处教育实践），练就自己的教研本领，提高自己的教研能力，不要"四面出击""全面开花"。否则，结果必然是花拳绣腿、华而不实。

作为中小学教师或教研员，我们应当把自己研究的重点放在应用性研究课题上，探讨教学的内容、教材、教法、评估等。兼顾各种因素，结合自己的实际条件，去选择十分必要的、有新意的、有可能研究的问题作为课题。由此，教研论文的选题应该考虑方向性、开拓性、长效性、可行性，关注教育教学的热点、焦点、争论点，探索教材教法的重点、难点、转折点……

中小学教师在选择论题时要注意"三回避"：大、难、旧。选题过大，作者无法对课题做广泛深入的探讨，半途而废；选题太难，作者无从下手，或资料散乱残缺，草草收场；选题陈旧，老生常谈，没创见，无新意，就失去研究价值。

（二）标题准确醒目

标题，就是文章的题目，是论文的眼睛、信息的窗口、主旨的旗帜，是教研论文的重要组成部分。教研论文对标题的独到的特点和要求可概括为直接、准确、新颖。

所谓直接，就是文章的标题要能直接揭示内容的本质，使读者一目了然。能用一个标题揭示内容的，就不用正副标题来表示；要杜绝散文化标题形式；不要滥用赏析文标题；拟题要用通俗易懂的文字。

准确，就是标题发出的信息要使读者能够正确理解信息含义。具体讲：概括要准确，题目不能超过 20 个字，要做到"题文相符"，必须练就应有的概括能力；措辞要准确，要简洁凝练、直白恰当，若能给人悬念、引人入胜，当然更好；标号要准确，在标题内尽量不用标点符号，遵循"可用可不用者则不用"的原则。

标题的新颖，首先取决于内容的新颖，只要是新的发现、新的观点、新的创造、新的建树，反映到标题上也应是新颖的。新颖的标题贵在实事求是，恰当得体。

（三）关注教育教学的焦点、热点、争论点

教师是实践者，一切焦点、热点、争论点都源于实践，又要回归实践，也必须在实践中解决。教师要善于在三种争议中行使自己的话语权。

理论方面的争议。由于社会的不断发展，人的认识随之不断提高深化，有的理论内部失去原有的相对平衡性，暴露出"虚妄""偏颇""缺漏"或空白点，于是出现了学科理论内部矛盾的争议，争议见仁见智，众说纷纭，都是随时代的推进急需探讨的；知识不断衰老、淘汰、更新，学科不断解体、分化、综合，课题也必须及时跟上。

实践方面的争议。实践是不断发展变化的，而与之相应的理论常常是滞后的，教育教学的运行机制同样遵循着"实践—理论—实践"的客观规律，都以前一个"实践"为基础。

教材方面的争议。教材是教学的客体，教师教学首先需要掌握的就是教材。我们许多教师的教研起步，就是从分析课文、指正失误开始的，然后再由静态的教材研究进入动态的教法探讨，这就是教研能力的提高。教研能力提高了，反过来又作用于教材研究。运用比较法、综合分析法、历史分析法等来重新审视教材，会发现更多的新问题，产生更新的疑点，从而写出更多有新观点、新见解、新思维的论文来。特别是当前，旧教材的淘汰和新教材的启用，给我们以广阔的用武之地。

知识方面的争议。要想发现问题就必须长于思索，具有慧眼。要想参与争议问题，就必须具有胆魄。思世人未思，想前人未想，指他人未指，阅凡人未阅，见常人未见。站在前人肩上，挣脱陈腐羁绊，扬起智慧风帆。要有"会当凌绝顶，一览众山小"的远见卓识，要有"横看成岭侧成峰，远近高低各不同"的耐心观察态度，要有"指点江山，激扬文字"的创新精神。

（四）侧重于探索教材教法的重点、难点、转折点

教材研究不应该是平面的、静止的，而应该是立体的、动态的。教材研究必须了解学情，根据不同地方、不同时代、不同学段和大多学生的智能水平，确定每一课的重点难点。只有抓住重点，突破难点，才能提高课堂教学效率，优化课堂教学结构。

（五）瞄准提高教学效率这个永恒主题

课堂教学，是教师、教材、学生三维的交锋、碰撞、相融。一切教育理论、

方法、模式都需要课堂教学的实践和检验，一切教育理论、方法、模式都要从不同层面促进教学效率的提高。

论文的价值就在"学术性"，一般的泛泛之谈，心得体会，是不足称之为"论文"的。我们第一线的广大教师有得天独厚的实践优势，只要潜心深究、博学多思、参加争议、充分表达自己的观点，营造"百家争鸣，百花齐放"氛围的主人翁，就是我们自己！

（六）书写格式规范

标题，应占一行居中写，也可以上下各空一行；长文章的标题上下应该多空几行，甚至独占一页。副标题是对正标题的补充说明，应在前面加一个破折号。

署名，不论个人还是单位，都放在标题下面，占一行，通常要注明单位、地址、邮政编码、电话号码（以便编者与作者联系）。

正文，包括引言、实质、结语三项。每个字（包括标点符号）占一格，每段开头要空两格。序码，写文章，需要分条分项时，就要用序码。目前，出版社规定的或常用的五种序码依次为：第一层，一、二、三……；第二层，（一）（二）（三）……；第三层，1、2、3……，第四层，（1）（2）（3）……；第五层，①②③……

附注，对正文中的一些词语或引文出处做说明时使用。在要注的词语或引文右上角用方括号加"注码"，如：［1］［2］（上标式）等。附注通常有三种：夹注（简短的说明、注释）、脚注（页脚附注，把附注置于本页地脚处）、尾注（把附注集中在全文的末尾）。

书写格式还包括数字的规范用法，国家标准《出版物上数字用法》上做了统一：公历世纪、年代、年、月、日用阿拉伯数字；年份不能缩写，如2001年不能写成"01年"，公文中的年、月、日，一般都用汉字书写；计数和计量，一律用阿拉伯数字，用阿拉伯数字写的多位数不能移行；公文中的分数都用汉字；数字词素构成定型的词、词组、惯用语、缩写语等必须用汉字，如九三学社、五四运动、十拿九稳、四氧化三铁、二万五千里长征、相差十万八千里；人大、党委代表大会的缩写语，用汉字书写可不加引号。

（七）文献引用精准适度

作为教研手段之一的教研论文，离不开借鉴与汲取他人成功的经验，这在教研论文撰写中称之为引用。可以说，越是高水平的教研论文越是运用了引用。

"引用"一词在《现代汉语词典》中的意思是"用别人说过的话（包括书面材料）或做过的事作为根据"。由此，运用引用必须注意"四原则两方法"：

典型。就是具有典型性。既然是"根据"，那么引用必须是广大读者能接受认可的权威人士、权威名著、权威条款上的典范。

精炼。就是要少而精，以一当十。撰写教研论文的主体是作者，引用是为了补充或增强其说理力度而运用的，仅是论文整体中的小小组成部分。滥引泛摘，会喧宾夺主，淹没论文主旨。

明确。引用"别人"的东西，就要尊重别人，尊重别人的劳动成果，明确说明"引用"的出处。明确出处，既能显示引文的可靠性、权威性，使读者信服，又能为编者、读者核实提供方便，助其更加广泛准确地推广运用。

适度。既然是引用"别人"的话，就得有个"度"，超过了这个"度"，就不能称为合理引用，而叫"抄袭"。我国《著作权法》中对这个"度"的要求是："引用非诗词类作品不得超过被引用作品的1/10……引用诗词类作品，不得超过全诗的1/4。"

五、撰写教研论文的一般环节

确定了选题，有了一定思路后，要动笔撰写，还得讲究一定套略。

（一）收集资料

要写好一篇论文，作者必须占有丰富、准确全面、典型、生动、具体的材料，即资料。要占有这些资料，关键在勤奋，具体途径有：平时点滴探索成果的积累；查阅大量的理论名著和工具书籍须掌握必要的教育教学理论和科研方法；调查研究，收集有关的数据、论据；查阅有关的报刊、文件，从中摘录。资料的收集对论文的写作有着举足轻重的作用。

（二）安排结构

教研论文的结构、类别不同，结构也有所不同，写作中要灵活对待。但常见结构有五类。

1. 经验总结式：提出论点—进行论证—概括结论

题目要体现内容；绪论、即提出观点；本论，即进行论证，阐明论点和论据之间的必然联系，证明自己的主张、观点是正确的；结论，在论证的基础上提出结论性的意见，要言简意赅。

2. 调查研究式

调查的背景、目的、方法；调查的对象、人数、项目；问题的现状、成因、结果；根据以上因素进行分析或思考、预测或展望、建议或对策。

3. 课题论证式

研究问题的性质和类型；本课题研究的迫切性和针对性，具有的理论价值和实践意义；该课题以往研究的水平和动向；包括前人及其他人有关研究的基础，研究已有的结论及争论等，进而说明该课题研究将在哪方面有所创新和突破；本课题理论、事实的依据及限制，研究的可能性，研究的基本条件及能否取得实质性进展；课题研究策略步骤及成果形式。

4. 实验成果式

是报告课题实验成果的书面形式，其结构大致有"两块式"（课题实验的背景或意义、宗旨或目标、内容和原则、成员和方法；报告课题实验的步骤、结果、影响、结论、分析、评价）和"九块式"（提要；导言；文献综述；承研单位及成员；步骤及方法；结果；结论、建议和启示；参考文献和附件）。

5. 专题学术式

摘要，在作者署名的下方应有摘要，客观地反映论文的主要信息，用简洁凝练的语言概述论文的主要内容，一般在 200 字左右；关键词，是从论文的题目、摘要和正文中抽取，对揭示论文的主要内容具有实质意义并具有检索意义的词语，一般为 3~5 个；正文；参考文献和注释。

（三）拟提纲和巧论证

1. 拟提纲

提纲是论文的雏形，通过提纲能把论文的主要观点和结构用文字固定、明确下来，使论文构思更完善，起到组织材料、缜密思考、防止遗漏的作用。通过拟提纲，可以使作者明确文章的中心论点和分论点。中心论点就是全文的核心观点，如血脉一样贯通全篇。要把中心论点阐述得具体切实，就得分解成若干分论点。几个分论点的综合就是中心论点，全文就根据分论点的序列展开。通过拟提纲，还可以安排好分论点的序列，就是按一定逻辑把几个明确的分论点排列起来。常见的安排序列有并列关系、递进关系、主次关系、轻重关系等。拟提纲，还可以使材料对号入座，将要写进文章里的材料按分论点的需要分组入位。

2. 巧论证

进行论证，需要作者有一定的文字能力、写作技巧，会采用一些修辞方法，以增加文章的可读性。论证中应注意：论点要鲜明、突出，能使读者尽快领悟，要保证论点的同一性，切不可中途转弯、扩大、缩小；表述论据要主次分明，语意清楚，详略得当；论证要具有严密的逻辑性，必须根据论点需要，把论据组织起来，使论点和论据编织成一个有机的整体。常用的逻辑论证方法有归纳法、演绎法、类比法。

（四）修改润色

论文的初稿写成后，还要以极大的耐心进行三番五次的修改，以提高论文的质量。修改有"冷处理"和"热处理"的做法。"冷处理"是指初稿完成后，放置一段时间，再以清醒的思路重新审视修改内容，这对论文布局、结构等大的方面修改很有好处。"热处理"是指初稿完成后立即进行修改，对完善、补充和拓展论文有好处。但实践中常常是"冷热结合"，当"热"则"热"，可"冷"则"冷"，目标都是力求一个"精"字。修改时所用符号应规范一致，修改的重点是：重审论点，是否表述得准确、清楚；核实论据是否正确、充分；斟酌布局，整理整篇论文的结构；推敲语言是否通顺、规范、精炼，尽量让语言美不胜收。使读者阅后余香满口、爱不释手，是我们一生的追求！

做人在前，为文在后。德馨而文美，思顺而言清。要想取得令人羡慕的业绩，必须付出超人代价。

六、撰写文章的灵感

（一）从阅读中来

书少非君子，无"读"不丈夫。古人说，人不读书，则尘俗生其间，照镜则面目可憎，对人则语言无味。看来，只有"读书"，才能获得知识和增加智慧。"读书是教师学习活动的另一种形式，笔者在问卷调查中发现，如果把一周几次和几乎每天的行为视作高频率事件，而把极少及从未做过的事情视为低频率事件，那么教师的读书情况并不乐观：有11.1%的教师几乎不读书，出现高频率读书行为的教师只占42%。这与教师对教师职业性质的认识，即教师职业是需要终身学习的职业相比，存在显著差异。同时，我们对几所城区小学进行的读书调查活动发现，教师印象最深刻的书普遍是教材和文学著作。可见，教师是伴随教材成长的。这种阅读资源影响了教师的思维方式，因为教材中的观点往往已达成共识，带有一定的滞后性，对读者的思维缺乏冲击力。"①

读书就是一个积累的过程，在这个过程中，增加知识，生发灵感，形成思维冲突，进而去探究解决，反躬实践。这正是教师写作的一般过程。

（二）从反思中来

反思，就是对教学行为过程进行全面的、客观的分析和思考，从而不断地进行自我调整，通过有意识和既定的活动，提高教育教学质量。叶澜教授曾指出："一个教师写一辈子教案不可能成为名师，如果一个教师写三年教学反思就有可能成为名师。"为了做到与时俱进，我们很有必要对我们的教学行为进行反思，可以经常问问自己：我是怎样教的？为什么要这样教？还可以进行哪些改进？当你真的不断反思的时候，写作灵感就会不断地出现。全国名师李镇西老师曾这样写道："20多年的教育成长经历告诉我，教师的写作，对于教师成长实在是有着十分重要的作用。也许许多老师是因为《爱心与教育》而记住了我的名字，我也因这本书而赢得了许多读者的尊敬，并渐渐被人称作'教育专家'。但其实只有我自己知道，我并不比千千万万的一些普通老师高明多少。常常在外面向同行们做汇报时，我总是说：'其实，我和大家是一样的——对学生的爱是一样，对教育执着是一样，所遇到的困惑是一样，所感受到的幸福也是一样，甚至包括许多教育教学方法或者说技巧都是一样的！如果硬要说我和大家有什么不一样的话，那就是我对体现教育的爱、执著、困惑、幸福、方法、技巧的故事进行了些思考，并把它们一点一滴地记载下来，还写成了书。仅此而已！'"

（三）从交流中来

现实生活中存在一些司空见惯的现象，如果我们能从教育的角度去分析一下，就会发现这些现象是值得重视的，因而就会想方设法去寻找这些现象存在的原因，深入细致地去研究应该采取的对策。其实，我们对这些常见现象的分析，本身就是写作教育文稿的好材料。我们只要把自己的分析、思考写下来，就有可能成为一篇有质量的教育文稿。

更多的时候，这种灵感来自交流的过程中。在日常教育生活中，如果某种现象成为大家共同的话题，这往往说明这是值得深入探讨的问题。

---

① 吴卫东. 论小学教师的学习活动［J］. 课程·教材·教法，2006（7）.

（四）从批判中来

具有批判精神的人，能时刻用批判的眼光看待问题，他能不受传统观念、权威教条的束缚，敢于摆脱原有知识范围的羁绊和思维定式的禁锢，对做什么和相信什么能做出合理的决策。换句话说，一个具有批判精神的人，是不轻易地相信别人的意见，甚至是自己提出的假设或结论的，他只相信经过自己仔细推敲，多次验证，反复思考后得出的结论。所以，当我们在评论一些教育现象时，如果能用批判的态度去对待，不是人云亦云，而是敢于唱反调，那也能写出有质量的文稿来。

（五）从联想中来

我们知道，大千世界的事物千差万别，千姿百态。但是，它们之间总是相互联系的，由此人们就依据这种联系，由此一事物而联想到另一事物甚至是浮想联翩，便自然形成了各种各样的想法，产生了各色各样的思路。所以，联想能使人开阔思路。一个善于联想的教师，当他受到某一事物的启发后，头脑中相关的事情立刻就会被激活，写作灵感便会滚滚而来。

七、从"读文章"的角度看"写文章"

出于工作需要和个人爱好，笔者每年都订阅10余种报刊，平均每个月要读数百篇文章（当然其中的一部分只是浏览而已），每每遇到怦然心动、欣然思动、肃然行动的文章，都会在内心生发出无限的感激、热爱和幸福，这种感激和幸福伴随笔者生活的每一天。

这些让笔者感动的文章，主要有三个特点：言之有物，言之有格，言之有法。

物，在这里是内容和实质的意思。所谓言之有物，就是文章内容实在，说理透彻，能把握所论问题的实质。言之有物是好文章的基本标准，否则，即使语言再优美，辞藻再华丽，表达再充分，也无其价值。从这点上讲，要求我们在动笔之前，先要做一番认真的研究工作，研究一些真问题。真问题不一定是新问题。现在是一个创新的时代，大家都喜欢谈新问题，但往往由于对新问题认识不足，就很难把握问题的内容和实质。其实，很多老问题也特别值得研究，比如"因材施教"问题，有多少人把这个老问题研究透了呢，又有多少人能在教育实践中对其驾轻就熟呢。真问题是实际存在的问题。有一次听顾泠沅教授的报告，他说很多中国优秀教师的教学经验是经过外国的教育研究者总结提升推广的。这不仅使我想到如今我国的教育理论图书市场上，"舶来品"不在少数。在细品其内容时，我不禁会想到，国内没有人能做这样的研究吗？仔细想想，我们的很多文章是就理说理，或者"言必称希腊"，而缺乏与真实教育实际的结合。只有深深扎根于教育实践做研究，文章才会言之有物。

格，即风格和品格。言之有格就是要思想见解独到，认识上有深度，论证的依据充分，不人云亦云，表达和行文上有一定特色。当选好所要讨论的问题后，能否写出好的文章，关键是能不能提出独到的见解，并进行充分有力的论证，或者是合情合理的分析说明。有不少文章谈论的是真问题，但常常停留在对问题的描述和对其发展的陈述上，缺乏分析论证，或者人云亦云，抓不住主旨。由于对问题的认识缺乏深度，思维上就缺少广度，表达上就难以自由，行文上就不容易有自己的特色。这样的文章缺少启发性、借鉴性和可读性，当然算不上好文章。从根源上讲，还是缺乏对真问题的扎实研究。

法，即方式、方法。言之有法，就是指文章结构布局紧凑简约，遣词造句准确到位，文字的节奏、文气贯通，语言表达新颖生动，风格独到，使用"活生生"的语言。言之有法的基本要求或前提应该是没有病句，意思表达要尽可能准确，文章应当明白晓畅，讨论问题直截了当；文章不仅让自己懂，也能让别人懂。从阅读的角度讲，人们喜欢阅读朴素自然的文字，欣赏用浅显的文字表达深刻思想的本领；不喜欢过多地使用概念，尤其是新名词，也不喜欢冗长沉重的文风。写作时，在能用简单方式说清问题的时候，决不采取复杂的方式；在能用自己的话充分说理的情况下，就不要大段引用别人的话。实际上，一般我们所关注和讨论的问题，大部分用日常语言和普通概念就可以讲清楚，如此就不要再故作高深。

上述关于文章的三个特点，简言之就是：文章要反映思想，要反映自己独到的思想，要用流畅自然、易于人接受的方式来反映自己的思想。不管是专家教授，还是教师大众，在好文章的标准面前人人平等。作为普通教师，先努力写出自己满意的文章，再争取写出能让他人也满意的文章。怎样写出满意的文章，方法是唯一的——多阅读、勤实践、勤动笔，即一勤解百难。没有"勤"字当头，再多的专家告诉你再多的"要……"和"应该……"都是无济于事的。反过来，自己不写出令人满意的文章，告诉别人再多的"要……"和"应该……"也是无济于事的。

第二节　教育科研课题研究方案的设计与写作

每一项科学研究都是从发现问题、提出问题开始，教育科研也是如此。而所选题的课题又是从所提出的问题中得到的，所以，要进行选题就必须先提出问题。如果把选题看作是进行教育科研的第一步的话，那么提出问题就是选题的准备了。对于很多要进行教育科研的老师来说，如何选题、怎样撰写课题方案是我们最关心、最困难，也是首先要解决的一项工作。

一、我们为什么要搞教育科研

现在没有人公开否定教育科研的重要性，这里不妨打个比方来说明这个问题。教育领域有教学和科研两个花园，教学花园侧重于让游人参观和欣赏，科研花园侧重于花苗的培育，相当于花圃。我们经常在花园里流连忘返，而忘记关注花圃的发展。如果没有花圃的发展，花园的美景是不会长久的。我们都关注用实际的教学培养学生考取清华北大，教育科研关注的是我们培养学生的方法，即我们是怎样培养学生考取清华北大的，以及怎样培养更多的学生考取清华北大，因此，教育科研与我们的兴趣并不矛盾。

我想，中小学校教师开展教育科研主要是为了学校的教育工作，为了进行教改，为了提高教师素质，为了提高教育质量。我们要进行教育改革，推进课程改革，要培养未来社会各领域的精英人才，要把学校办成独具特色的中华名校，有大量的研究工作要做。比如课程需要研究落实，综合性研究性课程需要开发，一是要研究教材、教法；二是要研究相应的教学管理和教学评价，要正确处理好各类课程的关系、教与学的关系，教师与学生的关系等都需要进行研究。这类研究课题直接影响学校的教育工作，是广大教师的迫切需要。又如，现代信息技术的迅速发展，为教育教学工作提供了全新的环境，不仅给我们教学提供了便利的条件，同时，大量信息的涌入，也对我们提出了不少新的教育问题，需要我们去研究。此外，新形势下的学生德育问题，学生的身心健康问题，等等，都需要我们去研究。我们还应该看到，这类课题的研究，离不开学校教学实践，离不开广大教师的参与，这是教师开展教育科研的最重要的原因。

二、我们需要什么样的教育科研

经过 20 年来的普及指导和研究实践，"向教育科研要质量"已经形成舆论，许多学校把教育科研列入了工作计划，建立了科研组织。现在讨论教师教育科研问题，已经不是要不要科研和能不能进行科研的问题，而是为什么要进行科研和怎样进行科研问题，也就是教师的教育科研应该怎样正确定位的问题。现实中，人们常常误解教育科研，在实践中背离教育科研。流行的观点有以下几种。

（一）塑料花和敲门砖

有人把教育科研比作塑料花，认为只是一种装饰好看但不香的事物；也有人把教育科研当作敲门砖，认为研究报告是评定职称的工具。这些看法有一定的代表性，也是由客观存在决定的。由于存在这些看法，一些学校和教师不是根据教育实际需要，不是选定课题认真地进行研究，而是把力量放到争取课题立项和撰写文章上面，出现了课题设计阶段和结题阶段两头忙，研究过程空荡荡的现象。甚至有的还花钱请人代笔，请"枪手"写报告。这样做，尽管文章洋洋洒洒，并且得了奖，但是研究工作并没有认真地进行，于学校教育工作没有帮助，广大教师也没有参与，得不到真正的提高，失去了学校教师参与教育科研的真正意义。

（二）不顾学校的实际研究能力

选择课题时盲目贪大求全，动辄××教育，看起来非常丰富多彩，系统完整，实际上无法操作，缺乏可行性。课题内容东拼西凑，以点概全，书出了不少，但大体雷同，缺乏新意。而对于与教学密切相关的具体而微的小课题不屑一顾，脱离了教学实际，不解决具体问题。这样的研究，同样无助教学和教师的成长，实际上是社会上浮躁心情在教育科研上的反映。

（三）对教育科研的两极化认识

教育科研是一个不断反思、回顾、批判和总结的过程。在参与教育科研的初级阶段，有些老师对教育科研容易产生两极化认识：要么简单化，大有"不过如此"的感觉；要么复杂化、神秘化，常有"非我所能、非我所为"的哀鸣。

（四）教育科研是少数骨干教师的事

不少中小学教师认为，教育科研与自己的教学没有多大的关系，学校对教师进行评价时并没有就教育科研方面做明确要求，同时教师对教育科研普遍存在着畏惧心理。

（五）教育科研与实际教学不沾边

有的教师误认为教育科研是一种高层次的理论研究，与实际教学是完全脱钩的，解决不了教育教学中出现的实际问题。这种看法也是错误的，中小学教育科研的目的和任务，就是为了提高教育教学质量。教师在教育教学中遇到的问题，不仅可以而且应该成为研究的课题。

（六）教育科研成果就是论文

这种看法也是片面的。在研究的过程中，由于教师不断学习最新教育理论，积极进行思考，认真寻找适当的教育教学策略，促进了自身教育观念的转变、专业能力的发展和教学水平的提高，教师的整体素质得到全面提升。教师的成长和发展才是教师参与教育科研的最大目的。

（七）教育科研增加负担，耽误时间

有教师认为凭自己的经验和个人能力，不搞教育科研照样出成绩，甚至比别人成绩更好，何必没事找事，自讨苦吃。这是经验主义的短视和自欺欺人的虚妄症，其后果不但危及自身，也必会误人子弟，贻误学校。

上述种种情况都有悖于学校教师教育科研的初衷，如果不能纠正，对于教师教育科研将带来重大损害。或者使教育科研搞形式，弄虚作假，浪费大量人力和物力；或者不顾学校实际情况，进行无效劳动，同样造成严重的浪费；或者畏惧教育科研，消极对抗或公开抵制，对学校工作造成不良影响。

三、学校教育科研的特点

苏霍姆林斯基有一段名言："如果你要想让教师的劳动能够给教师一些乐趣，使天天上课不致变成一种单调的义务，那你就应当引导每一位教师走上从事一些研究的这条幸福的道路上来。"中小学教师的教育科研，就其性质而言，是群众性的教育科学研究。这种研究和专业研究的关系，类似于群众体育、群众文艺和专业体育、专业文艺的关系。大家知道专业体育和专业文艺的任务主要在于提高运动水平和发展文学艺术，追求全国冠军、世界冠军，或者诺贝尔文学奖、奥斯卡金像奖，而群众体育则重在健身，重在提高人们的身体素质，群众文艺则注重丰富人民的文化生活，愉悦身心，提高道德素养。二者虽有联系和某些交叉，但价值取向是不同的。与此相似，群众性的教育科研，其主要任务在于普及教育科学，应用教育科学理论指导教育实践，推进教育改革，提高教学质量，提高教师的专业水平。这就决定了中小学教师教育科研的以下特点。

（一）研究目标，强调直接为学校的教育工作服务

中小学教师参与教育科研，必须从学校实际出发，根据学校的特点来进行。学校是专门从事教育的机构，它的社会职能是为社会培养人才，学校必须面对具体的学生，为他们的成长负责。因此，学校的教育科学研究与专门从事教育科学研究的机构不同，它的研究不是一般意义上的为教育实践服务，而是要面对具体的学生，为一个又一个活生生的学生的健康发展服务，为学校的办学水平提高服务。正是由于这一原因，学校才要开展教育科学研究。如果把学校的科研与专门从事教育科学研究的科研院所等同起来，提出过高的研究目标，脱离学校的实际需要，超越学校的需要与可能，那么教育科研将得不到学校的积极支持，即便勉强确立了课题，也无法保证研究的顺利进行，到头来只能产生一些"塑料花"。

中小学教师教育科研的研究目标是多元化的，它不仅仅追求理论成果，更重要的是希望通过科学研究提高教师的专业水平，改进教育工作，提高教育质量。例如，生源差的学校着重研究差生教育问题，生源好的学校热衷于研究英才教育，生源参差不齐的学校则十分关注研究分层教育，他们的研究着重于解决问题的具体方法，力求研究能在学校工作中起到现实的指导、推动和促进作用；对于这些教育的一般规律和有关理论，着重是学习和应用，尽管由于教育的成功，也可以提供大量的经验和案例为理论建设做出贡献，但不是学校研究的主要目标。概括地说，在"教育的成功"和"理论的建树"二者之间，作为学校的研究目标，重点是前者而不是相反。

从为教育科学发展做贡献的角度看，中小学教师的研究并不是没有作为的。但这方面的目标也主要放在应用理论和教育技术方面，而不是进行系统的基础理论研究。这又是学校教师研究与专业研究不同的地方。只有确立正确的研究目标，学校教师的研究才能发挥优势，扬长避短，使研究与教育工作紧密结合，在取得教育实效的同时，得到研究的成果。如果不顾学校实际可行性，盲目追求系统的理论目标，希望在短时间内形成"××教育"的系统理论，其效果可能适得其反。

（二）从研究内容看，中小学教师研究的内容十分广泛

由于教师研究目标的特殊性，必须研用结合，所以涉及学生发展的多方面

的教育、教学和管理问题都是我们研究的对象。其主要特点，一是现实性和应用性，即必须研究学校教育面临的实际问题，与学校教育现实关系不大或没有直接关系的问题一般不是教师研究的课题；二是研究具体而微的问题，追求"短、平、快"的研究效果，因为学校教师承担现实的教育任务，有许许多多具体问题需要即时解决，所以其研究内容必须是具体而微的，宏观的需要长期研究的大问题不适合教师的研究；三是不能完全排除重复研究，因为在一定的时期，学校面对的现实教育问题，往往有其共性，为了解决这些问题，大家都要进行研究，这就不可避免地产生重复。事实上解决同一个教育问题，可以有不同的方法和途径，可以采用不同的策略，因此相同问题的研究，并不妨碍科学的创新。

教育的可变因素十分巨大（有的专家认为有 10 的 7 次方数量级）。因此，学校教师研究的具体而微的课题是如此的浩繁，对于我国为数不多的专业研究工作者来说，是难以一一进行研究的，甚至在教育科学发达的国家，专业研究人员也不能替代教师的研究，这就决定了学校教师研究工作的不可替代性。

（三）从研究的方法看，关键在于用得恰当

学校教师的研究必须服从教育工作的需要，结合具体工作来进行。因此经验总结和筛选，行动研究等与教学紧密结合运行的方法最为实用。通常讲的"在工作中研究，以研究的精神工作"两句话大体可以体现教师研究方法的特点，即将课题研究与教育实践合二为一。有的研究者将这种方法叫作"田园式的研究"。这种研究方法，将研究任务与教育任务结合起来，在研究的时间上提供了保证，符合教师研究扬长避短的精神。另外，文献资料的研究，一定范围的调查研究，学生或教学的个案研究也都是教师可以采用的。我们认为，研用结合，因时因地制宜，是教师进行研究的方法的特点。

认识学校教师教育科研的特点不仅对于教师选择研究课题、明确研究目标、制订研究计划有重要意义，而且对于教育科研的管理，研究成果的评价都有重要的指导意义。

四、怎样发现和选择适合自己研究的课题

"提出一个问题往往比解决一个问题更重要，因为解决一个问题也许仅是一个数学上或实验上的技能而已，而提出新问题，新的可能性，从新的角度去看旧问题，却需要有创造性的想象力，而且标志着科学的真正进步。"（爱因斯坦

《物理学的进化》）

　　课题选择是教育科学研究的第一步工作，这一步能否走好关系到最终研究的成败。因此，历来的研究者都非常重视课题的选择。

　　（一）什么是课题

　　有人认为课题就是问题，这种看法并不确切，因为不是所有的问题都适合作为课题来进行研究的。例如如何开发学生的智力、培养学生能力这样的问题，需要研究的范围太大，不确定因素太多，不是一项研究所能解决的，这种问题只能作为研究方向而不适合作为研究课题。对于这类问题，可以经过适当的分解，使之可以操作才能成为研究课题。如怎样在语文教学中培养学生的阅读能力，每个语文教师都可以结合实际教育工作，提出设想，进行研究，就可以作为一项研究课题。另外有些问题如怎样帮助班级内两个学生解决闹不团结的问题，可能是一种偶然事件，原因比较具体。这类问题，往往没有普遍意义，也不适合作为研究课题，但这类问题的解决，可以作为个案，进行积累，作为个案研究的资料。

　　综上所述，我们认为教育研究的课题，应当是具有一定普遍意义而又具有可操作性的研究问题。这种课题可以从大的研究方向中经过分解而建立，也可以从个案的积累中通过概括而形成。当然，研究和操作能力的大小是相对的。作为个人不能操作的研究问题，也许教研组可以操作；一个组不能操作的研究问题，也许一所学校可以操作；单靠学校不能研究的问题，也许和专业人员结合起来就可以操作。所以研究课题的大小应当是相对的，视研究主体的操作能力大小而定。

　　（二）课题的来源

　　实际工作者选择研究课题一般可以从以下四个方面着手。

　　1. 教育实践中出现的问题

　　从大的方面说，社会发展变化会对教育提出新问题。例如社会发展对公民素质提出新的要求：诚信教育、外语教学等一系列新问题。

　　从教师具体教学实践来看，更有大量问题可以研究。例如学生作业中常见的"粗心"问题。教师可以研究为什么会"粗心"，具体观察和分析产生粗心的原因，研究解决粗心问题的教育对策，有针对性地进行克服"粗心"问题的教育。教师的日常教学中遇到这类问题是大量的，研究这类问题，借助心理学或教育学的理论来分析和解决这些问题，不仅有助于理论的发展，更重要的是直接解决了教育问题，提高了教育质量。

2. 从教育实践的成功经验中提出研究问题

例如，上海闸北第八中学从数学、外语教师教学的成功当中探寻这些教师成功的原因，提炼出一套针对学习基础较差的学生的教学方法，获得了良好的教学效果，形成了"成功教育"的理论。发现经验，总结经验，筛选经验，是我们教师常用的研究方法，也是重要的研究课题的来源。任何一所学校，每一位教师都有成功的或失败的经验，这种经验是我们的宝贵财富，也是研究课题无穷尽的来源。

3. 从教育的争议中选择研究课题

例如，"苦学"与"乐学"的争议，古已有之，你认为"学海无涯苦作舟"，我偏认为"学海无涯乐作舟"。对这一争议的探索，引出了"愉快教育""快乐教育"等诸多研究成果。又例如，人们在推广"成功教育"时，有人提出"挫折教育"的研究，认为必要的适当的挫折对儿童的成长有利，给儿童制造一些困难，可以激励和磨炼他们的意志使他们勇敢坚强。那么什么样的"适度"是可行的，就成了一个研究课题。

4. 从教育理论的应用中找寻研究课题

例如，"知识水平分类"（Bloom）的理论，我们可以用来分析平面几何的教学内容，并依据它来制订教学计划，使这个理论转化为可以实用的教学行为。平面几何可以做，其他学科也可以做。又如，依据"多元智能理论"，我们可以从多角度对学生的发展进行研究。这种实践研究，可以得出很多开发性的研究成果，有利于教学工作。

（三）课题的选择

从上述几个方面我们不难提出许多可以研究的课题，但是我们不可能全部进行研究，必须进行选择，找出最适合自己研究的课题。在进行选择的时候我们可以按以下步骤进行思考。

第一，我们要考虑这个课题的实践应用价值，对于自己的教育工作能不能带来直接效果，能不能将研究与自己教育中面对的现实问题结合起来。一般来说，任何研究课题，都能直接或间接有利于我们的教育实践，但我们是教育的实际工作者，必须首先考虑研究直接有用的研究课题，才能做到工作和科研互相结合，在时间和精力上得到保证，收到"双赢"的效果。

第二，我们要调查和了解有没有人对这个问题已经做过研究，如果还没有人进行过研究或是研究很少，那么这个问题就有较高的研究价值；另一种情况是研究虽然不少，但不深入，也没有一致的意见，这样的问题也是值得研究的；最后一种情况就是研究已经很多，而且有比较成熟的研究成果，对于这种情况，我们首先应该认真学习已有的成果，联系自己教育的实际情况，进行实践和应用，通过实践后的反思，有时也会有所发现，使原有成果得到发展。因此，在选择课题时，多看看教育刊物，收集研究的信息，是一项重要的准备工作。

第三，我们要考虑自己的研究能力，有没有足够的精力和时间，有没有相关的理论、知识和操作技能上的准备。有些研究还需要一定的物质条件和经费。我们必须选择那些既有用而又能够操作的具有可行性的问题作为研究课题。

五、教育科研课题研究方案设计要点

课题设计方案撰写的质量，主要不在于文辞的华美、研究目标的宏大，主要应当看课题研究的意义是否表述得充分、清晰，研究的目标是否明确、具体，研究的内容是否充实，研究的方法是否科学，研究的做法步骤是否切实可行等。写好一个课题研究方案，要抓住以下要点。

（一）课题名称

课题名称就是课题的名字，是对课题最高的概括。它一般应包括课题研究的对象、研究的范畴和研究的方法三部分，简称为"课题名称三要素"。这看起来是个小问题，但实际上很多人写课题名称时，往往写得不准确、不恰当，从而影响整个课题的形象与质量。这就是平常人们所说的"只会生孩子，不会起名字"。那么，如何给课题起名称呢？

1. 名称要准确、规范

准确，就是课题的名称要把课题研究的问题、研究的对象交代清楚，比如我们现在有一个课题名称叫"实施弹性教学，优化教学过程的实验研究"，这里面研究对象就是弹性教学，研究的问题就是教学过程如何优化的问题。有时候还要把研究方法写出来，本课题研究的主要方法是实验研究，这就说得很清楚，别人一看就知道这个课题是研究什么，而有些课题名称则起得不是很准确。作为课题负责人，应该从课题研究的对象、研究的问题和研究的方法即课题名称三要素角度认真审视自己的课题名称。总之，课题的名称一定要和研究的内容相一致，不能太大，也不能太小，要准确地把研究的对象、问题概括出来。

规范就是所用的词语、句型要规范、科学，似是而非的词不能用，口号式、

结论式的句型不要用。因为我们是在进行科学研究，要用科学的、规范的语言去表述我们的思想和观点。这里有一个课题名称叫"培养学生自主学习能力，提高课堂教学效率"，如果是一篇经验性论文，或者是一个研究报告，作为题目，我觉得不错，但作为课题的名称，我认为不是很好，因为课题就是我们要解决的问题，这个问题正在探讨，正在始研究，不能有结论性的口气。

2. 名称要简洁，不能太长

不管是论文或者课题，名称都不能太长，能不要的字就尽量不要，一般不要超过20个字。主题鲜明，措辞准确。

（二）课题的大小

课题的大小主要由它的研究对象、研究范畴和研究方法决定。因此，我们可以从这三个方面把一个大课题转化为可操作的较小的课题。

例：调动高中学生英语学习兴趣的研究——调动高一学生英语学习兴趣的研究——调动高一学生英语课堂学习兴趣的研究——调动高一学习困难学生英语学习兴趣的研究——通过创设情景调动高一学生学习兴趣的研究——高一学习困难学生英语学习兴趣的调查研究。

中小学教师的课题研究，一般应当根据自己的能力，选择较小的课题进行研究。比如，适合学校教师个人研究的课题有：（1）短答式问题作业与选择题作业对学生记忆效果的比较研究；（2）学生自主选择课外活动内容的观察研究。

（三）课题研究的目的和意义

研究的目的、意义也就是为什么要研究、研究它有什么价值。这一般可以先从现实需要方面去论述，指出现实当中存在这个问题，需要去研究，去解决，本课题的研究有什么实际作用，然后再写课题的理论和学术价值。这些都要写得具体一点，有针对性一点，不能漫无边际地空喊口号，不要都写成是坚持党的教育方针、实施素质教育、提高教育教学质量等一般性的口号。我对国家青年基金课题《依托校园网自主建设网络资源的实践与研究》的研究目的是这样表述的："建设符合教学和学习需要的校园网络资源，探索校园网络资源建设的科学、有效途径和措施，为兄弟学校和本地区的校园网建设提供借鉴。"这样有针对性地写，使别人一看就觉得的确有价值，科学性、实用性比较强。

课题研究的意义，一般可以分为两个层次进行阐述：（1）教育意义；（2）研究意义。课题研究的教育意义，指课题研究对学生带来的教育效果，是进行研究的前提和必要条件。可以通过揭示学生学习中存在的问题用典型事例或数据进行阐明，也可以从教育面对的大形势进行阐述，但这种叙述，必须由远及近，落实到具体的研究问题上，不可空泛。

课题的研究意义，是课题的研究价值或学术价值。只有同时具备了教育意义和研究价值的问题才具备立项的充分条件和必要条件。

由上述可见，课题设计必须做好两项准备工作：（1）现状调查；（2）研究文献和研究信息的分析。初步的调查研究，是课题设计的必要准备，深入细致的调查研究本身也是研究的成果。

（四）课题研究的目标

课题研究的目标也就是课题最后要达到的具体目的，要解决哪些具体问题。相对于研究目的和意义而言，研究目标是比较具体的，不能笼统地讲，必须清楚地写出来。只有目标明确而具体，才能知道工作的具体方向是什么，才知道研究的重点是什么，思路就不会被各种因素干扰。

下面是广东省教育科研"九五"规划重点课题《学科教学与素质教育》研究实验方案所写的课题研究目标：

1. 通过实验研究，总结出中小学各学科实施素质教育的特点和规律；

2. 提出在中小学学科教学中实施素质教育的意见；

3. 制定中小学各学科教育中实施素质教育的目标和评价方案；

4. 初步形成素质教育机制下的中小学学科教学基本理论；

5. 全面提高实验学校学生的素质，促进实验学校教育质量的大面积提高；

6. 促进实验学校教师素质的提高，造就高水平的科研队伍。

再比如，由广东省教育科学"十五"规划青年课题《高中分科分层教学的研究与实践》所确定的研究目标是：

1. 探索建立高中分科分层教学的整体管理机制；

2. 探索分析学习困难生的特点及其解决方式；

3. 探索对学习特优生的教学方式和培养方式；

4. 探索考核分科分层教学的评价方式；

5. 探索分科分层教学与信息技术的整合。

确定课题研究目标时，一方面要考虑课题本身的要求，另一方面要考虑课题组实际的工作条件与工作水平。

（五）课题研究目标的分解

较大的课题的研究目标，要适当分解，以便建立子课题，进行分工操作，一点一点地去做。例如，"调动高中学生英语学习兴趣的研究"课题的总目标是研究探寻调动高中学生学习英语的积极性的方法和途径，可以分解为：

1. 调查高中学生英语学习的现状与存在问题，研究相应的对策；

2. 研究如何通过创设情景调动高中学生英语学习的积极性；

3. 研究在课堂教学各个阶段如何调动高中学生英语学习的积极性；

4. 研究在课堂教学中如何调动学习困难学生学习积极性；

5. 研究如何运用电化手段调动学生英语学习的积极性；等等。

研究目标的分解是否科学与合理，要做一点分析，较为严格的要求是各子目标各自独立，互不包容。至少要求相对独立，每个目标有其独特的内容，不同于其他目标。

类似于课题的分解，这些研究目标也可以分解成为一些更小的目标，并在此基础上建立小的分课题或子课题。

（六）课题研究的内容

有了课题的研究目标，就要根据目标来确定我们这个课题具体要研究的内容，相对研究目标来说，研究内容要更具体、明确。并且一个目标可能要通过几方面的研究内容来实现，他们不一定是一一对应的关系。大家在确定研究内容的时候，往往考虑得不是很具体，写出来的研究内容特别笼统、模糊，把研究的目的、意义当作研究内容，这对我们整个课题研究十分不利。课题研究的内容应当依据研究目标展开。因此，我们要学会把课题进行分解。

例如："实施双语教学的可行性研究"必须研究：

1. 双语教学的理想目标和最低目标（作为判定是否可行的标准）；

2. 实现双语教学最低目标的师资要求；

3. 实现双语教学最低目标的教学内容选择和教案编制；

4. 实施双语教学最低目标对学生基础的要求；

5. 其他，如校园环境，家长配合，等等。

（七）关键词的解释

表述课题研究主要概念的词语，称为关键词。这些关键词不仅对于课题的清晰表述具有重要意义，而且对于课题的实践操作具有重要作用。一般情况下，关键词的涵义都很明确，无须解释，例如"高一学生"，但有时有些关键词涵义不是很清晰或有多种解释，在这种情况下，就必须根据研究的需要加以界定。例如"学习困难学生"这个词，由于有多种解释，就必须加以界定。在《学习困难学生的成因调查与对策研究》课题中，就做了如下的界定："所谓学习困难学生是指智力正常而又长期达不到教学目标的学生。"在实际调查时，课题组还将这个概念具体化，以利于操作。

（八）课题研究的理论依据

我们现在进行的课题基本上都是应用研究和发展研究，这就要求我们的研究必须有一些基本的理论依据来保证研究的科学性。比如：我们要进行活动课实验研究，我们就必须以课程理论、学习心理理论、教育心理学理论为研究试验的理论依据。我们进行教学模式创新实验，就必须以教学理论、教育实验理论等为理论依据。

（九）国内外研究现状、水平和发展趋势

本部分主要就是本课题有没有人研究、研究达到什么水平、存在什么不足以及正在向什么方向发展等内容。开题报告写这些内容一方面可以论证本课题研究的地位和价值，另一方面也说明课题研究人员对本课题研究是否有较好的把握。我们进行任何科学研究，必须对该问题的研究现状有清醒的了解，这在第一部分已经谈到。

（十）现有基础

主要是人员基础和物质基础。很多课题对人员和设备方面要求是比较高的，如果基本的研究条件都没有，这个课题同样不能立项。

（十一）课题研究的方法

适合教师教育研究的方法很多，包括历史研究法、调查研究法、实验研究法、比较研究法、理论研究法等。一个大的课题往往需要多种方法，小的课题可能主要是一种方法，但也要利用其他方法。

课题研究必须注意方法的科学性。方法正确，研究的效果就比较好。我们在应用各种方法时，一定要严格按照方法的要求，不能不三不四，凭经验、常识去做。比如，我们要通过调查了解情况，制订调查表，进行分析，不是随随便便发张调查表，搞一些百分数、平均数就行了。例如调查学生的学习负担，可以称书包的重量，可以发问卷，也可以用测试的方法，比较而言，测试的方法正确性最高。又如学生道德观念现状的调查，用两难测验效果就比较好。对比实验的效果比较，不能用不公平的测试方法，等等。要学会研究的方法，可以找些书籍阅读，也可以看相关的研究报告，进行学习和应用。

（十二）课题研究的步骤

也就是课题研究在时间和顺序上的安排。研究的步骤要充分考虑研究内容的相互关系和难易程度，一般情况下，都是从基础问题开始，分阶段进行，每个阶段从什么时间开始，到什么时间结束都要有规定。长远的设计叫规划，近期的安排叫计划。

（十三）研究日程与分工

长打算，短安排。研究日程与学校整体工作日程相一致，保证课题研究获得成果。其中定期的课题组研讨日程必须落实。在方案中，要写出课题组长、副组长、课题组成员及分工。课题能否立项主要看参加人员的整体素质与水平，尤其是课题负责人的水平。课题组组长就是本课题的负责人，如果参加人员和负责人既没有理论又没有实践经验，这个课题就无法很好地完成，也就无法批准立项。课题组的分工必须是要分得明确合理，争取让每个人了解自己工作和责任，不能吃大锅饭。但是在分工的基础上，也要注意全体人员的合作，大家共同研究，共同商讨，共同克服研究过程中的各种困难和问题。

（十四）课题研究的成果

研究成果应当是研究目标的回应，是针对原课题设计的目标做出的回答。课题研究的成果形式主要有经验总结、研究报告、论文、专著、软件、课件、自编教材等多种形式。课题不同，研究成果的内容、形式也不一样，但不管形式是什么，课题研究必须有成果，否则，就是这个课题就没有完成。

（十五）经费估算

就是课题在哪些方面要用钱，用多少钱，怎么管理等。

六、教育科研课题示例：中国城市高中生家庭背景调查

课题负责人：杨东平 王 雄

技 术 支 持：石耿修

课题组成员：朱正标 倪震祥 朱 能 徐赐成 夏辉辉 方 明
周 靖 陈 红 马信祥 邓 惠 梅冬刘 超等。

本研究通过对 6 省市 8 所高中学生的家庭背景调查，以及对某重点学校高中生近 30 年来学生家庭背景的调查，揭示重点高中教育机会的公平状况及变迁情况。结果显示，政府管理者、企业管理者与专业技术人员等传统和新兴的优势阶层获得了最多上重点高中的机会，而社会弱势阶层享受优质教育资源的机会则逐渐减少，尤以工人、农民的子女下降最为显著。说明高中阶段教育公平的任务仍很艰巨。

改革开放以来，我国的社会结构发生了巨大的变化。为了解当前城市重点高中学生的家庭背景，课题组在全国 6 省市 8 所高中进行了抽样问卷调查。同时，选取江苏省某重点中学，通过对学生档案的研究，分析改革开放 30 年来学生家庭背景变化的轨迹。

（一）2008 年中国城市重点中学高中生的家庭背景

长期以来，我国基础教育领域实行的是一种"等级化的学校制度"，由于存在着城市和农村、重点学校和非重点学校两重的"二元结构"，从而形成城市重点学校、城市普通学校、农村重点学校、农村普通学校这样的等级序列。城市重点学校居于学校系统的最高端，具有最强的升学能力，集中了最多社会优势阶层的子女。事实上，大学学生的社会阶层背景，与高中生的社会阶层背景是基本同构的，高等教育入学机会状况是高中教育的直接延续。因而，调查重点高中学生的家庭背景，对于认识高中阶段乃至大学阶段教育公平的状况，具有重要意义。我们抽取了江苏、湖北、河北、浙江、广东和上海 6 个省市 8 所重点高中。其中，县城高中 2 所，中等城市高中 2 所，新兴城市 1 所，大城市高中 3 所。学生来源的城乡分布比较均衡见表 3 - 1。被调查者为高一或高二学生，样本总数 1219 名。调查采用网络答卷方式，由教师带领学生进入学校计算机房，经过专门指导后，学生按照网页上的提示答卷，最终收回有效答卷 1111 份，有效率为 89.96%，数据统计用 Excel 2003 进行处理。调查后又对部分教师做了访谈，了解一些突出问题。

表 3 - 1　中国城市重点中学高中生家庭背景调查的样本分布情况

地区	乡村	乡镇	县或县级市	中等城市	大城市
人数（人）	235	219	251	276	238
百分比（%）	19.27	17.96	20.59	22.64	19.52

1. 我国城市重点中学高中学生的家庭背景

改革开放以来我国社会结构变迁的特点是，传统的主要按照政治地位分层的身份制度逐渐被打破，社会阶层分化，经济地位成为社会分层的重要因素。这与世界多数国家现代化过程中社会结构演变趋势是一致的。根据陆学艺的研究，当代中国具有十大社会阶层，即国家与社会管理者、经理人员、私营企业主、专业技术人员、办事人员、个体工商户、商业服务人员、产业工人、农业劳动者、城乡无业、失业或半失业者。我们以此进行高中生家庭背景调查。

调查显示，在我国城市重点中学中，来自个体工商户家庭的高中生最多，达19.71%。其次是产业工人（16.65%）与专业技术人员（13.86%）；国家与社会管理者处于中等，为6.66%，比例最低的是办事人员阶层、商业服务业员工阶层，分别是2.07%、5.22%（见表3-2）。

表3-2 我国城市重点高中生家庭背景的分布（%）

类　别	Ⅰ学生家庭背景	Ⅱ社会结构	两者差距Ⅰ-Ⅱ
国家与社会管理者	6.66	0.46	+6.2
经理人员	9.63	0.50	+9.13
私营企业主	11.79	0.54	+11.25
专业技术人员	13.86	6.80	+7.06
办事人员	2.07	3.41	-1.34
个体工商户	19.71	10.14	+9.57
商业服务业员工	5.22	6.35	-1.13
产业工人	16.65	13.77	+2.88
农业劳动者	8.28	53.11	-44.83
城市无业、失业半失业者	6.12	4.78	+1.34

说明：社会分层数据采用2005年全国统计，引自陆学艺.2000—2005年：我国职业结构与社会阶层结构变迁［J］.统计研究，2008，25（2）.

然而，真正说明教育公平状况的，是将不同社会阶层的子女在重点高中的比例与该阶层在社会总体中的比例进行比较，两者比较接近的，可以认为比较公平；差距越大，则说明比较不公平。重点高中的学生来自5个社会优势阶层的人数明显高于其阶层所占的社会比例，差距最大的3个阶层为私营企业主（+11.25%）、个体工商户（+9.57%）和经理人员阶层（+9.13%），反映在当代社会变革中受益最大的新兴经济阶层，迅速地将经济资本转化为文化资本。另外两个是传统的优势阶层，即国家与社会管理者阶层（+6.2%）和专业技术人员阶层（+7.06%），他们仍然在重点学校中保有传统的优势。

具有明显的负差距的是农民阶层。来自农民家庭的学生比该阶层的社会比例，低了将近45个百分点。比较而言，工人子女的教育机会算是相对合理的，比社会比例高出约3个百分点。

如按社会分层的一般概念，将前4类（国家与社会管理者、经理人员、私营企业主、专业技术人员）归类为"上层和中上层"，5、6类（办事人员、个体工商户）归为中层，7、8类（商业服务业员工、产业工人）归为下层，则"上层和中上层"学生所占比例为41.94%，中层的比例为21.78%，下层的比例为21.87%，底层（农民、城市无业、失业、半失业者）的比例为14.4%。

这就是说，与下层较大、上层较小的宝塔形的社会结构相反，重点学校学生的家庭背景结构是"倒三角形"的，即上中层的比例最大，而下层的比例较小。这显示出不同社会阶层的子女进入重点高中的机会存在极大差异，占据社会经济资源、组织资源和文化资源的社会阶层处于相对优势，而缺少这些资源的社会群体则处于相对劣势。

2. 不同类型城市重点中学高中生的家庭背景

不同类型的城市经济社会发展存在着显著差异。我们将所选城市归为四个类型：江苏省南京市、河北省石家庄市为省会城市，广东省东莞市为新兴城市，湖北省宜昌市、江苏省扬州市为中等城市，浙江省海宁市与江苏省洪泽市为县级城市。四类城市高中生家庭的社会阶层分布见表3-3。

表3-3　四种类型城市高中生家庭背景的分布（%）

类别	总体	省会城市	中等城市	新兴城市	县级市
国家与社会管理者	6.7	7.1	7.7	6.7	4.8
经理人员	9.6	10.4	9.8	10.0	5.5
私营企业主	11.8	8.3	14.4	22.4	7.7
专业技术人员	13.9	12.8	18.8	9.0	11.0
办事人员	2.1	1.3	4.1	1.4	1.4
个体工商户	19.7	21.4	11.8	31.0	20.6
商业服务业员工	5.2	6.3	6.6	3.3	5.1
产业工人	16.7	17.0	15.1	4.8	24.6
农业劳动者	8.3	10.0	7.3	4.3	11.9
城市无业、失业和半失业者	6.1	5.6	4.6	7.2	7.1

　　不同城市学生家庭背景的差异，与城市的社会结构直接相关，比较明显的区别主要是个体工商户、私营企业主、产业工人以及专业技术人员的多寡。

　　同样，如果将 10 大阶层大致归并为四类，则四类城市高中生家庭背景的构成如表 3 - 4 所示。社会上层和中上层学生的比例在中等城市和新兴城市最高，分别为 50.7% 和 48.1%，而下层和底层学生的比例在县级市最高。

　　东莞这样的沿海新兴城市比较特殊，由于其私营企业主和个体工商户的比例大大高于一般城市，因而其上中层和中层的比例均高于总体；但来自产业工人家庭和农民家庭的学生比例却明显低于其他各类城市，是很不正常的。显示其在快速发展过程中阶层分化对高中教育机会的影响更甚于其他城市。来自工人家庭学生较少的原因，可能是工人的主体主要是农民工，他们还不具有进入重点高中的能力。

表 3 - 4　我国四类城市高中生家庭背景的构成（%）

类别	总体	省会城市	中等城市	新兴城市	县级市
政府、经理、私企、专业人员	41.9	38.6	50.7	48.1	29.0
办事人员、个体户	21.8	22.7	15.9	32.4	22.0
商业服务业、工人	21.9	23.3	21.7	8.1	29.7
农民/城市无业、失业、半失业者	14.4	15.6	11.9	11.5	19.0

　　整体而言，处于最底层的城市无业失业人员的子女，在重点高中所占的比例并不低，与其社会结构相似。在访谈中，了解到他们一部分是由于成绩优秀，通过考试录取重点高中；有些学生本人的家庭经济条件虽然不好，但得到亲戚的帮助。

　　（二）1978—2008 年某重点中学高中生家庭背景的变化

　　为了深入了解改革开放 30 年来学生家庭背景的变化，我们对江苏省某重点中学历年的学生档案进行研究，以认识这一变化的特点和趋势。我们对 1978、1988、1998、2008 四个年度，各抽取 4 个班约 200 人为调查对象，样本分布见表 3 - 5。

表 3 - 5　1978—2008 年江苏省某重点中学高中生档案抽样有效人数

年份	1978	1988	1998	2008	总计
人数（人）	217	178	194	272	861
占抽样总数的百分比（%）	25.2	20.7	22.5	31.6	100

　　档案研究的困难，首先是家庭背景的含义发生了变化。30 年前，高中生入学时所填写的"家庭出身"，主要指其父亲或祖父的政治身份，分为工人、农民（贫农和下中农、中农）、革命干部、革命军人、教师、医生、职员、城市贫民等，这一政治身份直接关系到学生未来的发展。改革开放以来，政治身份逐渐失去了鉴别学生的作用，从 1992 年起，一般不再填写家庭出身，只填写父母工作单位。家长职业成为社会分层研究的主要依据。

　　然而，不少档案填写不规范，缺少相关信息。例如 1998 年至 2008 年的记录只填写父母的工作单位，难以判断其实际工作岗位和社会地位。一些档案中"家庭出身"的理解混乱，如工人子女填为"贫农"，实际是其祖父的身份。"干部"身份的使用也比较宽泛，与现在主要指公务员不同，工厂的车间主任也被填写为干部，类似的还有"知识分子"的身份。我们在统计时按照父亲的工作单位来判断，在进行统计分类时按具体情况加以甄别。

　　1.30 年间某重点中学高中生的家庭背景

　　综合考虑上述困难，为了能够对 30 年前后的学生家庭背景进行有效比较，我们将学生家长的职业归类分为政府管理者、企业管理者、专业人员（教师、医生等）、工人、个体工商业者、商业/服务人员、农民、打工者 8 类，进行社会分层研究，结果见表 3 - 6。

表 3 - 6　1978—2008 年某重点中学高中生的家庭背景（%）

类　　别	1978	1988	1998	2008
政府管理者	17.5	20.2	22.2	17.7
企业管理者	7.8	19.7	/	43.0
专业人员（教师、医生等）	19.4	27.6	14.9	16.9
个体工商业者	0	0	3.6	8.8
商业/服务人员	12.4	2.2	9.3	6.3
工人	37.3	29.2	/	3.3
农民	5.1	1.1	4.6	1.1
打工者	0	0	0	1.5

　　说明：1998 年的数据，企业管理者与工人合计为 45.5%，但未能区分。

　　由表 3 - 6 可见，1978 年重点中学高中生的家庭背景呈现的基本是"文革"晚期的社会形态。来自工人家庭的比例高达 37.3%，高居首位，超过了政府、企业管理者和专业人员子女的总和；其次是教师、医生等专业人员，占 19.4%；

来自政府干部家庭的占 17.5% ；来自商业、服务等领域的占 12.4% 。虽然学校向农村和城郊招收优秀学生，但只有 5% 来自农民家庭；其他个体、打工、自由职业阶层尚未形成。

1988 年重点中学高中生家庭背景与 10 年前相比最突出的特征是，来自政府官员、企业管理者和专业人员家庭的学生人数比例迅速上升，分别达到 20.2% 、19.7% 和 27.6% 。商业服务人员、农民、工人子女的比例则明显下降。

1998 年重点中学中，来自不同社会阶层的高中生人数发生了一些新变化。政府、企业管理者增加的趋势不减，但教师、医生等专业人员数量下降到 14.9% 。商业/服务人员和农民子女都略有增加，分别为 9.3% 和 4.6% 。个体工商户的子女虽然只有 3.6% ，但是作为新的阶层开始崭露头角。

2008 年重点中学高中生，与 1978 年相比，家庭背景的构成更为多样化，在原有的社会阶层之外，出现了个体工商户、打工者和自由职业者。虽然企业子女的比例与 30 年前大致相当，但内在的构成却大不相同，企业管理者由 1978 年的 7.8% 跃升为 43% ，取代工人成为比重最大的群体，工人子女的比例则从 30 年前的 37.3% 急剧下降为 2008 年的 3.3% ，农民子女的比例仍然是稀有的 1.1% 。

2. 重点中学高中生家庭背景的归类分析

高中生家庭背景的数据，显示了 30 年来不同社会阶层获得重点高中教育机会的变迁轨迹。其主要特点包括以下几方面。

（1）优势阶层子女所占比例持续上升

占据优势地位的社会阶层，主要指政府管理者、企业管理者、教师和医生等专业人员。30 年来，他们的子女由占总数的不到一半，增加到七成以上。其中增加最快、最显著的主要是企业管理者阶层，从 1978 年的 7.8% ，1988 年的 19.7% ，跃升为 2008 年的 43% ，成为各阶层中人数最多的群体，显示出在经济改革以后，企业管理者家庭的子女更多地进入了重点高中。

表 3 - 7 1978—2008 年某重点中学高中生不同社会阶层的比较

类别	1978	1988	1998	2008
政府、企业、专业人员	44.7	67.5	/	77.6
个体、商业、服务	12.4	2.2	12.9	15.1
工人、农民、打工	42.4	30.3	/	5.9

说明：1998 年的数据，企业管理者与工人合计为 45.5% ，但未能区分，因此无法归类统计，变化趋势可从前后数据中认识。

（2）中间阶层的比重相对平稳

如表 3 - 7 所示，个体、商业、服务人员构成了一个处于中间状态的阶层。在处于次要地位的社会阶层中，商业、服务人员在计划经济体制下的社会地位尚可，1978 年所占比例为 12.4%。但随着经济改革的不断推进，这个阶层子女的比重不断下降。个体工商户成为这一层面新生长的力量，从而保持了该层面基本稳定、略有提高的状态，从 30 年前的 12.4%，增为 2008 年的 15.1%。不难想象，个体工商户中很多人正是从传统的商业、服务系统转移出来的。

（3）工人从优势阶层转变为"弱势"

如图 3 - 1 所示，与企业管理阶层快速上升的趋势相反，产业工人的比例急剧下降。工人子女在该校的比例，从 1978 年的 37.3 开始迅速下降，1988 年为 29.2%，1998 年数据空缺，到 2008 年只剩下 3.3%。30 年下降了 34%，是所有社会阶层中下降最多的。这与 90 年代以来大规模的国企改革、裁撤大量工人的变迁有关。尽管在这些城市仍然有大量产业工人，但他们的身份却主要是"农民工"。事实上，产业工人已经成为当前社会阶层中的"弱势群体"。农民子女由 30 年前的 5.1% 下降为目前的 1.1%，是名副其实的"底层"。

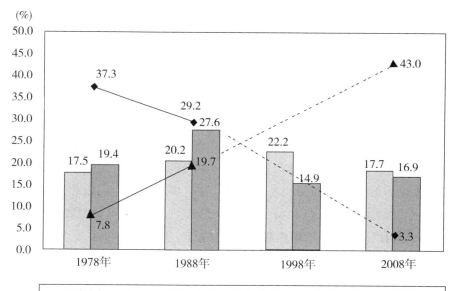

图 3 - 1　1978—2008 年 30 年来某重点中学高中生家庭背景结构的变化（%）

综上所述，在社会阶层不断分化的今天，城市重点中学高中生的家庭背景与 30 年前相比，已经发生了很大变化。中产阶层崛起形成的新的社会结构，开始取代传统的"两个阶级一个阶层"（工人阶级、农民阶级和知识分子阶层）的计划经济社会。政府管理者、企业管理者与专业技术人员等传统和新兴的优势阶层获得了最多重点高中的机会，社会中下阶层则缺乏公平获得享受优质教育资源的机会，处于弱势地位，尤以工人、农民子女下降的最为显著。说明高中阶段教育机会公平的任务仍很艰巨。（该课题主要负责的课程组为："全国中小学教育现状调查研究"课题组，本报告为 21 世纪教育发展研究院"全国中小学教育现状调查研究"课题成果之一。）

第三节　小课题研究——校本研究的有效形式

教育科研对于学校发展的作用和意义在实践中不断地得到阐发和强化，但中学教师的教育科研能力在一定时期内还是难以尽如人意，教育科研的实际作用也就难以真正发挥。因此，校本教研的概念和理论就应运而生，校本教研提出了"个人反思、同伴互助、专业引领"的教研理念，但在实践中我们又常常困惑于找不到一种切入点和落脚点，教研活动有名无实，起不到应有的作用。我校通过开展"小课题研究"，使校本教研取得了良好效果。

一、自诊—会诊：教师教学问题诊断

教师开展教育科研的首要目标是要能解决教学中的实际问题。校本教研的要义之一就是研究要基于学校实际问题，教师面对的最实际的问题莫过于教学问题，尤其是在实施课程改革的过程中，教师面临着教学领域的诸多新问题，而且每位教师面临的问题可能各有差异。在这种背景下，学校要求教师填写《课堂教学问题诊断表》《课堂教学问题诊断表》，表中的项目主要有：实际工作中的问题与困惑、问题的聚焦与定位（选题）、解决问题的意义、问题在你的班级（或工作情境中）的严重程度（研究的起点调查）、问题可能的原因（多从自身教学和管理行为及教育观念方面去反思）、拟采取的措施（可操作性）、日常监督方法（收集资料的方法）等。通过这份表，教师对自己教学中存在的突出问题进行梳理，并提出初步的解决方案。

在此基础上，提交教研组讨论，对教师提出的问题及改进方案进行集体评

议并进行修改。如果教研组内有其他老师的问题与其类同，则形成"同伴互助"，结成小课题组，发挥集体的力量，共同进行探讨，共同设计解决问题的方案，寻找解决问题的方法与策略，并在教学实践中加以运用和验证。这样，就在组内形成小课题研究主题。这样的研究课题来自老师的教学实践，教师参与的积极性非常高。比如在本学年，我们确定了"课堂讨论的教学组织研究""科技活动日中如何培养学生的动手能力""有感情朗读课文的方法指导研究""学生'一日打工'活动中的交际技巧"等问题。

二、问题化归：学科项目建设

数学研究中有一种重要的思想方法叫化归思想，就是把未知问题化归为已知问题，把复杂问题化归为简单问题，把非常规问题化归为常规问题，从而使很多问题得到解决的思想。通过教师自我诊断和组内会诊，教师就确定了针对自我的小课题开展研究，教研组则把这些具体问题提交学校教科处，教科处组织教研组长和学科骨干教师进行专门讨论，对这些具体问题进行综合整理，把一个个具体问题化归到学科主要问题之下，各学科组在若干个学科主要问题中，确定一到两个问题为学科研究主题，作为一个特定阶段（以学年为单位）的学科项目建设的内容。

比如，实施课程改革改革的过程中，数学老师普遍反映"几何画板"对教学和学习都非常重要，数学组就确定"运用几何画板辅助数学学习"学科项目建设，学校则安排网络中心的老师为数学组提供技术支持和帮助，结果，不仅每一位数学老师都能很熟练地使用几何画板辅助教学，而且有相当一批学生也能熟练应用几何画板进行数学学习，这在公开课中使很多老师连连称奇，真正做到了信息技术与学科教学和学习的整合。再比如，现在很多非英语老师也能使用英语进行一般的日常对话，部分学生也喜欢在课外与非英语学科老师用英语聊一阵儿，但英语老师发现老师们的英语口语有不够规范的地方，就根据实际需要确定"校园英语口语建设"作为学科项目建设，目前已经编辑出了《校园英语口语系列》，分为双语教学、班会、集会等多种场合的诸多主题。这样就促进了全校的英语学习和使用水平。

三、网状管理："问题解决"校本教研模式

在自诊、会诊教师教学问题的过程中，学校教科处就能比较全面和准确地掌握教学实践中存在的突出的真实问题，由此就能比较准确地确定学校教学科

研工作重点，并根据各学科的学科项目建设选择学校在某一阶段要解决的突出问题，以及解决这些问题的主要策略和方法。由于问题是真实的、是有实际价值的，也就能得到教师的真正支持和欢迎，在具体推进的过程中就容易调动年级组、教研组和教师的参与，从而形成以"问题解决"为核心目标的校本教研网络工作模式和管理模式。

2005年新学年开始时，通过自诊会诊，老师们普遍觉得怎样实施探究性教学是需要探讨的问题，历史组和物理组的学科项目建设都以学科探究性教学为重点，这也确实是课程改革课堂教学的一个热点和实际问题。为推进教研组和教师的研究，教科处就组织以探究性课堂教学为主题的全校公开课、学术沙龙、专题报告和讨论，在每一项活动中，老师们参与的热情都非常高，效果当然比被动参与要好很多。

四、整体推进：逐步提升小课题研究的水平

老师们在"小课题研究活动"中逐渐产生了对学习的需求，学校就帮助教师有针对性地阅读相关的教育专著、专业理论书籍，夯实教师在"小课题"领域内的理论基础，以站在更高的层面来审视课题，促使教师实现对研究课题从感性认识到理性认识的升华。由于理论知识学习的针对性和实用性，老师们的积极性非常高，普遍订阅了三种以上专业刊物。同时学校还邀请专家到校指导"小课题研究"工作，以先进的教育理念指导研究活动，为"小课题研究活动"导航。

同时，学校非常注重小课题研究者之间的相互借鉴和学习。我们身边有很多鲜活的案例和成功的经验，在信息时代，对身边经验和成功案例的熟视无睹或者无动于衷是对宝贵资源的最大浪费。聆听小课题研究成功者的报告，让教师了解自己研究的课题的价值，站在别人的肩膀上进行教学研究，能够少走弯路。同时，为了促进教师个体反思和教师群体反思的有效结合，我们开展了同课题研讨课、观摩课、座谈等活动。这些活动，促使老师们兼收并蓄，积极吸收、消化同行的教学成果，为我所用，主动建构，反思自己的教学行为，总结出行之有效的教学经验，并再次运用于教学实践，从而形成自己个性化的课堂教学策略和教学模式。

为鼓励和推动学校小课题研究，使更多的教师参与教育教学研究，从而使教育科研真正能为提高教育教学质量服务，学校把一些优秀的个人小课题提升为"个人课题"在校内立项，并积极向上级教研部门推荐立项。"个人课题"

是教师个人提出的，主要解决教师个人教育教学中出现的实际问题，有自己的个性特点，研究过程有教师个人的相对自由，包括课题选择和课题运作，研究的主动权在教师自己手里，进度的快慢和方法的选择由自己决定，又直接来自教学实践，切合教师的实际需要，有助于解决教育教学实践中遇到的问题。整个研究过程体现的是"问题就是课题、对策就是研究、收获就是成果"，从而使教师对教育科研更亲近、更有热情，学校教育科研的实效性得以大大增强。

第四节　对教育科研的认识和体会

知识经济时代的到来，使教育在人类发展过程中的基础性作用再一次受到国人、世界的普遍重视。江泽民同志曾指出："要从科教兴国战略能否取得成功的高度来认识教育问题、开展工作"。中科院原院长路甬祥说："要把我国巨大的人口负担转化为人才资源，靠的是教育"。为了 21 世纪中国的发展和腾飞，我国政府在 20 世纪 90 年代初提出了"科教兴国"战略，而日本、美国和西欧各国则在 20 世纪 80 年代中期就相继提出了"科技立国""星球大战计划""尤里卡计划"等发展战略。国家的实力在经济，经济的发展靠教育，教育的振兴在教师，教师的素质最关键。而教师的素质又具体体现在教育教学和教育科研两个方面。对教师素质的最高要求就是教育科研与教育教学相结合，两方面素质相辅相成、相得益彰，从而有效地提高教育教学质量。然而，"不在其位，不谋其政"，许多教师由于观念、精力、经历等方面的原因，对教育科研重要性的认识并不清晰，甚至轻视教育科研。笔者就此结合自身工作谈些肤浅体会。

一、中小学教育科研

中小学教育科研是多层次、多形式的。从研究方法来看可以分为观察研究、调查研究、实验研究、行动研究、文献研究，个案研究及包括多种方法的综合研究等形式。不同形式的研究针对性不同，解决的问题也有区别，可以满足学校教育工作中多种问题解决的需要。从研究水平和要求来看，可以分为相互联系、相对独立的三个层次：经验总结层次、专题研究层次、课题研究层次。

二、中小学教师对教育科研的常见错误认识

对中小学教育科研的认识误区主要有以下几个方面：

（一）对教育科研的两极化认识

教育科研是一个不断反思、回顾、批判和总结的过程。在参与教育科研的初级阶段，很多同志易产生迷惑，经常有"无所适从""茫然失措"的烦恼，对教育科研的认识两极化倾向严重：要么简单化，大有"不过如此"的感觉；要么复杂化、神秘化，比照自己陷入困境或处于失败边缘的课题研究，常有"非我所能、非我所为"的哀鸣。

（二）教育科研是少数骨干教师的事

不少中小学教师认为，教育科研与自己的教学没有多大的关系，学校对教师进行评价时并没有就教育科研方面做硬性规定，同时教师对教育科研普遍存在着畏惧心理。这种认识是错误的。教师通过参与教育科研，学习新理论、接受新信息、探索新模式、实践新方法、创造新成果，才能加快教师岗位的专业化和职业化进程。

（三）教育科研与实际教学不沾边

有的教师误认为教育科研是一种高层次的理论研究，与实际教学是完全脱钩的，解决不了教育教学中出现的实际问题。这种看法也是错误的。中小学教育科研的目的和任务，就是为了提高教育教学质量。教师在教育教学中遇到的问题，不仅可以而且应该成为研究的课题。

（四）教育科研成果就是论文

这种看法也是片面的。在研究的过程中，由于教师不断学习最新教育理论，积极进行思考，认真寻找适当的教育教学策略，促进了自身教育观念的转变、专业能力的提升和教学水平的提高，教师的整体素质得到全面提升。教师的成长和发展才是教师参与教育科研的最大目的。

（五）教育科研增加负担，耽误时间

有教师认为凭自己的经验和个人能力，不搞教育科研照样出成绩，甚至比别人成绩更好，何必没事找事，自讨苦吃。这是经验主义的短视和自欺欺人的虚妄症，其后果不但危及自身，也必会误人子弟。

苏霍姆林斯基有一段名言："如果你要想让教师的劳动能够给教师一些乐趣，使天天上课不致变成一种单调的义务，那你就应当引导每一位教师走上从事一些研究的这条幸福的道路上来。"

三、教育科研对于学校成长、发展的特殊意义

（一）注重以教育科研促进学校的教育教学工作，是学校办学成功的根本保障和必由之路

国华纪念中学是一所天生就独具特质的学校，如果不用改革的精神来对待学校的一切工作，志存高远，我们就会偏离既定的发展方向，最后将会不知所踪，就会贻误这样一种培育精英人才的宏伟事业，就会贻误中华教育史上的这一伟大创举。教师应该用辉煌的办学成绩、先进的教育思想和优秀的教育特色来丰富学校的历史记载。国华纪念中学的办学理想伟大、办学体制独特、学生群体特殊，又诞生在我国考试改革、课程改革、办学体制改革等教育改革的洪流之中，学校工作的各领域都需要我们去探索，有许多理论上和实践中的问题都有待我们去突破，所以，我们这些先期加盟国华的人如果有功，那绝不是因为来得早，如果在上述方面我们没有去身体力行，无功便是过。

由于我们理想大、目标高、追求远，注定要付出多、面对的难题多、经历的痛苦会更多。在现阶段，教育教学成绩、高考成绩仍然是衡量一所学校办学水平重要指标之一，但这绝不应是学校追求的全部。那么，比教学成绩更为远大的目标靠什么去实现？难道仅仅依靠按部就班的常规教学？"在行动中研究，在研究中行动"是我们的必然选择，教育科研是实现学校办学理想的必由之路。

（二）教育科研是教育教学质量稳步提高的根本保证

教育教学研究是改进教学方法、提高教学质量、推进素质教育的重要途径，是一所学校教学水平、办学思想的集中反映，是学校各级领导和全体教职员工精神面貌的重要体现，也是学校领导和全体教师对本校校情、教情、学情准确把握的重要渠道。只有教科研工作搞得扎实，水平高，才能有效地提高学校管理水平，才能更充分地发挥教师教学的主导作用，才能主动地、有效地、创造性地把教育教学的各项目标落实到具体的教育实践中，从而在根本上保证学校的教育质量和教学质量。从这一点上讲，教师的劳动也是创造性劳动。学校的成长发展要靠灵魂牵引，而灵魂，常常是在创造性劳动中得以焕发。教学经验对于教学成绩也十分重要，但教学是一门永无止境的艺术，你的教学越有经验，越有特色，越容易成为后来者的一种参照，越有可能被超越，甚至被淘汰。所以，教学经验正需要教育科研来提升。

（三）教育科研是有效发挥学校综合资源的重要措施

教育科研是学校的软件建设，是学校教育教学思想的集中反映，有什么样

的教学思想，就会有什么样的教学方法，就会塑造出什么样的学生。科学的教学思想，只有通过教育科研才可能与教育实践结合产生实效，才能把每位教师，包括学生的聪明才智充分调动和发挥出来，才能将众多的现代化教学设备和方法为我所用，否则，多媒体教学设备等教学用具都是空摆设，其应有的效用将很难得以有效发挥。因此，学校在抓硬件建设的同时，必须抓好、抓实教育科研这项软件建设。而且，教育科研工作是一项需要全员参与的工作，必须硬件、软件一齐抓，两手都要硬，这是我们决胜未来的关键。

（四）教育科研是教师继续教育的重要途径

终身教育是当今社会发展的必然趋势。作为教书育人的教师，在知识更新加速的今天，不进行继续教育，更新知识、更新观念、更新教学方法和手段，就难以履行好自己职责。作为中学教师，不能把教师继续教育仅仅理解为学历达标，而要着眼于更广泛、更高层次的继续教育。要特别注重在实践中提高教师教育水平，这是学校最宝贵的财产。教育科研是教师成长的快速通道。对教师成长规律的研究表明，教师成长的过程中有两个重要的转化期：一是从教育新手向教育能手转化；二是从教育能手向学者型（研究型）教师转化。进行终身教育、继续教育的途径众多，由于教师职业的特点和种种客观条件决定，在岗自修是一种经常性的、有效的途径。由教学能手向学者型教师转化的主要途径是参与教育科研。参与教育科研，能增强我们在岗学习的自觉性。实践中不少青年教师通过课题研究，迅速成长起来，而且提高了学校的知名度。也许，固守经验更得心应手，尝试教育科研则往往会暴露自己的无知，暴露无知又会使自己感到难堪，影响自己的形象，其实，勇于暴露缺点再成长之后，你会更坚强，尤其是身在江湖的时候。

四、学校教育科研工作应注意的几个问题

（一）更新观念，高度重视

现代化学校的重要一点就是按教育规律办学，要做到这一点，就必须从理论的高度，从科学认识论的角度去揭示教育规律——即依靠科学探索来开辟新的航程。20 世纪 80 年代以来，"教师成为研究者"已经成为一个新的口号在欧美教育界广为流传，应该说，"以科研促教育，向科研要质量"早已不是什么新口号，但口号转化为行动毕竟还有一个转变的过程。目前仍有不少人认为不搞教育教学研究照样能教好学生，并且这种观念还有着较大市场与很强的惯性，这势必会造成教育科研的落后与萎缩，导致教育教学难有实质性突破。因此，我们应处理好自身经验与现实要求的关系，更新观念，扬长避短，要注意学习新思想、探索新方法，进一步优化、提高自己的教学方法和经验。反过来讲，我们不少教师在长期的教学生涯中积累起来了丰富的、有效的教学经验，如果不与新的教育思想理论相结合，不去主动适应教育改革的发展，这些经验也是没有生命力的。

（二）选好方向，注重落实

教育科研工作不能光有课题、标题，而无实际教学。不能"说在嘴上，写在纸上，落实起来挂空挡"。不能"刮的风大，下的雨小"，而应对学生"普降甘霖"。在具体的教育教学实践中，要结合教学实际、密切联系学生和教师，有时甚至是教学环节上的琐事，都可能是我们思考和研究的突破口。当然，教育科研应抓住教育教学中的难点、热点和重点，但在切入时，往往是灵感突现的小点。总之，教科研工作应从"小切口，深分析"开始。

（三）联系学生，注意反馈

教科研工作的目的是提高教育教学质量，培养高素质人才。教科研工作的成效如何，关键看学生的反映和教学效果，以及教师自身的收获。因此教科研工作并不是单方面的事，不能"躲进小楼成一统，管他春夏与秋冬"，而应该使学生明白教师正在进行的教学实验的目的，通过总结学生的"学"来丰富、提高自己的教科研水平。当然，好的教学设计和教学思想不一定就有好的教学效果，因为二者之间还有一系列的教学环节和操作过程，把教学设计与课堂教学结合起来同样是一项创造性的工作，这是我们应该特别努力的方向。前些时候，语文教学界有一些人对钱梦龙、魏书生、欧阳代娜等人的教学思想提出质疑，进行解构。比如有人指责魏书生的语文教学提倡"人人有事做，事事有人做，时时有事做，事事有时做"，是以"做事"为核心，忽视了学生的主体作用和能力培养，而事实恰恰是魏书生的这种教学模式教学效果相当好，深受学生欢迎。我们觉得这不仅是魏书生的成功之处，更是后来者应该努力的方向。

（四）克服"三缺两怕"思想

"三缺"是指缺乏自信心和毅力，缺乏对教改的认识，缺乏领导的支持和专家、学者的指导。"两怕"是指怕讽刺挖苦，怕担失败的风险。应该说，所有的教师都有一定的教科研能力，之所以很多人没有在教科研上有所突破和创建，所有的原因都可归结到"三缺两怕"上来。在这点上，我们必须相信自己，坚持走自身发展的道路。要搞教育科研，尤其是在教育科研工作的起步阶段，我们应该做好充分的付出艰辛、接受考验的思想准备。

五、学校应有的教科研文化

（一）健康的教育科学研究氛围

健康的工作氛围比工作本身更重要。健康的教育科研氛围应该是：（1）务实——少一些枯燥的理论说教，多一些实际的问题探讨；少一些空洞的冠冕堂皇，多一些真诚的批评建议；少一些口号式的信誓旦旦，多一些沁人心脾的和风细雨。（2）求真——北京大学博士生导师、著名学者钱理群先生曾提出关于"说话的三条底线"：第一，力图说真话；第二，不能说真话时，则保持沉默；第三，无权保持沉默而不得不说假话时，不应该伤害他人。教育科研则必须讲真话。教育科研也有"三条底线"：研究的问题要有前瞻性，首先是要切合学校的实际；研究过程应符合教育科研的基本规范，首要的是过程的真实性；研究的结果要有好的形式，更要有好的效果。（3）合作——愉快的合作能有效推动工作进展，合作的前提是在承认自己的同时也承认别人，教育教学、教育科研是科学工作，在科学面前人人平等，"闻道有先后，术业有专攻"，这正是合作的必要性。因此，要尽量少一些文人相轻，多一点虚心求教；少一些以个人感情来处理工作关系，多一点服务意识；要做大众"情人"，不要自绝于大众。（4）学习——教育科研的工作对象本身就是对知之不多或未知的问题展开探究，需要学习更广的知识；教育科研要以先进的教育理论来指导，需要进行理论学习；有些问题需要内外左右合力攻坚，还要注重交流学习。教育科研的过程也是学习的过程。

（二）健全的教育科研观念

教师应树立起四种观念：一是要明确教育科学研究与学校事业发展的关系，树立起"科研兴校"的观念；二是要明确教育科学研究与教育改革的关系，树立起"教育要改革，科研须先行"的观念；三是要明确教育科学研究与提高教育教学质量的关系，树立起"教中研，研中教，向科研要质量"的观念；四是要明确教育科学研究与自身智能提升的关系，树立起"教育科研是教师的神圣职责""教师是教育科研的生力军"的观念。实践证明，观念的转变是学校现代化的逻辑起点，教师只有正视并努力缩短自己与现代化教育要求的差距，才会进而主动提升自身的内在素质，从而形成自身、学科专业和学校建设的特色。

（三）高效的教育科研队伍

学校开展教育科研首先要建立起自己的教科研队伍，靠单枪匹马、散兵游勇难以形成教科研的整体发展态势。队伍建设的过程就是营造氛围的过程，转变观念的过程，也是学校主动对外学习、对内消化专家理论指导的过程。

六、从事教科研工作的几点体会

（一）教科研意味着奉献

中小学教师由于其教育教学任务十分繁重，特别是在目前还没有完全脱离"应试教育"这个樊篱的情况下，要同时从事教育科研工作，其负担之重是可想而知的，会占用一个教师的绝大部分精力和时间。同时，娱乐、社交等其他活动都可能会受到影响，甚至还要有经济、物力的投入，没有奉献精神是不可以的。因此，在教育科研的起步阶段，特别要提倡从事教育科研的教师具有奉献精神，如果我们的教师没有一定的奉献精神，在工作量上斤斤计较，那么教育科研就不可能开展下去。

（二）教科研意味着吃苦

教科研工作中，读书、实验、分析评价、撰写教科研论文和实验报告，都是很苦的。工作是否有效，结论是否正确，方法是否可行，研究成果能否得到认可，都有待时间和实践的检验，就如同一个小学生等待老师的评判，精神上也是苦的。同时，家庭、同事、亲友也不一定都理解和支持这种辛苦而漫长的工作，因而在教科研工作上会有许多人为的阻力，克服它们也是苦的。

（三）教科研意味着勇敢

教科研是一种科学研究，是一种探索性、创造性的工作，难免会走弯路，甚至失败，没有勇敢精神是不能坚持到底的。对一些不适应形势发展的思想、做法要加以改进，对一些权威的旧观点和一些老教师的老经验，进行扬弃，甚至否定，则需要理论勇气。同时，从事教科研工作可能会遇到讽刺、挖苦和打击，也需要勇敢地去面对。

（四）教科研意味着坚持不懈

无论多么聪明和有才华的人，也不可能做到主观完全符合客观，其教育教学思想也不可能一下子为人所接受，而教科研的目的就是为了达到主观符合客观，就是要为人所认可和接受，这就需要坚持不懈地去努力。从事教学和教科研工作难免会有挫折、困难甚至失败，不管怎样，只有坚持不懈地做下去，才能达到目的。

（五）从事教育科研需要具备教育科学的基础知识

中小学教师在从事教育科研伊始，要认真学习教育科学的有关基础知识。因为教育科研能否开展以及开展后能否成功在很大程度上取决于从事教育科研人员的理论素养。这就是我们平时强调的首先要掌握教育学基本原理以及辩证唯物主义和哲学方法论，同时还要学习教育学、心理学、教学论、课程论、学习论、教育心理学、儿童心理学、教育与心理测量，以及中外教育史著等知识。

（六）从事教育科研需要掌握教育科研的一些基本方法

教育科学研究的方法有多种，对于中小学教师来说，要掌握的则是一些比较基础并在中小学教育科研中经常运用的方法，如：经验总结法、观察法、测量法、问卷法、调查法、文献资料法、比较法等，要掌握这些方法，就需要中小学教师在教育实践中不断运用它们，任何一种方法的娴熟运用都不是靠背书得来的，而是从实践中来的。同时，在教育科研的过程中，往往不会单纯地使用某一种方法，而是多种方法综合运用，或者是以一种方法为主、兼用其他方法。

（七）要具有敏捷的思维

存在于中小学教育教学中的问题很多，关键问题是我们能不能开动脑筋，积极地钻研它们，并力图解决它们。教育科研和其他科学研究一样，它也需要我们的研究人员具有敏捷的思维，善于思考问题，及时发现和解决问题。

（八）成为一名教育科研型教师需要一个艰难的奋斗过程

在教育科研实践中，有一个对教育科研由陌生与神秘到熟悉、由一般的问题研究和专题研究到课题研究、由个体的教育科研活动到群体与集体的教育科研活动、由从事具体教育科研到同时管理和指导教育科研的过程，一般须经历如下阶段：（1）有教育科研朦胧意识，但不知如何通过教育科研发现与解决问题；（2）通过多种途径和方式主动进行学习，学思结合，知行并重；（3）积极争取参加一些研究，既做研究者，又做旁观者，即所谓"跳出来看问题"，对教育科研采取"于其中则积极思索与探索""跳出来则取鸟瞰式的审视和'元认知'"；（4）逐渐开始较为独立地承担研究任务；（5）独立地承担研究课题；（6）将教育科研实践与理性思考结合，提高自己的教育科研实践水平与理论水平；（7）进一步在既合作又独立的科研活动中锻炼提高；（8）积极克服教育科研的"高原期现象"，努力实现"在惰性平台上的提升"；（9）放眼整体的教育科研，不断审视全局、追求教育科研的"整体最优化"。

每一阶段都需要大量的理论学习和实践积累，都须经感性到理性的升华，一蹴而就的转变是不存在的。这是中学教师的必经之路，谁走得扎实，谁就拥有了辉煌的未来。

终身学习是"开启21世纪光明之门的钥匙"。学习工作化和工作化学习是人在江湖的生存之道。学习的本质意义在于它是一种蕴藏的推动力，即学习力。学习力是生命力、免疫力、竞争力，学习是生命的源泉。教育工作的使命光荣、意义深远，同时也责艰任重。教育工作者应该有历史的使命感和责任感，尽管我们都是历史的过客，却应努力完成好自己的义务。李素丽说过："用力做只能合格，用心做才会优秀"，那么我们在工作中就多一点心与心的真诚交流，正如陶行知先生所言："捧着一颗心来，不带半根草去。"

第四章

理解学校教育及其管理

第一节　新型办学模式与新型校长
——国华纪念中学的校长概念

国华纪念中学是一所有特点的民办学校，创校伊始，对校长应当如何工作，如何称职提出明确要求，我们便予以刊发，意在说明，在当今，校长走职业化道路的重要性和迫切性。一所学校，尤其是一所好学校，更加职业化，要求校长更要具有新的办学治校思路并敢于探索新的模式。这个事实已经摆在我们正在做校长和准备做校长的同志面前，要求我们这些同志认真思考，认真做好心理上和素质上的充分准备。

> 立校办学的目的，是让年轻俊彦从拥有知识开始，继而拥有高尚的品格和灵魂，以建设国家和回报社会为终点。我真诚希望每一个走出"国华纪念中学"的学生，铭记本校"滴水之恩，涌泉相报"的价值观，既受助于社会，当以奉献社会为终身追求。
>
> ——国华纪念中学创办者的话

在面对日益激烈的市场竞争和知识经济时代挑战的 21 世纪，接受良好教育已经成为人们生存发展的第一需要和终身受益的财富，甚至将决定人一生的命运。缘此，一位成功企业家怀着崇高的办学理想，以扶危济困、培育英才的博大胸怀，投巨资创办了国内一所纯慈善、全免费高级中学——广东省佛山市顺德区国华纪念中学，面向全国招收家境贫寒、素质超群的学生，致力于为中华民族的伟大复兴培养精英人才，为未来培养各行各业的精英人物。

那么，国华纪念中学的校长究竟应该怎样实施办学呢？创办者认为：作为校长，应当采取新的办学思路和践行新的办学模式。

一、要明确职、权、责，注重绩、效、果，探索校长自主践行全新教育理念的办学新模式

在新世纪教育改革的大潮中，办学体制、管理体制的多样化是其中一道亮丽的风景线。如何实现学校由外延扩展向内涵凝练的跨越式发展，形成学校的特色管理模式，在整体提高教育质量的基础上形成独特的教育教学优势，是关乎学校生死存亡和效益高低的严峻问题。而面对此问题，校长如何在遵循基本的教育法规、方针政策的基础上，有效地把先进的教育理念和学校实际结合起来，如何锻造学校文化和办学特色则十分关键。换言之，校长对这个问题解决得如何，决定着学校的生命力强弱。

（一）予其职

孔子云："不在其位，不谋其政。"国华纪念中学的创办人给学子们提供了先进的学习和生活设施，聘请了优秀的师资队伍，并寄予了极高的教育期望。而学子的前途、学校的发展及其社会价值，都要靠校长的运筹和教师的创造性的工作。对于这所独具特色学校，办学目标和管理方式自当与其他学校有所不同。学校既要遵循基本的办学工作要求，又必须具有其鲜明的创新性和创造性。校长对这一办学目标与办学要求具体负责，就必须根据学校实际，充分发挥个人才华和管理艺术，优化学校的内部管理机制，并对学校、对学生、对自己、对家长、对社会、对历史负责。这样的校长不好选、不好当，所以首先要选好校长，予其职。

（二）赋其权

一校之长要对一所学校的一切工作负总责，要合理、科学调度学校的人力、物力、财力和教育力，以期实现学校各种资源效用的最大化。校长有效调配学校资源的过程，就是在行使校长的行政管理权、校产使用权和人事任用权。创办人和校长的关系从学校管理角度讲就是所有权与使用权的关系，这种关系的协调是办学目标得以实现的重要保证。创办国华纪念中学只有一个目标："让年轻俊彦从拥有知识开始，继而拥有高尚的品格和灵魂，以建设国家和回报社会为终点。"创办人、校长都在为此而努力，权利就是责任，就是使命，无权就无法负责任，无法完成使命，因此，对确定了的校长，要明确地赋予其应有的权利。

（三）明其责

职、权、责是互为表里、相互依存和三位一体的。校长、所有员工的责任和权利都是对应的，与其职位应该是相称的。校长是不是称职，权力运用是否得当，在很大程度上由其责任意识、责任效果和负责任的程度决定。校长不仅要有其职，行其权，更要负其责。这就要求校长在工作中具有极强的责任意识，取得好的责任效果，做到对历史负责。

（四）求其绩

予其职、赋其权、明其责，都在于实现，谋划于事先、优化于事中、求得其成果。职、权、责的三位一体是"绩效与成果"的需要和保证，"绩效与成果"反过来又是职、权、责有效度的反证和落实。职、权、责是途径，是过程；"绩效和成果"是目的，是结果。在过程中强调职、权、责，在结果上又要用"绩效"来验证职、权、责。因此，学校管理既要注重职、权、责，更要注意工作实效，要以实际的业绩衡量校长的职、权、责是否有效度。

关于如何做好一名校长？校长该如何行使其职、责、权？国华纪念中学有自己明确的要求：

第一，要忠实于教育事业。教育是一项事业，需要人的奉献，需要教育者对教育事业的热爱和忠心。校长应该是学校办学目标的忠实实践者，是新世纪新教育最努力的探索者。校长对工作要敢负责任，对教师和学生要爱护，对教育工作要倾注全部的热情，要想尽一切办法把每一名学生培育成才。忠于教育，热爱教育事业，就必须热情关注教育的发展和改革，大力推进素质教育和课程改革。唯其如此才能把学校办好，学校教育才能有日新月异的发展。

第二，敢负责任。只要有责任心，就能把这份爱的事业搞好；只要有责任心，就会有解决问题的办法；只要有责任心，就会有工作的高效率。校长能否自主管理学校，首先要弄清自己对谁负责的问题。从产业角度上来讲，校长当然要为学校创办者负责；但创办者既然把这所学校交由校长来具体管理，校长就应从事业的需要出发，对自己、对学生、对家长、对社会负责。校长如何才能负好责，首先要明确职责，敢于负责。敢负责任和对教育事业的忠诚是紧密相连的。

第三，处事有法。校长安排工作、处理问题，就是解决日常工作中的矛盾和冲突。工作效率的高低在很大程度上取决于校长工作思路的科学性及方法的灵活性。其实，遇到具体问题时，只要校长有颗责任心，总会有办法解决。校长的工作方法是否科学有效，关乎校长的权利大小。校长要有权力，但有了权利以后怎样办事，能办到什么效果，都与具体的工作方法分不开。校长的威信靠的是自己的领导风度和工作作风，而领导风度和工作作风就体现在校长的工作方法之中。方法要灵活，处事标准却应尽量科学统一，要少一些人治、多一些法治。校长的工作方法不仅关系到自己的领导威信，甚至还关系到教职工的工作积极性，如果老师不肯工作，对工作任务讨价，还价那就是领导的工作方法有问题。工作中校长要多激励、多表扬，最大程度地调动教职工的工作积极性。讲究工作方法与坚持原则应该是对立统一、相互依存、相互渗透的，工作方法的灵活性与管理体制的科学性要有机结合，做到用科学的标准、统一的尺度进行管理和评价。

第四，善于团结。一所学校最宝贵的资源是师资，校长最有效的管理就是调动全体教职工的工作积极性并对不同类型的教师进行有机整合。这就考验校长的亲和力、凝聚力和教师队伍的向心力，这就要求校长要善于团结同志，化解分歧，求同存异，打造本校师生的团队精神。搞好团结合作与不讲原则有着本质的区别。搞好团结不是对教师一味地迁就和退让，团结若没有原则就是真正的团结，团队精神更是以科学的工作原则为其筋骨。如何搞好团结，当然与校长的个人魅力、工作风度和方法有关，而其中一个关键性因素是如何科学地评价教师。教师是知识分子，教师最大的需要就是对尊重的需要，校长在管理学校、评价教师时应该做到尊重教师的劳动和人格。如何尊重教师，是教师评价工作中的敏感问题。校长有权对教师进行评价，但同时，校长必须对教师做出科学、公正、客观的评价，做到以理服人，这样才能真正团结教师。教师的评价问题事关办学效益和管理的规范化、科学化，校长对教师的评价一定要做到让对方信服，重要的定性评价要在校务会上通过。概言之，既要用评价来约束教师，又要用评价来激励教师，既要重结果，也要重过程。

二、要能根据工作实际进行特色管理

一名成功的校长、一流的校长，不是有一些管理理论，坚持一些工作原则，运用一些工作方法就可以成就的，而必须是在实践中摸爬滚打、打磨历练、霜打雨淋才能锻造成功的。尤其要善于在实践中学习、积累和总结，并勤于身体力行，乐于创新和开拓，勇于挑战和承担风险。追求四平八稳、八面玲珑，往往只能流于一般，难有特色。所以，国华纪念中学要求校长要能根据学校实际进行特色管理。

（一）广采博取，打造个性管理品牌

打铁还得自身硬。校长的人格修为，知识情趣，襟怀风度，行为操守与学校管理工作密切相关，并起着决定性作用。正因如此，有人说："一名校长就是一所学校。"意思就是说，校长的个人素养之于学校管理是至关重要的。这就要求身为一校之长者能广采博取，吐故纳新，与时俱进。

第一，要能以德服人。正如前言，教师是知识分子，是一个特殊的社会群体，管理的方式自当与其他行业有别。所谓以德服人，有两层含义：其一，管理的人性化，即尊重人，尊重教师的人格和劳动。尽管是民办学校，它也不是一般意义上的私营企业，它开展的是仍是育人的活动。纵然教师是员工，也不是一般的员工，教师所从事的是育人的工作。育人需要环境，育人需要心境，作为学校的管理者应做一名平等的合作者，对刻板的管理制度赋予其人文色彩，创造一种和谐的教育环境。其二，校长应该在各方面成为教师的表率和典范，身体力行，以身作则，身先士卒，率先垂范，做到以章制人，以情暖人，以行感人，以德化人。

第二，要用规范的制度进行管理。学校的各种规章制度就是学校内部各方面的法律法规，全体师生都应该遵照执行，在校纪校规面前人人平等。学校的规则章程要根据实际需要进行制定，要根据形势发展进行修订，要根据自身情况进行特定，要善于借鉴进行补订。规范的学校需要管理制度的规范化和办事流程的程序化，为此就必须实现学校管理的法制化、制度化，并注重贯彻执行和具体落实，做到处理每一件事都持之有据，有案可查。

第三，要善于借鉴兄弟学校的管理经验，资源共享，提高办学的综合效益。他山之石往往是攻玉之器，学校管理是一门科学，管理的规范化、科学化永远都只是一个相对的概念。因此，同类学校之间要互通有无，资源共享；异质学校之间也应相互交流和借鉴，以促进自身不断进行制度创新，管理创新，打造出学校特色。

（二）海纳百川，锻造通才式专家

学校管理主要包括教学管理、学生管理、后勤服务管理、人事管理、校园建设管理等方面。校长要善于学习各方面知识，储备解决各方面问题的知识和经验。知识经济时代的显著特征是终身学习，知识经济时代使我们的工作对象和内容处于日新月异的变化之中，这就要求领导者，包括每一个社会成员都必须有终身学习的意识和能力，把自己造就成通才式专家。

（三）勇于实践，充分发扬科学精神

校长要对学校的生存和发展负责，就势必要求校长的工作主动性和积极性，做到主动发现问题，科学解决问题，并积极深入教学实践和服务实践的活动中去，在具体的学校工作实践中做好协调、服务工作。校长不能高高在上，而要勇于实践。勇于实践就能够准确把握实践，做到一切从实际出发，保证决策的科学性。

深入实践，一切从实际出发，进行科学决策，是学校管理工作的基本要求。同时，作为管理者和实践者，要注重实干，甚至是苦干。校长的实干精神是感染教职员工，密切干群关系的重要因素，但作为管理者更要注重创造性地干，这既是一种工作态度，也是一种工作方法。

（四）规范工作程序，构建学校管理特色

国华纪念中学的校长负责制与常规意义上的校长负责制同中有异。它要求校长有更严格的工作规范和更高的标准，决策的科学性和有效度应更强。要达到这样的工作境界，就要求校长在管理实践中有更严格的工作规范，符合集约化管理的工作要求，保证各项管理的科学性、有效性。就此学校提出了三点工作要求，即管理到位，汇报及时，做得彻底。

所谓管理到位，是指学校工作件件有安排，任务项项有负责，分工具体明确，协作通畅高效，做到"事事有人做，人人有事做；事事有时做，时时有事做"，安排井井有条，操作井然有序，督查经常及时，记录准确无误。

所谓汇报及时，对于校长负责制来讲意义尤其重要。学校既自成一个运作系统，又统属于教育和社会领域的一个子系统，子系统既要有自己的运作方式，又要符合集约化运作需要，内外必须协调吻合，反应迅速，反馈及时，优化高效。学校各部门要及时上报工作计划、发展规划、整体策划和具体谋划，形成集约化管理的良性循环，构建集约化管理的良好模式。

所谓做得彻底，就是要注重工作效果。教育人的工作是通过具体的教育过程来完成的，教育过程中的每一工作环节都有不同的教育效果，因此教育工作的特殊性要求学校管理者，既要科学设计工作流程，又要注重实际教育效果。杜绝浅尝辄止、半途而废的现象，这是对校长管理工作的基本要求。

国华纪念中学以培养未来社会发展中各行各业的顶尖人物和精英人才为办学之总目标，以扶助因贫困而隐于草莽的可塑之才为己任，以培育学生坚毅自强、志存高远的人格理想为总要求。学校管理者必须在遵循基本的工作要求的同时紧密结合本校特点和现状，实施有效管理，形成学校管理特色。在这点上，办学伊始就一以贯之，这也是对校长的重要要求。

三、校长要有落实科学管理的强有力的干部组织保障

（一）任人唯贤，民主选人

《晏子春秋》里说："国有三不祥，夫有贤而不知，一不祥；知而不用，二不祥；用而不任，三不祥也。"学校需要德贤才高者，就必须建立科学的用人机制，坚持任人唯贤，唯才是举；不任人唯亲，以自己的好恶用人。这是国华能够发展、实现办学目标的根本。要保证任人唯贤，不能单靠领导人的开明与气度，更要靠民主与制度；要以"民主管理"为核心，创新管理体制，建立高效的学校管理机制。调整和充实学校领导班子，因需科学设置学校中层管理机构，促使学校部门职能由行政向管理和服务职能转变；实现人员精简、责任明确、科学规范、高效快捷的管理目标；这就是从制度上保证任人唯贤。

（二）用人所长，放手使用

我们要求干部德才兼备，但不是求全责备，正确看待一个人的优点、缺点、特点、弱点，用人之长。世界上完美无缺的人是根本不存在的。"人无完人，金无足赤"；"水至清则无鱼，人至察则无徒"（《大戴礼记·子张问入官》），都说明了任何一个人都是有各自不同的缺点的。人的优点和缺点是一个问题的两个方面，相伴而生。有的人思想开放，敢想敢干，大胆创新，但常常容易急躁生硬；有的人稳当沉着，老实平和，但常常容易循规蹈矩，迈不开步子。如果一味地紧抓缺点不放，缺点没有了，可是优点也就没有了。用人之长，放手使用。考核干部，就是要看他的主流面。

千人千面，每个人都有自己的个性、特点，我们不能以个人好恶作为标准，把别人的特点、个性当成了缺点、弱点。一个人活跃一点，就说他咋咋呼呼；这个人内向一点，就说他四平八稳，没有生气。这样会把人搞得没棱没角，成了"万金油"，使特点、个性不能发挥，从而埋没了人的才华。真正可贵的东西，有时很可能就是人们看不惯的东西，有个性的东西。

（三）业绩为重，公正评价

考核一个干部不能讲私人关系，也不能凭印象，主要看他的工作过程及其结果，也就是看他的工作业绩如何。工作业绩是一个人各方面的综合反映，工作不肯干，业绩出不来；没有真本事，办事缺实招，业绩也出不来。必须把业

绩作为考察、评价干部的主要标准。坚持把业绩放在第一位，就是不只听他怎么说，而要主要的是看他干得怎么样。这样才会公道，人们才会服气，也才可以避免发生大的偏差。

坚持业绩为重，就要反对老好人，特别是在民主评议中常常有"干事的人吃不开，老好人却吃香"的不良现象。一方面大家都反对只说空话、不干实事的人，另一方面肯干实事、多干实事的人又常常得不到支持和理解，甚至干事越多，意见越多。这是一种很不好的现象。凡干事的人就得说话，就得与人相处，而老说话难免有错，老办事难免有误，老与人相处难免有怨，加在一起就叫说错了话，办错了事，得罪了人。结果办事人的缺点比不办事的还多，办事的人有时反而吃不开，在民主评议中老好人反而更吃香、更受"拥护"。要从制度上保证以业绩为主，公正评价每一位干部避免这种现象。

孔子说："始吾于人也，听其言而信其行；今吾于人也，听其言而观其行。"一个人的"行"，已经囊括了他所要说的全部。因此考核干部，不仅要看他是怎么说的，更重要的是要看他怎么做的，言行要一致。一个干部在面对困难的时候、面对名和利的考验的时候，最能够表现出他本来的思想和面貌。

著名教育家陶行知说："校长是一个学校的灵魂，要想评论一个学校，先要评论他的校长。"可见，有什么样的校长，就有什么样的学校。校长的素质体现着校风校貌，决定着办学的水平。校长的管理意识、管理策略决定着校长的学校管理职能的效度。

第二节　学校的智慧管理要立足校情、
成就师生、发展学校
——国华纪念中学校本教研创新实施方案

《普通高中课程方案（实验）》明确规定："学校应建立以校为本的教学研究制度，鼓励教师针对教学实践中的问题开展教学研究。"校本教研就是以学校为研究的基地，以教师为研究的主体，以教师在教育教学实践中遇到的真实问题为研究对象的研究。它既是一种制度，也是一种研究方式。在校本教研中，教学研究在学校这一层面展开，一线教师针对教育教学过程中遇到的实际问题进行研究。推行校本教研的初衷，在于让教师通过积极有效地开展教学研究活动，全面落实课程改革的目标，切实提高课程实施和教学实践的质量，并在这个过程中促进教师专业发展、提高教师进行课程建设的能力。可以说，推行校本教研是实践课程改革的需要，也是课程改革顺利开展的制度保障，更是推动教师专业化成长和构筑学习型学校的有效途径。

为健全具有我校特色的研训一体的校本教研工作制度，总结和提升教师教学经验，加强和改进教学和科研工作，推动学校发展、学生发展和教师专业成长，践行教研重心下移、教研阵地前移的教研工作新理念，全面提高学校教育教学质量，学校必须创新校本教研理念，有效实施校本教研。

一、认识校情，明确校本教研的工作基础

（一）中小学教学科研工作普遍存在的问题

1. 教科研理论的根基"飘摇"

教育科研工作有自己的规律，必须要有扎实丰厚的理论做"根基"。就目前来看，中小学大部分教师缺少系统的理论浸淫，对理论的"啃功"功力不够，解读起教科研理论来多少有点枯涩，难寻"真谛"。这就难免会造成教科研理论的根基如浮萍般"飘摇"。

2. 专家学者的智力支撑"远水解不了近渴"

鉴于第一个问题，教科研工作的开展迫切需要教科研方面的专家学者的智力支撑，而专家学者都有自己的研究或教学任务，他们往往要兼顾多个研究项目、多所学校，对某一学校的指导，也仅是蜻蜓点水，难以深入，结果是"远水解不了近渴"。

3. "专业引领队伍"的引领力度单薄

教科研工作需要一批具有一定的教科研理论素养、拥有较为丰富的一线教育教学实践经验、富有开拓创新精神的教科研专业引领队伍。可放眼当下的学校教科研，还无法形成这样的一支有力群体，引领的队伍组织仅是一个"空壳"，引领的力度近似于零。所以很多学校的教科研工作会出现"泡沫"现象。

4. 事务烦琐，教师耐不住"寂寞"

中小学教师的工作是繁杂且琐碎的，教师们的感觉是"疲于应付"。而教育科研是需要潜心于实践，善于发现与梳理出亟需解决的困惑或问题，对教育理论进行追问，然后通过假设、实践、比照，按科学研究的方法去思考问题解决的方略。教科研是个系统工程，是"慢工出细活"。教育科研的过程是寂寞、清苦的，平时事务的烦琐，造成教师无暇顾及甚至不想涉足教育科研工作，种种问题使得学校的教科研工作仅成了学年或学期初制定的计划而已，与"空头支票"无异。

以上是制约学校教育科研工作深入开展的四个主要问题，也是学校教科研管理工作必须面对的问题。

（二）国华纪念中学教学科研工作现

1. 问题分析

（1）教科研工作与学校的当前实际和发展需要尚未真正有效地结合起来，教育科研的实效性还有待提高。我校全体老师的共识是教育科研必须要能够解决学校发展中的实际问题，否则，就是无效的。当然，这些实际问题既有现实性的，也包括发展性的。教育科研如何才能与学校发展实际有效结合，解决这个问题需要有一个摸索的过程，要求我们的教学科研工作务必从实际出发，提高工作的针对性和实效性。

（2）教科处工作中对教师的教育教学服务还不够。教科处的一个重要职能是为全校的教育科研提供服务和智力支持，如先进理论的学习推荐、必要的专题培训、经常性的方法指导和科研课题研究资料信息的搜集整理等，目前我们在这些方面做得还不够。这既有客观上的原因，也需要今后在主观上更加努力。

（3）对学校教育科研的管理力度尚需要进一步加强。任何一项工作都需要有必要的管理，在学校教育科研工作中，科研课题的管理、常规教研的跟踪指导、课堂教学深入研究、教师经验的总结推广、规章制度的健全完善、教育教学的评价表彰等都需要落实管理，还有许多具体的工作需要在实践中切实落实。

（4）与其他职能部门的合作、与名校教科研机构的交流、与各级教科研部门联系的建立需要尽快改善。

2. 良好基础

（1）初步形成了浓郁的教科研风气，营造了健康的学术氛围，教师的教育观念有所转变，出现了人人参与科研、处处需要科研、时时运用科研、事事关乎科研的大好形势。在办学之初，有些老师不相信科研轻视科研，在有所了解后又惧怕科研逃避科研。学校教科处成立后，从实际出发，开展真实的校本教研，进行有效的科研培训和辅导，使全体老师真正认识了科研，开始亲近科研，参与科研。

（2）制定了学校教育科研的基本规章制度，健全了各项工作规范，使全校的教育科研工作有章可循，有规可依，保证了教研活动的经常性和实效性。

（3）初步形成了以教科处为主导，以教研组为基本单位，以教研组长为骨干，以科研先进分子为主体，以课题负责人为主要力量的学校科研骨干队伍。

（4）着力于国华教育科研网络建设。积极建立与各级教育科研部门的联系；约请一大批各领域的专家学者到校讲学；通过各种渠道建立与国内名校间的教育科研联系；与有关大学和教育科研机构合作；初步形成了学校教育科研网络。

（5）在几项重点工作上取得实质性进展。目前，学校采取了切实有效的措施，使得学校科研制度健全、课程改革实验健康进展、课题研究全面启动、课堂教学改革稳步推进，学校教科研呈现出良好的发展态势。

（6）有一批科研成果，初步展示了我校教师的教育科研实力。自 2004 年 8 月至 2005 年 7 月，我校教师公开发表论文 35 篇，其中国家级 10 篇，省级 25 篇；有三篇教学设计获顺德区教研室一等奖；有两人曾获顺德区课堂教学一等奖；有省级课题两项，市级课题两项，校级课题九项。这些科研成果的取得，说明在我校教师群体中蕴藏着巨大的教育科研潜力，这是我们不断发展的资本。

二、立足校情，准确定位校本教研目标

（一）务实求真，确保学校开展"真实教育科研"

教育科研必须要能解决学校发展中的实际问题，更要能增强学校的可持续发展能力。因此，学校教育科研一定要立足于学校的实际问题，教育科研的开展一定要切合学校、教师和学生实际。学校教育科研一定要注重实效，而不要刻意追求形式，没有实效的形式要坚决摒弃，科研所需要的形式则必须坚持。学校教育科研必须与课堂教学、学科教学、学校管理、学生德育等日常工作紧密结合。

（二）准确分析阶段工作任务和目标，稳步推进"适度教育科研"

学校的现实需要、教师的科研观念和科研能力在一定阶段的要求和水平是一定的，这就是教科研工作的根本立足点，必须尊重这个实际。教育科研应该有一定的超前性，但这种超前性一定要与当前的工作任务和目标相应适应，既要考虑教科研工作的力度，又要考虑教师的承受限度，以达到最优的效度。开展与现实基础相适应的教科研才是有效的，学校教科研的发展水平取决于教师的水平和学校的需要，因此，不断促进教师观念的更新和学校的发展是教科研的首要任务。

（三）准确把握教育教学实际问题，扎实开展"有效教育科研"

学校教育科研的有效性首先决定于对学校当前问题的准确把握，只有找准了问题，并找到了解决问题的突破口，才可能解决问题。学校教育科研必须是有效的，绝不能让教育科研成为一句空洞的口号，成为教师的负担。

（四）全力构造"全员性教育科研"

学校教科研必须依靠教师和学生，他们既是学校教科研的对象，更是教科研的主力，没有他们参与的学校教科研根本不会有实效。要积极构建师生员工科研主体工程，建设求真务实、稳定奋进的教育科研梯队，实现全体性参与。

（五）实现理论学习和实践探究的有机结合，有效开展"实战性教育科研"

从研究的方法看，学校教师的研究必须服从教育工作的需要，结合具体工作来进行。因此学校教育科研应该以理论学习为指导，以行动研究为主要方法，坚持理论与实践的紧密结合，即通常讲的"在工作中研究，以研究的方法工作"。有的研究者将这种方法叫作"田园式的研究"。这种研究方法将研究任务与教育任务结合起来，符合教师扬长避短的科研价值追求。我们认为，研用结合，因时、因地制宜，是教师进行研究的方法上的特点。

（六）准确把握教育发展动态和需要，积极推行"服务性教育科研"

从学校角度看，教科处工作人员、教研组长、抑或是学科带头人，要树立做服务性教育科研的工作意识。教师中存在的问题，实践中存在的问题，正是我们要帮助教师解决的问题，只有真正去帮助教师，和教师共同解决问题，才能从根本上改变实践。教科处是学校教科研的主要实施机构和管理机构，更是全体教师的服务机构，教科研工作实施和管理得怎么样取决于服务得怎么样。教科处的主要方法和任务之一是服务，单纯的发号施令是不会有好的效果的。

三、分析校情，采取切实有效措施

（一）确立符合学校实际和发展需要的校本教研内容结构，确保学校教学科研工作的阶段性战略高度和战略任务的实现

根据现状，近两年的学校教学科研工作应该依靠广大教师以教学研究为基础，以革新教育教学方法和提升教师科研素质为主题，以课题研究为主线，以深化课程改革为重点，以课堂教学改革为主阵地，让教育科学研究"到课堂中去，扎根课堂；从课堂中来，高于课堂；回到课堂中，指导课堂"，提高教学科

研工作的实战性和实效性。积极改进工作措施，保持适当的工作力度，争取"五个新突破"，即教育科研在各年级各学科的普及力度上有新的突破，教师在参与教育科研的广度上有新的突破，课题研究在深度上有新的突破，研究成果在理论和实践层面的信度上有新的突破，教育科研先进典型在高度上有新的突破，有效提高我校教科研水平。

（二）加强对先进教育理论的学习、推荐、研究和应用，提高理论学习的针对性和实效性

教师要成为研究者，必须要以教育理论做支撑。为提高教师的现代教育理论水平，学校将采取"激""促""带""引"等方式来培养教师，用理论武装教师。"激"，主要是在问题解决中激发教师对教育理论的内在需求，采取措施激励教师学习现代教育教学理论。"促"，即建立学习制度，明确学习要求，严格学习考评，给教师施加学习理论的压力，促进教师自觉加强现代教育理论的学习，自觉地以理论指导自己的行动。"带"，即学校干部和科研骨干带头学理论、用理论，为教师树立学习的榜样，形成讲学习的风气。"引"，即有目的地开展活动，引导教师系统学习《教育科研概论》《现代教育学》《教育心理学》《教学论》《学科教材教法》和课程改革培训资料等书籍，以先进的教学理论、教学实例丰富教师的头脑，为教师自觉进行教学科研奠定坚实的理论基础。同时，针对教育教学中存在的问题，邀请专家学者开设辅导讲座，引导教师联系实际，使教师对教育科研的内涵有更清晰而准确的把握，增强教师教育科研的使命感和责任感。

（三）组织开展切实的学术交流研讨，开阔研究视野，营造健康浓厚的学术氛围

深入的理论学习应该与广泛的交流研讨结合起来，从而进一步开阔教师的学术视野，增强理论学习的实际效用。学校要组织适当的学术专题研讨会，对教育教学中的共性的突出问题进行集体攻关，以提高教研活动的实效和时效；组织教师认真参加省市区教研活动，扩大交流的范围；邀请专家到校做专题讲座，增加交流和研讨的深度。

（四）狠抓课题管理和研究，使课题研究真正成为解决学校实际问题的有效途径

课题研究是教育科研的基本形式，课题研究的质量和水平是学校教育科研工作质量的重要标志。课题研究应边学习，边研究，边实践，边总结，边宣传，边推广。课题研究就是以研究的状态来工作，从而使日常工作更扎实，更有效。

研究的课题应该是教育教学工作中的实际问题，研究的目的是科学解决实际问题。研究中需要对教师不断培训，教科处应该做好教师进行课题研究的服务和管理工作。课题研究需要跟踪管理，及时总结和推广。课题的确立应该结合学校和教育的发展，形成学校自己的特色，对学校的教育教学能够产生实际的推动作用。学校要进一步加强课题管理，要增强承担课题研究任务的教师的紧迫感，全面扎实地开展课题研究工作。

（五）创造性推进课程改革，以课程改革推动学校教育教学水平的全面提升

新一轮课程改革已经成为今后教学改革和教育科研的方向和重要内容，我校进行课程改革实验已经一个学年了，教科处要继续发挥组织、指导和服务的作用，使新课改实践得以稳步推进，从而使教师的教育观念、教学理念、教学方法得到更新，进而推动全校的整体工作。下一阶段，课程改革的主要任务是如何优化必修课、选修课和活动课的开设，形成学校的课程特色；学分认定该如何操作才能更准确地体现新课改的要求等。教科处要组织教师研究解决这些重点问题。

（六）坚持做好教师教育工作，确保学校教育发展基础工程的健康稳定

学校的发展必须以高素质教师队伍为基础，学校应该始终把教师队伍建设放在重要的位置上；学校教师队伍建设重在培训提高，引进教师更需要适应性再培训；教师培训方式应该结合学校和教师实际，提高培训实效，要鼓励教师岗位自我提高，学校要为教师学习创造条件。营造一种不断学习的校园氛围，把学校建设成学习型组织。

（七）注重考试研究，科学发挥考试的教育评价功能

在现阶段我国中小学教育教学中，考试具有存在的必然性和必要性，它不仅是评价学生学业成绩的一种主要方式，还是中小学素质教育的一项重要内容。我们不能排斥和削弱考试的功用，更不具备取消考试的条件，相反应当想方设法改进、完善考试制度，促进其规范化、科学化、多样化，充分发挥其积极作用，抑制其消极作用，促进学生的全面发展。因此，学校教学科研要把考试研究作为一项重要研究任务来对待。研究考试主要是研究考试在学生学业评价中的积极作用，要杜绝唯考试主义倾向，探索考试内容全面化和考试形式多样化，研究如何科学使用考试结果等。

（八）优化学科竞赛的辅导和管理工作，积极探索对特长生的培养途径

学科竞赛实际是一种特长培养，以学科竞赛为突破口，探索学校的特长生培养途径问题是一项重要的课题。当前，要突出解决的学科竞赛方面的问题是：竞赛教练的问题和辅导教师的责任问题、合理调配学生资源和竞赛学生的选拔问题。

（九）创新教学科研常规管理，确保常规管理的科学性和实效性

教学管理要具有实效性，摒弃形式主义。对共性的问题，却应该从严要求，对症下药，重视问题解决的规范性和科学性，同时始终重视教学工作的过程管理。

（十）整合各类教育资源和资料，提高教学科研工作的规范性和实践性

进一步做好个人、部门、学科、课题组和学校的科研资料整理工作，做好校内资料的交流，并积极与其他名校交流科研资料和经验。课题研究资料应有专人负责管理，主研人员应注意发现和记录教学实践中与课题有关联的事物和现象，做好材料的收集整理，课题组成员要加强资料的收集整理。为及时将有关信息提供给老师，展示老师们的科研心得和经验，教科处可以创办一份内部报刊。

（十一）及时评鉴和推广科研成果，实现科研效益的最大化

教科处应做好教育科研成果和信息的收集、整理、研究、转化和推广交流工作，与各级教育科研部门建立良好的合作关系。加强对校级科研成果及教师的科研论文组织鉴定或评价，将教师的科研成果在校内、外推广，积极引进并在校内推广先进的教育科研成果。定期开展教育科研成果评选活动，召开教科研交流会，对教育科研工作加强舆论导向。

（十二）构建内外融通、合纵连横的教学科研工作网络

教科处应组织调动教师参加学校的教学科研活动，精心打造"教科研共同体"，加强与各级教育科研部门和有关大学的合作，争取科研支持，承担科研任务，构建学校教育科研网络。

四、把握校情，实施重点核心工程

教学科研工作是学校工作的主体工程，教学科研工作的内容是具体而庞杂的。鉴于学校目前现状和近期任务，学校近两年的教学科研工作迫切需要实施

三大核心工程。

（一）教师校本培训

教师是学校最宝贵的资源，建立一支高素质的教师队伍是有效施教、培育精英的首要条件，优秀的师资队伍是办学成功的根本所在。学校和教科处要把教师校本培训工作放在至关重要的位置。

校本培训要结合基础教育课程改革，围绕转变教师教育观念、提高教师业务素质和实施素质教育的能力这一目标，把师德教育放在首位，根据基础教育课程改革要求，结合学校教育教学工作实际，确定培训内容。现阶段及今后一段时间，校本培训的重点是提高教师实施素质教育的能力和教育创新能力，推进基础教育课程改革的落实。在学科与跨学科专业领域，提高学科整合素养，优化知识结构。在课堂教学研究领域，提高教学素养，提升教学质量。在教育前沿领域，提高理论素养，强化教育责任。通过新教育理念、管理技巧和职业教养的培训，全面提升教师素养。同时，在教育技术与工具领域，加强现代教育技术应用培训，把提高教师教育素养、学科素养与信息技术应用整合起来；加强教师自我教育培训，适应社会化和全球化教育发展的需要，提升学校的竞争力。

实施"学校名师行动方案"，制定并遵照科学的标准，鼓励教师申请学校的"骨干教师""首席教师""国华专家"等名教师职位。

（二）课堂教学研究

当前，国内外教育改革普遍认同的两个观点：一是教师事关重大。教师素质已经成为制约教育改革的主要因素；二是教育改革最终都要发生在课堂上。我国众多优秀教师的成长无一例外地显示，在"课堂拼搏"中"学会教学"，是教师获得发展的重要历程。从目前的形势看，课堂教学已经成为教育研究的热点。那么，课堂教学研究与改革理所当然应该成为学校教育教学工作的核心和关键。我们作为一所新建学校，根本的出路就在于把课堂教学搞精、搞透、搞出名堂、搞出特色。我们目前的教学管理和教育科研工作正是以课堂教学研究和改革为中心展开的。根据学校课堂教学的实际情况，今后一段时期我校课堂教学的研究重点应该是以下几个方面。

1. 研究如何处理教材

教材处理能力是教师教学基本功的核心。我们常说："用教材教，而不是教教材。"听似简单，但功夫就在这简单的事情上，把简单的事情做到最好就是不简单。实际上，要真正做到"用教材教，而不是教教材"很不简单。不仅如此，我们要培养学生的"人文情怀和科学精神"的根本也在于如何使用教材，而要真正把教材使用好，要求教师要有很深的学养，我们要高度重视这个问题，尤其是教研组要抓好这件工作的落实。

2. 研究如何提出和解决问题

教师对学生学习的主导地位在很大程度上体现在课堂教学问题的设计和引导上，在问题的设计上，要尽量做到问题的适度性、准确性、指向性和真实性，避免问题设计大而无当和虚假；同时，更要关注问题的解决，要考虑问题受阻时如何启发和引导学生。问题的设计和引导需要教师多方面的基本功（教材处理、问题设计、教学语言、活动组织等能力）。我们完全有必要在这一方面投入更多的精力。

3. 研究如何转变学生学习方式

学习以学生为本，教师的责任不仅在于教授知识，更在于帮助学生选定科学有效的学习方式、培养学生的学习能力。课程改革强调学生的自主学习、探究学习、合作学习，我们教师在这些方面都有不同程度的尝试，整体效果不错，但问题也不少。比较常见的问题是分组的随意性、讨论的浅显性、交流的表面性和操作使用的形式化，实效性难以把握。今后，在这方面应该不断探索。

4. 研究信息技术与课程整合

信息技术与课程整合作为课题研究的要求也好，作为学校的要求也好，都不是最重要的，最重要的是这是社会发展的必然要求。随着学生信息素养的不断提高，教师是无法单纯用传统教育手段教学的，这个问题不是愿不愿的问题，而是必须做的工作。我校教师使用信息技术的整体水平不错，但存在的问题也是显而易见的。如有些课件仅仅是替代黑板的作用，有些课件的实用性不强，有些课件的信息超量，整体上是为教师教学而设计的，等等。

5. 加强教师教学基本功建设，"深挖洞、广积粮、缓称王"

在课程改革改革中，我们比较关注"课堂教学模式"研究，这当然是方向，但如果教师没有扎实的教学基本功，什么模式都不会有好的效果，也不可能探索出什么有效的课堂教学模式来。我们可以朝着"模式"努力，但我们首先要继续加强我们每个人的基本功建设。在新形势下，教师至少应该具备三个方面的素养，即专业知识、专业技能和专业态度。专业知识包括本体性知识（所教学科知识）、条件性知识（教育类学科知识）和一般文化知识（哲学、社会科学、自然科学等方面的常识）。专业技能主要指教育教学能力和技巧。专业态度包括专业理想、专业情操和专业性向，核心内容是师德。

（三）专项课题研究

课题研究就是对教育教学工作中的重点难点问题进行集中和集体攻关。学校现有省级课题两项，市级课题两项，校内课题九项，目前需要采取有效措施确保这些课题的正常进展。基于此，我们认为要注重从三个层面上采取措施。

1. 完善机制，科学评价

教科研课题研究是与学校发展大计紧密相连的，但如果缺少相配套推动与激励机制，就难以达到预定的目标，因此，学校要进一步完善教科研机制和建立科学的教科研评价体系，使教科研工作的职责化与激励性措施刚柔相济，促进教师参与教科研工作自觉性的提高，推动教科研工作的制度化和规范化。

2. 点上深入，面上拓展

从管理的角度讲，学校要确保重点课题的规范性和实效性，争取在点上取得突破，形成示范效应，进而形成学校课题研究的整体效果。

3. 抓好常规，积极转轨

加强课题研究常规管理，是课题研究深入开展的重要保证。学校应进一步采取措施使课题研究落到实处，不流于形式，要确保每次研究活动都有具体的目标和内容。学校要努力从机制上为教师提供方便，引导教师积极抓住机遇提高自己，发展自己。我们的课题研究实际上是围绕着一个研究主题进行设计的，这个主题是："创设民主的教学氛围，寻求师生互动合作的途径，促进学生健康发展。"不管课程如何改革，"民主、合作、发展"的思路是不会过时的。因此，积极参与课题研究不仅可以不断提升自己作为教育工作者的含金量，而且也为自己顺利向"课改"转轨搭一座浮桥，从而成为一个合格的课程改革标准的执行者。

（四）三大核心工程间的关系

三大核心工程是相互促进的，其中的焦点工程是课堂教学研究。课题研究重在解决课堂教学改革中的重点和难点问题；教学常规管理重在保证实践的规范性和效益性；教师校本培训重在提高课堂教学技术和转变观念；教育理论学习是课堂教学方向不偏移和不断提高教学质量的保证。

五、整合校情，构建校本教研目标考评体系

2005—2007 年，是实施学校三年发展规划的关键阶段，教学科研工作务必实现学校三年发展规划的设计目标。根据当前的实际和任务，教学科研工作所要达到的具体目标分为下面几个方面。

（一）常规管理到位

评价指标：1. 计划具体，操作性强，执行率高；2. 采取措施及时，无教学事故；3. 各类教学活动安排科学，秩序井然；4. 简洁高效，受教师欢迎。

（二）教学成绩优异

评价指标：1. 在高考、通考、联考中成绩达标、领先；2. 在各类省级以上学科竞赛中，参赛学生中有1/3学生获得省级二等奖以上；3. 在市区级各类学生竞赛活动中均能取得较好名次。

（三）教育成果突出

评价指标：1. 教师在各类教育教学比赛中能取得较好成绩；2. 有比较有影响的论文在权威刊物发表；3. 有自主开发的校本课程和校本教材；4. 初步形成具有学校特色的教学模式、育人模式和思想。

（四）师资队伍精良

评价指标：1. 师资队伍构成各因素达标；2. 有在区、市产生一定影响的名师；3. 有一批教师受到政府的表彰；4. 学生的满意率在95%以上。

（五）课题研究有效

评价指标：1. 有适当数量的课题在国家、省、市立项；2. 课题研究按计划进行，研究资料翔实；3. 能形成有价值的课题研究成果；4. 到期课题能正常结题。

（六）教研文化健康

评价指标：1. 教研活动经常化；2. 教研活动扎实，记录翔实；3. 对突出问题的研究解决有措施、有反馈；4. 教研活动受教师欢迎。

六、统整资源，采取积极工作策略

（一）主要策略

基于以上诸方面因素，根据新形势下学校教学科研工作的目标、任务和要求，在学校教学科研工作的具体实施中要注意采取如下几方面的工作策略。

1. 教学科研工作的"互动式"策略

教学改革的关键在于教师的教学方式和学生的学习方式的改进，教学要通过知识、技能的传授，最大限度地发挥课程潜能，实现育人的功效。教研内容也应由"文本教研"向"课程教研"转变，研究课程理念、课程资源、课程诸要素间的关系等。因此，各种教研活动要以教学实践中的共性问题和突出问题为切入点，引导教师主动、积极参与教科研，在各种观点的交锋中，通过个人的反思领悟，达成共识。"互动式"教学科研的特点是：教研内容与教师的教学工作紧密结合；充分接纳同伴的各种观点，并在各种观点的交锋中形成共识；一线教师和教学研究人员在对教学研究的实践和反思中，相互促进，共同提高。

2. 教学科研工作的"反思式"策略

中小学教科研应采取以促进教师发展为本的合作、互助的形式，教科研过程应是研究者、教师共同参与课程研究、共同发展的互动过程。在研究和教学过程中，应着力倡导"反思式"策略，即教师应不断反思自己的教研行为、教学行为，既要进行正向反思，总结经验肯定成绩，也要进行逆向反思，找出实践中存在的突出问题；既要进行课后反思，也要进行课前和课中反思。

3. 教学科研工作的"校本式"策略

"校本式"教学科研就是结合学校实际开展的教育科研活动。"校本"的英文是"schoolbase"，意为"以学校为本""以学校为基础"。我们认为"校本"有三方面的含义：一是为了学校，二是在学校中，三是基于学校。"为了学校"意指要以改进学校实践、解决学校所面临的问题为指向；"在学校中"意指要树立这样一种观念，即学校自身的问题，要由学校中的人来解决，要经由学校校长、教师的共同探讨、分析来解决，所形成的解决问题的诸方案要在学校中加以有效实施；"基于学校"意指要从学校的实际出发，组织的各种培训、展开的各类研究、开设的各门课程等，都应充分考虑学校的实际，挖掘学校所存在的种种潜力，使学校资源得以最充分的利用，让学校生命力释放得更彻底。

4. 教学科研工作的"联动式"策略

"联动式"教学科研策略就是构建学校教育科研共同体和学校教育科研网络。在校内，通过开展形式多样、受教师欢迎的教研活动，有效调动教师承担或参与相应的研究专题，人人参与学校的"说课—上课—评课—研课"教学活动，构成学校教育科研共同体，充分发挥教研组和每一名教师的教学和研究优势，促进学校教学科研整体水平的提高；同时，积极建立与各级教育科研部门和大学的合作，争取科研支持，参与科研项目，承担科研任务，构建学校教育科研网络。

5. 教学科研工作的"引领式"策略

中小学教师应该是研究者，但又不是专业的研究者，对中小学教师教学科研工作的管理应该实行"引领式"工作策略。在工作中，要充分发挥教科处主任、教研组长和教学科研骨干教师的工作牵引作用。我们认为，教科处主任应该是师德的表率、教学的专家、科研的首席、管理的能手、育人的模范、前进的航标；学科组长应该是教学的能手，学科的专家，科研的骨干，是该学科最优秀的教师。教科处主任，不仅要干好自己的本职工作，关键是要带领大家干。

6. 教学科研工作的"信息化"策略

信息高速公路的开通，深刻改变着人们的生活方式、学习方式、工作方式和思维方式。我们认为，必须把"信息化"作为教学科研工作改变的一大策略。通过建立符合学校教学科研实际需要的教育科研网站，紧紧把握教学科研工作的制高点。通过网上教研活动、虚拟网上教研室等现代教育多媒体技术和网络等手段，改善传统教学科研方式，实现学校教学科研方式的现代化。

（二）基本原则

在日常工作中，应坚持以下工作原则，塑造健康的学术精神和教研文化。

1. 坚持以课堂教学改革与研究为中心，以提高课堂教学效益为目标的教学工作方针，反对急功近利。以课堂教学为工作中心展开我们的教学管理和教育科研工作，这是学校办学初期的基本路线。

2. 坚持理论学习、修养提升和实践转化，反对顾此失彼的狭隘言行。理论学习和实践转化是我们日常教育教学工作的两个方面，相互依存，相互促进。不同的老师有不同的擅长，不论哪一方面都是学校的宝贵资源，应该对其进行有效整合，形成整体优势，切不可顾此失彼，更不能互相攻伐。因此，我们应在学习和实践中提升我们学术修养、道德修养和人格修养。

3. 坚持集体学习、求是学风和学术批评，反对厚此薄彼的门户之见。建立学习型学校的重要意义是提高学习的效率，学习型学校就是学校的所有成员围绕共同的愿景进行集体学习，而集体学习效率的高低取决于这个组织是否具有健康的学风和求是的学术批评精神。学习型学校的另一重要意义是能充分发挥每一成员的优势和价值，这就必然会有思想上的交流甚至交锋，对此，除了培育求是的学风和学术批评的态度外，还要防止出现厚此薄彼的门户之见。

4. 坚持务实的改革作风，吐故纳新，反对抱残守缺。任何改革的阻力都主要来自既得利益者，自我改革的阻力就是自己，因为自己已经习惯了一种工作方式，要放弃它去学习新的就要付出更大的努力，从这个角度上讲，自己也是一个既得利益者。因此，在现实中我们就会发现这样的现象：当学校推行一项改革时，有人不进行客观的分析，而是夸大改革可能带来的负面影响；当学习一种新理论时，有人不是积极的借鉴，而是对其不屑一顾，散布消极情绪固步自封。这两类人的共同特点就是抱残守缺，固步自封。

5. 坚持研究的工作作风，精益求精，反对虚与委蛇。我们提倡在工作中研究，在研究中工作，如此才能使我们看似平凡的工作美丽起来，才可能实现自我的超越，才不至于当我们年老退休的时候，仍然是一个只会教书的"教书匠"。我们应该以积极的态度、研究的态度对待我们的每一项工作，要有一种精益求精的精神。在现实中，总会有个别人、他们总能找到某种理由来应付学校的有关要求，有时甚至都忘了自己的职责，总是虚与委蛇，不积极承担责任。

6. 坚持"学贵有恒，行之以德"，反对"一日曝十日寒"、浅尝辄止和半途而废。荀子云："锲而舍之，朽木不折；锲而不舍，金石可镂。"学习的关键在于要有恒心，目标专一，持之以恒。一个人要想有点成就的话，就必须要有恒心，持之以恒，不能半途而废。实践证明，只要有恒心，有毅力，目标专一，有持之以恒的精神，无论学什么都会有成就，无论做什么都能取得成功。

七、科学管理，建立健康工作机制

（一）管理机制

教科处是学校教学和科研工作的直接管理部门，负有对学校教学和科研工作的组织、指导、管理及评价等责任，就全校的教学和科研工作对校长室负责。教务处作为教科处的并设部门，主要负责日常教学服务工作，协助教科处落实学校的教学和科研工作。学科教研组对全校的学科教学质量和学科教研水平负责，受教科处的管理和指导。年级组负有对本年级各学科教学的督促、协调、服务和评价的责任，在教学和科研工作方面受教科处的管理和指导。

（二）运行机制

教科处、教务处、学科组、年级组和课题组在管理层面上是层层负责的关系，在业务上具有相对独立性，各主体共同构成有效的执行体系和快捷的反馈系统。

（三）激励机制

制订学校《教学科研成果奖励条例》，鼓励创新；实施"名师行动方案"，动态管理，激励成长过程。采取激励措施促使教师从事教育教学研究，增强教师参与研究的内动力，逐步完善教科研促进机制，唤起每位教师从事教科研的热情，提高研究的水平，在全校形成教育科研的浓厚氛围，使每位教师成为兼具教育能力和研究能力的新型教育工作者。

八、未雨绸缪，夯实工作基本保障

（一）思想保障

杨国强先生"为国育才"的人生追求和"会做人，善做事"的育人理念，是我们做好学校各项工作的基本指针。目前，我们面临着艰巨的办学任务，应将更多的注意力转移到通过各种研究活动来提高教师的素质、丰富学校的内涵上来，并建立教师自主发展的良性机制，使我校迸发出创新的活力。我们要求教师潜心从事教育教学工作和教育教学研究工作，做到"术业有专攻"，在教育教学中实现自己的价值。学校行政领导也应该要求自己进入研究状态，提高管理的专业化水平，不断提高自己教师教育领导工作的能力，引领全体教师向着更高的专业境界前进。

（二）体制保障

"尊重人、善用人、用好人、关怀人"是国华纪念中学办学成功的关键。集约化、扁平式的学校管理体制和"以人为本，唯才是举"的人才使用机制，为学校各项工作的顺畅实施提供了政策保障和人才基础。

（三）组织保障

学校建立了校长负责、学术委员会指导管理、教科处具体操作、教研组和课题组实施的教科研网络结构。教研组作为教学管理和教科研工作的基层单位，应有具体的切实可行的计划和活动方案，每位教研组成员都应有自己的研究重点。在对教研组工作进行评价时，要把教科研工作作为重要内容之一。

校本教研需要创新教学管理，实行校本教学管理。教学管理是学校管理的重要组成部分，加强教学管理不仅要建立切合实际的教学管理制度，更重要的是要确保这些制度能够得到认真执行。为此，要建立和完善以学校、教科处、教务处、教研组、年级组、备课组为主的教学管理网络；改革教学常规，在教师备课、教学设计、课堂教学、课后反思、作业布置与批改、考试与评价等环节上，提出符合"以学生发展为本"的具体实施方案；加强对教师工作量、教师评价、教师奖惩、学生成长、档案管理、教育科研等实际问题的研究。尤其要积极探索对师生的评价，改革考试制度，使评价有利于调动教师的工作积极性，有利于激发学生的学习兴趣，有利于学生的发展。校本教学管理和校本教研相得益彰、相互促进，互为前提和保障。

提高教学管理效能的根本途径是开展扎实的教学研究和教育科研，在教研和科研实践中，规范科研管理，创新教研文化，优化研究环境，通过文化"浸润"和"滋养"，提升教师研究智慧和职业生活品位；促进教师的专业提升，推动学校的发展；在学校发展的过程中，实现并升华每一名教职员工的人生价值。

第三节　坚持立德树人的教育实践

党的十九大报告提出，"要全面贯彻党的教育方针，落实立德树人根本任务，发展素质教育，推进教育公平，培养德智体美全面发展的社会主义建设者和接班人。"这不仅是从全局和战略高度对教育工作提出的明确要求，更是新时期教育发展的蓝图和愿景，对基础教育发展而言具有更强的规范性和指导性价值。但如何把"立德树人"的战略要求转换成具体的教育实践，切实改进和提升基础教育发展态势，是当务之急和重中之重的实践性问题。

一、教育要从娃娃抓起——写在全国学前教育《三年行动计划》现场（西安）推进会召开之后

"教育要从娃娃抓起"，这是邓小平1977年在谈到教育问题时说过的话，时至今日，我们仍有必要以这句话来深刻反思教育实践。这句话的重点就在一个"从"字，离开它，就很难保证教育的真义。如果我们把重点放在"娃娃"上，不但会使这句话变成正确的废话，而且还有可能会变成一种打着"教育"名义的对"娃娃"善意的伤害。

"教育要从娃娃抓起"就是指社会上下要正确认识学前教育。《国务院关于当前发展学前教育的若干意见》（国发〔2010〕41号）指出：学前教育是终身学习的开端，是国民教育体系的重要组成部分，是重要的社会公益事业。办好学前教育关系到亿万儿童的成长，关系到千家万户的切身利益，关系到国家和民族的未来；大力发展学前教育是贯彻落实《规划纲要》的突破口，是推进教育发展的重要任务，是推进和谐社会的重大民生工程。学前教育是开发孩子潜能、塑造孩子心理、培育健全人格的奠基阶段，良好的学前教育可以造就孩子一生的成长，这是全民素质提高、民族强大的基石。

"教育要从娃娃抓起"就是要从简单的事情上开始施教。学前教育时期是建立生活常规、培养学习习惯的重要时期，孩子在幼年的时候，性格具有很强的可塑性，就像融化了的铁水，将来可以打造出任何形状，而真正等到它冷却的时候，却很难再进行铸造。目前，社会更多地关注知识教育，自然就更关注中小学教育，甚至是大学教育，结果导致孩子们在幼儿园的时候学习小学的知识，小学的时候学习中学的知识，中学学习大学的知识，等到了大学才重新开始培养自己小时候应该养成的好习惯，而这个时候木已成舟，难以修补，大学毕业后还没有独立生活的能力，很难应对社会的挑战，甚至会酿成不良后果。现在，越来越多的教育界人士认识到，教育的核心不是传授知识，而是培养人的健康人格，而良好的习惯正是健康人格的牢固基础。因此，学前教育在人一生的教育中占有举足轻重的地位，只有让孩子在幼儿时期就培养出良好的心态，才可能在成长过程中培育出非凡的创造力，长大成人后才可能很好地适应社会。

"教育要从娃娃抓起"就是要按照娃娃的成长规律施教。《弟子规》里面讲："首孝悌，次谨信，泛爱众，而亲仁，有余力，则学文"，直接翻译就是说幼儿首先要讲孝悌，其次谨慎诚信，要爱周围大众，亲近仁德贤人，尚有富余精力，则读书多做学问。学前教育既要着眼于学生成长的起点，又要立足于教育逻辑的起点。目前，幼儿园在基本办学条件具备的情况下，不应该在教学设施上盲目攀比跟风，而应在孩子的教育问题上真正用力，遵照孩子的天性施教。

"教育要从娃娃抓起"就是要满足娃娃的成长需要，尤其是孩子的精神需求。与优越的物质条件相比，孩子的精神需求更不可或缺，因为它关系着孩子将来健康的人格与价值观的形成。在孩子的精神需求中，爱是第一位的，也是人类最基本的需要。有了爱就有了安全感，自然、稳定、自在的感觉就会油然而生，勇敢、冒险、吃苦的精神随之慢慢形成；成就感是成长的要义所在，自尊心、自信心是人在"成就"一些事情过程中的自然产物。被聆听、被了解是使人成长的营养素，是人在成长中对爱的理解和感受；独立自主是成长的本质要求，教育中要允许、保护、鼓励孩子的自我意识，更要有耐心去等待、捕捉孩子的自我意识；玩耍是每个孩子的需要，人类是需要精神生活的动物，对于7岁以前的孩子来说，游戏是这一时期的一种生活形式，是孩子的基本活动，他们通过在游戏中的身体和情绪的体验来获得乐趣，并且满足许多心理和精神上的需求。他们在玩耍中构建自我，纾解情绪，发展与人交往的能力，这些是学龄前儿童教育的最重要的任务。幼儿教育要培养孩子良好的心理和健康的性格，孩子长大之后才能适应各种环境，有一个正确的心理来面对社会的挑战。

"教育要从娃娃抓起"就是要把娃娃放在真实的环境中施教。所有的成长都只能是在真实的环境中进行，正如健康的身体不是在无菌环境中养成的一样。比如，要提高孩子的交往能力，就应该经常带孩子到亲朋好友家里做客，增加孩子的社会经验，学会与小伙伴友好相处和文明礼貌。做客前当然应该对孩子做些指导，但更重要的是在做客中指导孩子，做客后及时评价孩子的表现并给以鼓励。社会生活中没有"纯"的环境，社会、学校、家庭也不能试图为孩子创造"纯"的环境，更不能制造虚假的成长环境。

当前，政府重视学前教育的程度前所未有，财政对学前教育发展投入的力度前所未有，有关学前教育的政策出台的密度前所未有，学前教育资源增加的速度前所未有。我们必须谨记，教育要"从"娃娃抓起，要从培养孩子的健康性格做起。良好的学前教育会使一个人养成健康的品格和习惯，从而使一个民族的素质全面提高。

二、教育是对传统的理解和超越

2014 年 3 月 27 日，习近平总书记在巴黎联合国教科文组织总部谈到传统文化与中国梦的关系时指出："没有文明的继承和发展，没有文化的弘扬和繁荣，就没有中国梦的实现。中华民族的先人们早就向往人们的物质生活充实无忧、道德境界充分升华的大同世界。实现中国梦，是物质文明和精神文明比翼双飞的发展过程。中华文明同世界各国人民创造的丰富多彩的文明一道，为人类提供正确的精神指引和强大的精神动力。"在习近平总书记的讲话中，强调"物质生活的充实无忧、道德境界的充分升华"是"大同世界"的两翼，中华文明是人类的"精神指引"和"精神动力"。

毋庸讳言，目前"物质生活的充实无忧"已基本实现，而要实现"道德境界的充分升华"仍然道路漫长。因此，发展教育事业就具有突出的重要性和基础性意义，而教育该如何发展？就成为实现中国梦和社会进步的根本性问题。教育是指向未来的，但却是基于传统的，教育是从传统走向未来的桥梁，是通过对传统的理解和超越走向未来。这是教育发展之根本，也是教育进步艰难之根源。究其实，教育发展就是首先要厘清传统，从而才能认准要争取的未来。

自近代以来，中国传统文化与现代化关系的问题就成为中国社会转型、文化转型中的重大问题，并以此产生了多次规模甚大影响甚深的论争。早的如鸦片战争后的中体西用之争，后来有五四时期的中西古今之争，继后有 20 世纪 30

年代前后关于全盘西化、本位文化建设、中国现代化建设等问题的论争。可以说，中国社会的现代化过程中最根本最艰难的问题就是如何处理继承传统和面对现代化的问题，如今不断高潮的传统文化热、国学热反映出的事实是对待传统的态度仍然晦暗不明。当我们要实现文化思想的现代化而遇到困惑时，直觉告诉我们要继承和发扬传统；当我们要继承和发扬传统时，又不容易说明白什么是传统，要继承和发扬哪些传统以有利于自主的现代化进程。

在此背景下，2017年年初，中共中央办公厅、国务院办公厅印发了《关于实施中华优秀传统文化传承发展工程的意见》（以下简称《意见》），并发出通知，要求各地区各部门结合实际认真贯彻落实。《意见》从"核心思想理念""中华传统美德""中华人文精神"三个方面界定了中华优秀传统文化的精华所在，并要求"围绕立德树人根本任务，遵循学生认知规律和教育教学规律，按照一体化、分学段、有序推进的原则，把中华优秀传统文化全方位融入思想道德教育、文化知识教育、艺术体育教育、社会实践教育各环节，贯穿于启蒙教育、基础教育、职业教育、高等教育、继续教育各领域"，并将传统文化教育"贯穿国民教育始终"。

目前，在内容清楚、要求明确的情况下，各地各方面正在积极探索如何把中华传统文化教育转化为具体的教育实践，诸如"诵读经典""诗词大会""传统节日纪念""高雅文化进校园"等活动开展得如火如荼。基于此，中华优秀传统文化教育要注意做到三个"坚持"：一是要坚持中华优秀传统文化教育与时代精神教育和革命传统教育相结合，特别是与培育和践行社会主义核心价值观相结合，避免脱离时代、脱离社会的"复古"倾向；二是坚持中华优秀传统文化教育与学生成长需求的阶段性特征相结合，做到内容活泼、形式多样、可接受性强，避免简单粗暴、刻意造作的"官样"倾向；三是坚持中华优秀传统文化教育与学生生活实践和学校发展特色相结合，避免千校一面、千花一色的形式主义倾向。

中华优秀传统文化教育是教育的基础和重要任务，是从儿童教育开始贯穿人生始终的根本性问题，是人生的底色、社会的基石，需要用长远的眼光、开放的思想高度重视。

三、用忏悔意识思考教育

面对改革与前行艰难、收获与困惑同在的教育发展，需要用忏悔意识进行思考。

忏悔意识是包含着价值倾向和伦理规范的人文实践。摩罗认为，忏悔意识与"原罪"意识有关，但它也具有重要的价值，可以理解为与人类须臾不离的反省意识。那就是，人类可以一边行为一边对自己的行为提出质疑，质疑的过程就是为自身的行为承担精神上的责任。这种精神或者反省意识，正是教育发展中不可或缺的，甚至它就是教育过程的本质。

在对教育发展的理解和反省上，必须通过改革的延长线来审视，即需要历史意识的参与。1993 年 2 月，中共中央、国务院颁发《中国教育改革与发展纲要》，明确指出中小学要从应试教育转向素质教育的轨道。1994 年 8 月，《中共中央关于进一步加强和改进学校德育工作的若干意见》，第一次在中央文件中使用了"素质教育"的概念。1999 年 6 月 13 日，《中共中央国务院关于深化教育改革全面推进素质教育的决定》提出"深化教育改革，全面推进素质教育，构建一个充满生机的有中国特色社会主义教育体系，为实施科教兴国战略奠定坚实的人才和知识基础"。2001 年 6 月 8 日，教育部印发了《基础教育课程改革纲要（试行）》。至此，以素质教育为目标的教育改革真正落地生根，并破土发芽。因此，"课程改革"本身就是素质教育改革的重要成果。

那么，作为改革成果的"课程改革"实施以来又取得了哪些成果呢？20 世纪 90 年代，在素质教育区域性实验推进和探索时期，涌现出了湖南汨罗、山东烟台、辽宁大连、上海闵行、江苏南通等一批先进典型。与此不同，21 世纪初的课程改革是更加具体而深入的教育探索。一是自主学习、合作学习和探究学习，既有一般或整体层面的理论性研究，又有某一具体学科教学层面的实践研究；二是有效教学研究，即以"减负增效"为核心任务，重点探索改进教与学的策略和方式、改善师生关系、调动学生学习的主动性、激发学生的学习兴趣、优化教学内容等；三是关注差异、关注特长和关注"后进"的个性化教学研究。这些研究的逻辑起点都是基于学生主动、积极、愉悦地学习，核心环节是正确处理教学活动中教师与学生的角色关系和知识、能力与情感态度价值观的关系，以期促进学生全面而富有个性地发展。

就我省情况而言，在上述各方面都有不同程度的探索和实践，出现了一批课改先进区域和学校，涌现出了一大批课改局长、校长、教师和专家，形成了一定数量的课改经验和成果，但总体而言，今后的课改任务依然很重，改革道路上的障碍依然强大。我们应该以反省的精神对待过去的付出，更要以忏悔的意识理解现存的问题，从而深刻认识自身所肩负的课改责任，并在新的课改实践中履全责尽职守。

从主体上看，全省每个教育人都是改革的倡导者也是实践者，我们可能在取得成果的同时也造成问题。因此，如何继续推进课改实际上是由教师队伍的素质所决定，教师队伍建设是当下问题解决和决定未来改革成效的根本。因此，相对于课改的高期望值来说，已有的骨干教师队伍和教师整体状况就有继续强化实施、深入推进的必要性和迫切性。

从实践上看，每个参与者无论是积极投身课改还是消极保持自我，都可能对课改产生破坏，根本之道在于首先要做好学习者、研究者，然后才可能是一个好的实践者。大多时候的大多数人会非常容易地承认自己是一个实践者，态度固然可嘉，但没有经过学习和研究的实践者也可能存在实践的风险，因为我们习惯了"实践—成果"式的线性的、未经反省的逻辑推理习惯。因此，身处课改实践之中者、准备深入课改实践者都要有敬畏教育实践、了解教育实践、积极而慎重对待教育实践的态度，做一个好的教育实践者。

从发展上看，"学生发展核心素养"作为"立德树人"的基本立足点而成为教育的核心任务，"核心素养将成为中国教育实践和理论中最热的词汇，且没有'之一'，其热度将在未来十年只增不减"。如何把课改实践与"核心素养"对接，如何重新审视已经取得成绩和存在的问题，是当前面临的具体和复杂的理论和实践问题。因为，"未来中国的教育，需要核心素养这个新支点，去撬动质量体系的重构；需要掌握核心素养这把钥匙，解开困扰基础教育多年枷锁。"①

站在新的起点上，不能不用"忏悔意识"来思考教育，不能不用反省意识来理解教育实践——我们的工作和生活！

四、"好人教育"与立德树人的逻辑推进

（一）基础教育的战略选择

把立德树人作为基础教育的根本任务，说到底是培养什么人和怎样培养人的问题。概括地讲，"树人"是基础教育的发展方向和目标，基础教育要坚持育人为本，通过实施合适的和科学的教育来发展人、改造人、塑造人。也就是说，基础教育的根本任务是培养人，主要是为人的成长和人才发展奠定基础，而不是直接培养人才；"立德"是对基础教育的根本要求，是对"树人"的基本定

---

① "走向核心素养"专栏语［J］．人民教育，2015（7）．

位，就是说基础教育要坚持德育为先，通过正面的教育来引导人、感化人、激励人，基础教育要"树"有德之人；"立德树人"就是通过具体的课程内容和教育活动，在传授基础知识、基本技能的同时，突出社会主义核心价值体系，从而规范人、推动人、提高人。由此可知，"立德树人"是对"人的发展"这个教育根本性问题的创造性表达，对教育实践具有本质的规定性。

同时，"立德树人"也是基于近年来基础教育发展状况的对策和能动反映。21世纪以来，随着社会政治经济发展和国际竞争形势变化，我国基础教育发展面临极大挑战，基础教育在国家总体发展中的战略地位日益凸显。因此，国家对基础教育的重视提高到空前的高度，先后出台了《面向21世纪教育振兴行动计划》（1999年1月3日，国发〔1999〕4号）、《国务院关于基础教育改革与发展的决定》（国发〔2001〕21号）、《2003—2007年教育振兴行动计划》（2004年3月3日，国发〔2004〕5号）、《国家中长期教育发展规划纲要》（2010年）等重要文件，党和国家领导人多次深入基层，就基础教育发展发表重要讲话或指示。从全面推进素质教育、全面实施课程改革、全面加强教师队伍建设、全面深化教育领域综合改革等方面深入推进基础教育发展。尤其是通过教育实践探索，明确提出政府和学校"要办人民满意的教育"的办学方向，"课程综合化、国际化、现代化"的课程改革方向，教师"要做有理想信念、有道德情操、有扎实知识、有仁爱之心的好老师"的专业发展方向。可以讲，基础教育已经迎来了一个全面发展的新时代。

但是，新形势下，我国基础教育到底应该按照怎样的方向发展？要为国家社会发展提供怎样的智力支撑和人力资源支持？在这样的背景下，《中共中央关于全面深化改革若干重大问题的决定》（2013年11月12日，中国共产党第十八届中央委员会第三次全体会议通过）提出："坚持立德树人，加强社会主义核心价值体系教育，完善中华优秀传统文化教育，形成爱学习、爱劳动、爱祖国活动的有效形式和长效机制，增强学生社会责任感、创新精神、实践能力。"这是深化教育领域改革的目的性要求和基本导向，进一步强化了"培养什么人""用什么培养人"和"怎样培养人"的问题。《教育部关于全面深化课程改革落实立德树人根本任务的意见》（教基二〔2014〕4号）明确了"五个统筹"的战略任务——"统筹小学、初中、高中、本专科、研究生等学段（包括职业院校）；统筹各学科，特别是德育、语文、历史、体育、艺术等学科；统筹课标、教材、教学、评价、考试等环节；统筹一线教师、管理干部、教研人员、专家学者、社会人士等力量；统筹课堂、校园、社团、家庭、社会等阵地。"这些任务就是学校教育教学改革核心和关键所在。归根结底，就是学校怎么办学的问题。因此，"立德树人"是新时期教育发展的根本要求和战略选择。

当然，"立德树人"既是党的十八大以来党和国家形成的关于教育发展思想的高度概括，也是我国传统文化精神的内核。"立德树人"作为一种教育理念由来已久，但如何真正变成教育实践、变成具体的办学思路和政策，如何与当前的教育改革、课程改革和教师队伍建设结合起来，还需要做大量的研究工作。

（二）"好人教育"的实践能量

"好人教育"是陕西省鄠邑区惠安中学在办学过程中的实践探索，近年来通过实践改进和理论提升，取得了良好教育成效，赢得了广泛的社会赞誉，引起了《中国青年报》《中国教育报》等数十家主流媒体的高度关注和深入报道。

"好人教育"是传统文化的现代应用。中国传统文化是中华民族的灵魂和脊梁，它所蕴涵的价值观念是中华民族智慧和文明的集中体现，是推动历史前进的动力，它所蕴涵的价值观念是中华民族智慧和文明的集中体现，是中华民族的灵魂，是学校德育教育宝贵的精神资源，对学生精神品格的培养有着积极的现实意义。中华民族是一个十分重视道德教育的民族，道德教育不仅是提高个人道德修养的首要途径，也是治理国家的重要方略。如何将传统文化和德育更好融合，将其发扬光大，是我们德育工作者应该思考的问题。

在中国人心目中，道德修养最高境界是成为"圣人"，但中国人尤其是知识分子，往往以君子自诩，却从不以"圣人"自居。可见"圣人"的道德境界是一种崇高的理想，"圣人"也只是人们心目中的崇拜偶像。"君子"之外，"小人"丛生，从而构成了"圣人—君子—小人"的社会道德金字塔结构。但社会的发展，必须在"圣人"的引导下，实现"小人—君子—圣人"的正向流动，必须把"圣人"的道德标准转换成社会大众可以效法、尊崇的社会原则。"好人教育"的基本内涵和丰富实践正是在对传统德育思想继承的基础上的创新和具体化。

惠安中学认为，"好人教育"与《易系辞下》所阐述的文化精髓同出一辙，并赋予其新的内涵：《覆》以和行，就是和谐友善；《谦》以制礼，就是礼让守法；《复》以自知，就是明辨是非；《恒》以一德，就是立德树人；《损》以远害，就是不做坏事；《益》以兴利，就是兴邦立国；《困》以寡怨，就是减少怨尤；《井》以辩义，就是明辨道义；《巽》以行权，就是勤政为民。这些现代与传统融合的文化思想，成为学校开展"好人教育"的理论支撑。惠安中学研究认为，由于时代文化的不同，人们对"好人"的认识和理解亦有所不同。儒家认为讲仁、义、礼、智、信的人就是"好人"；爱因斯坦认为，生命的意义在于设身处地替人着想，忧他人之忧，乐他人之乐，具有这样情怀的人就是"好人"；季羡林先生认为，考虑别人比考虑自己更多的就是"好人"。在新的历史时期，能积极倡导并践行社会主义核心价值，做到爱国、敬业、诚信、友善的人就是"好人"。

"好人教育"是对新时期德育要求的践行和创新。在传统德育思想中，"圣人"的道德境界并不是天生的，而是一点一滴积聚起来的。荀子对于人的成圣过程做了这样的描述："彼求之而后得，为之而后成，积之而后高，尽之而后圣。故圣人也者，人之所积也。"荀子认为，"圣人"不仅是崇拜的偶像，普通人也能经过坚持不懈的实践，从日常生活中不断地积累德行，提高自己的道德修养，达到尽善尽美的境地，成为一个"圣人"。由此可见，道德修养是一种自我行为，只求诸己，不求诸人。"君子之自行也，敬人而不必见敬，爱人而不必见爱。敬爱人者，己也；见敬爱者，人也。君子必在己者，不必在人者也。"（《吕氏春秋·必己》）以敬爱他人为例，对他人的尊敬或爱护，只问这种敬与爱是否出自真心，是否做得彻底，而不必计较对方是否理解或接受你的敬与爱。所以，修身养德的根本目的，是只求自身完美，不求他人的理解或接受。

惠安中学的"好人教育"通过具体的行为规范——重品质、有素养、会学习、会交流、会生活和有信仰、素质好、品质好等的具体定位，要让学生在人生的不同阶段，扮演好不同的角色。这样，他们成长的每一步、每一个足迹都值得眷恋和回味。这种"接地气"的目标表述，彻底掀开了德育"高大上"的神秘面纱。这样，德育教师在工作中也不会再有这些困惑：德育内容难以捕捉、德育方式无从谈起、德育评价无处着手；接受德育者在学习中也不会再有德育抽象无比，模范遥不可及，自身有心却无力落实的苦闷。这无疑为学校德育工作的开展指了一条明路。

"好人教育"是对社会主义核心价值观的具体落实。惠安中学的"好人教育"实践以社会主义核心价值观教育为统领，坚持"教育第一、育人第一、创新第一、服务第一"的发展方向，创新了"好人教育"育人模式。[①] 这种"好人教育"模式，倡导学生"在家里做个好儿女、在学校做名好学生、在社会做

---

① 中国青年网．"好人教育"好在民族血脉的延续与传承［EB/OL］．（2014 - 12 - 16）［2019 - 4 - 22］．http：//aqzy. youth. cn/qsnag/2xbd/201412/t20141216_ 6268715. html.

名好公民、在未来做个好栋梁",其核心是:按照好人的标准把学生教好,培养好人,让好人成为社会的主人;它体现了"爱国、敬业、诚信、友善"的社会主义核心价值观。这种"好人教育"育人模式核心在诚信,培育的是学生,考量的是学校;"好人教育"根本在育人,检验的是质量,考量的是教育的本质与内涵。"好人教育"将学生培养、学校发展、社会和谐上升到了社会主义核心价值观的民族高度,牢固确立了"立德树人"这一根本任务,使德育工作在师生的实际行动中绽放出流光溢彩。

(三)"立德树人"的实践逻辑

"立德树人",强调教育事业不仅要传授知识,培养能力,还要把社会主义核心价值体系融入国民教育全过程,引导学生树立正确的世界观、人生观与价值观。"立德树人"既然是对学校教育实践的具体规定,学校教育必然要通过具体的教育活动践行"立德树人"的要求。

第一,学校必须以"立德树人"为根本任务,充分探索"立德树人"的实现路径。这意味着要将课程育人、实践育人、文化育人结合起来,增强"立德树人"整体效应。惠安中学的"好人教育"主要是通过课堂教学、创设情境、人本管理、丰富活动、营建文化和创新评价六大教育载体,实现育德、育新、育美、育魂、育能、育识的整体要求,并将"有良好的道德品质,有健康的体魄,有好的心理素质,有较强的学习能力,有鲜明的个性特长,有远大的理想追求"六大方面作为教育实践效果的评价标准。

第二,"立德树人"的教育实践要处理好两个关系:一是德育追求和德育实践的关系。一方面,德育应有高标准,要把德育放到素质教育的大系统中,置于教育内涵发展的大背景下,要在整个教育体系中突出德育重要性并做出系统的德育战略规划,协调好德育、智育、体育、美育等之间的关系,共同服务于"为了每一个学生的终身发展"的目标;另一方面,德育须有有效的载体,对学生而言,这个载体非常具体而且正当。惠安中学提出的"好人教育"有四项任务——在家里做一个好儿女,在学校做一名好学生,在社会做一名好公民,在未来做一个好栋梁。这四项主要任务基于学生生活、成长、发展的社会空间和具体位置,培养学生不同的社会角色意识,使学校、家庭、社会教育有机地联系并形成一个正向合力的教育体系。二是德育理念与德育活动的关系。好的德育理念只有经过适当的德育活动才可能得以实现,才能真正内化到学生的生活中。因此,好的德育一定是基于学生的生活实际的。例如,惠安中学的"好人教育"中的"好学生"的具体要求中有："3. 文明上网，不进入营业性网吧、游戏厅；不沉迷网络游戏、电子书等；不在教学区内使用手机等电子产品。4. 关心父母、感恩父母，帮助父母做力所能及的家务事。5. 具有环境保护意识，不乱扔废弃物，不吃垃圾食品，不浪费水、电、粮食；爱护公共设施和花草树木，不乱涂乱画。"这些规定具体而准确，能得到学生的真正认同。例如，"12 月 21 日：擦窗户，家长评价：认真；1 月 2 日：帮忙做饭，家长评价：敷衍……"这是惠安中学学生周吴玮的《家庭道德作业》。这反映出"好人教育"是一个由理念到行为转化和素质提升的具体发展过程。华东师范大学教授、博士生导师戚业国在惠安中学调研多次，他认为该校以"好人教育"为落脚点的道德教育，使空洞的道德标语可观可感。

第三，"立德树人"的教育实践须有过程的合力与实践效果。惠安中学"好人教育"有声有色，效果显著，已经引起社会各界的广泛关注。鄠邑区当地的群众说："只要看到一群精神抖擞的自行车队，不用问，一看便知那是惠安中学的学生。"这是因为，惠安学子每天都向全社会传播着"做一个好人"的正能量，传递着"友善、诚信、敬业、爱国"的社会主义核心价值观，传递着"做一个好人"的时代风貌……

事实也正像百姓称赞的那样，惠安中学的许多学生在"好人教育"中有了深刻体会和自觉行动。"我觉得最大的变化是和爸妈沟通更多了。"惠安中学高二学生赵创说，"以前爸妈问我在学校的一些情况，我有时候会不耐烦。现在吃饭的时候会尽量和他们聊聊天。"2015 年 4 月 5 日，惠安中学 2016 届高 2 班的夏雨含同学，面对雨后河水暴涨和几个人的生命受到威协的情况，毫不犹豫、奋不顾身地连续救起 3 名儿童和 1 名近八旬老人的生命，再次谱写了一曲"好人教育"的赞歌。另外，"好人教育"受到《中国教师报》《教师报》《陕西教育》《陕西素质教育》《华商报》《课改通讯》，以及陕西电视台、西安电视台等中央、省、市多家媒体的高度重视和深入报道，形成强大的舆论导向和社会合力。

当然，惠安中学的"好人教育"开展的时间并不长，还有许多理论和实践问题需要探索解决，还有许多认识上的问题需要澄清。但是，只有坚持行动，实践就会改变，面貌就会改善，工作就会改进。

五、"学会做人"教育的实践与思考

做人，是人生的永恒主题；会做人，是人生成功的基石；学会做人，是学校教育的基本要求和目标。但凡全国闻名的中学，无不是因为培育出了一大批优秀人才，而这些人才的成功，无不得益于在中小学阶段所奠定的扎实的做人做事的基础。因此，学校教育的最大意义应该是教会学生做人，这才是学校成功的关键和根本所在。

学校应致力于为中华民族的伟大复兴培养精英人才，为未来培养各行各业的成功人士，真正实践和体现"三个代表"的思想。社会的发展使学校德育工作面临许多新问题，作为一所新建的学校，我们德育工作的任务更艰巨；作为一所天生就独具特色的学校，德育工作的方法必须要创新；面对相对特殊的学生群体，学校德育工作的意义更重大；朝着崇高的办学和人才培养目标，我们必须以创新的精神、研究的态度对待我们正在从事的每一件工作。办学两年多来，学校致力于构建以"学会做人"为核心中学生德育实施系统，取得较好的德育效果。我们所做的与学校创办人的要求还相差很远，与有着悠久历史的兄弟学校相比还差得很远，在这里我们把工作中的做法拿出来跟大家交流，就是希望能有所借鉴，得到大家的帮助。

教育，在《现代汉语词典》的解释是："培养新生一代准备从事社会生活的整个过程，主要是指学校对儿童、少年、青年进行培养的过程。"教育是一个过程，一个使人之所以成为人的准备过程。帮助学生养成一个科学健康的生活、学习和工作习惯，应是最基本、最重要的"准备"。

（一）习惯养成——立身、立校的基础

胡适曾经说过："种下思想，收获行为；种下行为，收获习惯；种下品德，收获命运。"一个良好的学习习惯和生活习惯将会使一个人终身受益。"国华纪念中学学生整体心理素质较好，学生有较高的学习动机、学习效能感和主观幸福感，……另外我们也应该注意，有较多的学生存在抑郁、一般焦虑和考试焦虑等不良情绪，有一些学生对自身认识不充分（整体自我概念水平较低）。因此，我们在强调学生学习的同时，要注意调节学生的不良情绪，增强学生对自身的认识。"①

外在的调节必须通过学生自我的行为和习惯内化为自己的品格、品德。规范学生行为、养成良好的生活和学习习惯是一切教育得以实现的基础和重要途径。因此，我们把习惯养成教育视作学生的必修课加以重视和探究。

---

① 北京师范大学发展心理研究所. 国华纪念中学学生整体心理素质报告［R］. 2003. 12.

1. 对学生来说——良好的习惯是一个人成人、成才、成功的基础

亚里士多德认为：人的美德有两类——理智的和道德的，理智的美德由教学产生和发展，道德的美德由习惯而来。对于习惯养成的重要性，人类有很多真知灼见：积千累万，不如养成一个好习惯；习惯影响性格，性格决定命运。这些都深刻地揭示了良好习惯对一个人成人、成功的重要性。

据说，上万日本人离开体育场，地上不会留下一片纸片。就是这样一个好的卫生习惯、一点"小事"，让人们惊呼日本人太可怕了，日本人没有理由不成功。良好的习惯和文明的素养如果根植于民族的血肉和精神，这个民族就具备了非凡的创造力。

2. 对学校来说——养成教育是一所学校办出特色、办成名校的基础

办学者都希望将学校办出特色，办成名校。"特色"，是指事物所表现的独特的色彩、风格等。如何打造学校办学"特色"，则是见仁见智的问题，但能否有特色的关键不在观念和做法的独特（观念、做法大家都能学），而在于能否将先进的观念转化为实际行动，能否坚持实践，能否做得好，做到最好。坚持做到最好，一个学校就有了绚烂的"特色"，光芒耀眼。

名校，"名"在什么地方？——名师、名生。支撑名师、名生的是什么？——优秀的校风、教风、学风。什么是校风、教风、学风？——我们认为就是学校优良的传统、先进的学校文化、教师良好的教的习惯和学生科学的学的习惯。如果有一天我们做到了：跨进国华纪念中学校门的学生，能自然地感觉到想不学习都不行，想不守纪都不行；跨进国华纪念中学校门的老师，很自然地意识到想不爱岗都不行，想不敬业都不行。那时，我们就能自豪地说：国华纪念中学是一所好学校！

我们清醒地意识到：这些目标需要我们从基础做起，抓好养成教育；需要全校师生员工的共同努力，使我们老师、学生养成好习惯，形成好风气，使国华纪念中学的每一个人想不进步都不行。围绕"学会做人，耐得寂寞"，扎扎实实地开展养成教育，是我们这所新建学校，必须潜心修炼的"童子功"，也是每一所学校生存和发展的基础性工程。

（二）学会做人——习惯养成的核心

"比分数更重要的是做人、做事"是我校的教育理念。苏霍姆林斯基说："由做人概念（道理）通向做人信念的甬道是以行为和习惯为起点的。"我们的办学要求是以"学会做人，学会做事"为中心，针对我校学生的特点和实际需

要，开展系列性习惯养成教育活动。

1. 学会做人，做一个文明高雅的人

（1）待人有礼，养成文明礼貌的习惯

人生活在社会关系之中。礼貌待人是做人的逻辑起点，是人处理好社会关系的基本要求，是人生存的一项基本"技能"和修养。"文明礼貌不用钱却能赢得一切。"形象说明了文明礼貌的重要性。

第一，开展文明礼貌教育。每一届学生进校后都要组织学生就文明礼貌开展讨论，组织征文、主题班会，摘抄、诵读文明礼貌格言等活动，使学生明白文明礼貌的重要性。学生们将自己喜欢的文明礼貌格言记在笔记本上作为座右铭，放假回家也以自己的文明言行感染身边的人。

第二，制定《文明礼貌守则》，规定十项基本礼貌要求，要求每个学生必须做到。如，见到老师、来宾主动打招呼、问好；使用文明用语；办事集会的文明礼让等。经过我们坚持引导和管理，现在文明礼貌已经形成习惯，成为自然，文明礼貌成为学生自身发展的一种内在需求。

第三，请专业人士为学生开设文明礼仪讲座。每届学生进校后，我们都组织学生到顺德碧桂园豪园会所，由餐饮部总监讲授、示范待人接物的基本礼仪。就餐、人际交往的基本礼仪是我校学生的一门必修课。

（2）养成文明的生活习惯

半军事化管理，是我们常规管理的总要求和管理形式。

第一，发动学生讨论、制定学生一日生活常规，对生活区、教学区、饭堂的常规做出明确、具体、细致的要求，实行学生处、年级组、学生会三级检查，查到每个学生。就是周末，对学生宿舍的常规要求也不降低，周末一样要查。我们对学生常规要求很具体、可操作。例如，在宿舍管理方面，大到被子折叠、物品摆放，小到晾晒衣服的晾衣架挂钩方向和衣服领口方向都做了明确的规定。教室大到讲台、电视机，小到灯管开关，不管什么时候都能做到干净清洁，没有卫生死角，学生生活区和学习区一样整洁明亮。这些，我们可以自豪地说能经得起任何人随时、随地的检查。

第二，教给学生生活常识。如何洗脸，如何洗衣服，如何系腰带，如何冲洗洗手间便池，如何开展青春期保健等生活常识，我们都利用间操训话、班会、讲座、现场指导等形式教给学生。

（3）养成爱读书、勤思考的习惯

培育学生文明高雅的气质，根本的还要养成爱读书、勤思考的习惯，加强人文精神的涵养。道德是人文精神的核心，而人文精神是培养优良道德的沃土。离开了人文精神，孤立地去教育学生"学会做人"，犹如无源之水，效果不会好。因此，我们的德育绝不仅仅是对日常生活琐事的管理，我们坚持的是道德自育的德育观和"生活—学习—实践"德育模式。

第一，开设《思齐课》，引导学生研究名人，吸取更多做人、做事的智慧，见贤思齐。人文精神不是抽象的，也不是在某个早上醒来突然获得的，它反映在无数伟人身上，它需要我们在与伟人的对话中去感受。伟人们的丰功伟绩和感人事迹，散发出无穷的魅力，他们做人做事的理念、精神演化为活的永恒的历史，成为后人永远推崇、仿效的榜样。通过校本课程师生共同研究名人，探求做人真谛。

第二，深入开展读书活动。

①将中外名著的学习纳入语文课的教学，是开拓学生精神视野的又一个措施。国学大师梁启超说："一个人学生时期能否养成读书兴趣和读书习惯是件人生大事，将影响其一生的幸福和发展。"我们计划在三年的高中生活中，学生在老师的指导下至少要精读中国四大古典名著中的一部。要求政治、历史、语文、英语等人文学科教学中，要注意引导学生熟悉中国文化和世界优秀经典文化，引导学生读孔子、孟子、庄子、韩非子，读《离骚》《史记》，读胡适、冯有兰，读亚当·斯米、富兰克林，读柏拉图，亚里士多德，读黑格尔、马克思，读莎士比亚、卢梭、托尔斯泰……为了促进学生广泛阅读，我们还将一些著名作品作为语文的考试内容，路遥的《人生》《平凡世界》都曾作为考试内容。例如，一次期中考试的作文题是：

> 路遥小说《人生》写的是七十年代末陕北农村高中生高加林的人生悲剧，请你依据这部小说，充分发挥联想、想象，写出20多年后的现在某一天，高加林和刘巧真在"大马河桥"再一次相遇的故事，题目为：大马河桥上的邂逅。

②开展"读书进行时"读书月活动，举办"我与一本书""我读一本书的感悟""我最喜欢的一个作家""作家作品探索与研究"征文和"读名著演讲比赛"等活动，引导学生广泛阅读。

③开设三分钟古诗诵读课，学生在正常上课的每天上午第一节课和下午第一节课课前3分钟齐声诵读一首古典诗词。

④坚持每天晚饭后和周末给学生播放《博览》电视短片，学生可以自由选

择观看，但规定学生每周必须看 4 部。学校电教中心从"探索""国家地理杂志""阳光卫视"等电视台录制人物、自然、人文等方面的优秀短片，到目前为止，已播放了 280 多部短片。

⑤每两周编辑一期《国华之韵》。从采写、组稿到排版编辑都由学生独立完成，老师只帮助学生印刷。《国华之韵》为学生搭建了一个很好的精神交流平台。

⑥组建《国华之声》校园广播。学生会面向全校招聘编辑、播音员。以两个周为一个单位，统筹安排每天的节目，丰富了学生课余生活。

以上这些措施，使学生不是每天重复着过日子，平庸地思考，而是体会思考的价值、精神的价值，创建终身受益的精神家园。

（4）每个学年评选一次"美在国华，文明高雅"十大校园青春偶像。这样做的目的是评选出符合青少年身心特点，有青春气息的榜样，让学生容易接受，引领学生塑造自身的综合美，生动推动每个学生争做文明高雅的中学生，而不是一树榜样就是"三好""标兵""积极分子"之类。

2. 学会做人，做一个艰苦奋斗的人

国华学子来国华以前，在艰苦环境中奋斗不息，成为优秀的学生，应该说绝大多数是我们同龄孩子中艰苦奋斗的榜样。但来国华以后，随着条件的改变，很多学生吃苦的意识变得淡薄，教育学生继续发扬艰苦奋斗的精神显得很重要。这也是各界人士十分关注的一个问题。为此，我们把艰苦奋斗教育，作为一项常规工作。

"艰苦奋斗"在不同时期、不同人群中，其内涵是不同的。根据学生的思想实际，我们开展艰苦奋斗教育突出两个重点：勤俭节约和刻苦学习。

（1）每月评选"艰苦奋斗标兵"

具体做法是：第一，由学生投票选出各班学习刻苦、勤俭节约的"艰苦奋斗标兵"，每班比例为 30%；第二，每月在常规检查中没有被扣分的同学，都有资格参加评选；第三，被选上的同学，由学校发给"艰苦奋斗标兵"标志卡，和校卡一样大，插在校卡前面，佩戴在胸前；第四，每月评选一次，第一次被选上的发 1 星卡，再次当选的发 2 星卡，依次类推，一个学期每个月都被选上的，自然成为学期"艰苦奋斗标兵"，由学校表彰。同时，把艰苦奋斗标兵的评选，作为期末"三好学生"德育考核的重要内容，必须获得 3 星以上"艰苦奋斗"标兵卡的学生才能评为"三好学生"。这样，就把平时考核和期末考核结合起来，把考核学习与考核思想言行结合起来，将德育考核直观化，方便操作。

（2）养成勤俭节约的习惯

第一，杜绝浪费饭菜、加餐现象。在饭堂采用学生自己装饭、盛汤、分班倒残渣的办法，每餐检查是否有浪费饭菜现象。通过教育和管理，我们杜绝了倒剩饭、剩菜等浪费饭菜的现象，全校 320 名学生的每顿食物残渣量保持在 10 斤左右。第二，学校每月发给学生零花钱（男生每月 40 元，女生每月 60 元），每月公布学生零花钱使用情况，表扬节俭的学生（学生在校的吃、喝、住、穿、用、行等费用和生活必需品都是学校提供的）。第三，控制学生周末外出购物情况，学生周末可以外出购物，但不允许购买零食，学生周末购物要在门卫登记。第四，每天有专人检查电灯、自来水、热水器等使用，督促及时关水、关灯、关电。总务每周都要通报一次检查情况。第五，对学生假期回家和返校来回路费使用情况严格核查，对高价乘坐出租车等浪费现象进行严肃批评和耐心教育。

3. 学会做人，做一个坚毅自强的人

最重要的做人准备应该是信念和意志的准备，做人的道理只有与学生日常生活融合才能形成一种做人的信念，成为良好的习惯，进而凝结为个人的意志品质。我们从跑步开始，从学生刚入校的军训开始，努力将做人的道理融于学生个人意志中。

（1）将军训、远足真正列为学校的必修课

我校每个学年开学都要组织学生军训，学生在校三年要组织三次军训；每个学年第二个学期开学，学校都要组织 80 公里远足。例如，我们以"观览北滘教育"为主题，组织学生进行 80 公里远足活动，参观了北滘镇辖区内的西海小学、北滘中学、北滘职业教育中心、美的小学、北滘建筑公司原址和广教小学。这项活动既使学生直观地了解了北滘教育，同时也磨炼了学生意志。

我们的学生都来自艰苦的环境，但很少有人参与过这样的活动，通过军训和远足，学生的自信心和战胜困难的信念增强了，学生内心的创造激情燃烧起来了，外在的精神面貌也为之一新。

（2）坚持每天下午长跑和周末万米长跑活动

体育锻炼不仅是为了增进健康和体力，也是促进精神力量的一种手段。每个周末我们都组织男同学 10 公里，女同学 5 公里的长跑活动（有时因天气太热等原因，会适当降低运动量）。我们的口号是："充实精神力量，增强快乐情绪，振奋国华精神。"80 公里、10 公里这些平常不敢想的事情，只要敢做、能坚持，学生都能完成，对此学生感触很多。学生在三年中能坚持每个星期一次的长跑，对他们健身习惯的养成和坚毅、积极的生活态度的形成都有重要的作用。

4. 学会做人，做一个"对社会好"的人

"教"的概念在古代带有宗教和教育的双重意义。从字形上看，"教"的本义是使人孝。"孝"这个字的象形写法上面是垂垂白发的老人，手下面扶着的是个小孩子。这就是孝，是最亲近的人与人之间关系的写照。中国的教育就是以这种现世的人际关系为核心的一套修身学理为基础的。学校教育就是应使学生成为人文关怀意识浓烈、富有爱心的现代人。

我校创办者，在谈到自己成功经验时说："我之所以成功，没有别的，只有一点，就是对人好，对社会好。""对人好，对社会好"是最根本的社会价值观。他希望我们的学生走出国华校园后能做到"既受助于社会，当以奉献社会为终生追求"。要使回报社会、奉献社会不致成为空洞的说教，就必须从学生实际生活入手，让学生真心体会人与人之间的真情和社会的关爱，使学生从内心生出"发展自我，奉献社会"的人生追求。

（1）学会感恩，培养做人的情感

情感，是做人的信念、原则和精神力量的核心与血肉。记得著名心理学家马斯洛说过："心若改变，你的态度跟着改变；态度改变，你的习惯跟着改变；习惯改变，你的性格跟着改变；性格改变，你的人生跟着改变。"情感的培育靠生活熏染，在做人中体味。每年中秋节、新年来临的时候，我们都会倡导学生：第一，抽点时间，给自己的家人打个电话，道一声真诚的问候，暖暖他们的心；第二，给曾经帮助过我们的老师、亲友寄一张贺卡，送上一份祝福；第三，请学生会组织每个省、市的同学，集体给帮助我们的各级扶贫协会、扶贫基金会或教育部门写一封感谢信，寄一张贺卡，每个同学都签上自己的名字；第四，请学生会宣传部起草一封给学校创办者的感谢信，并自己动手设计、制作一张贺卡以表谢意。

感恩既是一种值得弘扬和实践的美德，更是一种生活态度。学会感恩，在感受着真诚的关爱的同时，许多学生也学会了怎样去关心他人，帮助比自己更困难的人。

2002级2班赖琴同学的父亲去世了，全班同学不忘安慰、劝导。

高二学生看到了2003年6月13日《广东新闻》播报的新闻：一位抗"非典"的医生牺牲了，但他资助的两个韶关的孩子没有了着落。学生们心情沉重，自发组织给这两位同学捐款，愿意从自己每个月的零花钱中挤出一些，资助比自己更贫困的这两位同学读书，直到现在依然帮助着这两位学生。他们正是在接受社会帮助中感受到了互助的重要性。

高三（2）班黄华庚同学将自己每月节余的零花钱捐给了自己的邻居上学，尽管他家特别贫困，父亲早逝，母亲没有工作带着他和一个残疾的妹妹生活。不管身处何境，不忘自己的责任和使命，这是做人的本真和教育的成功。

（2）做一个对社会好的人，最重要的是培养社会责任感

要培养学生的社会责任感，就必须让学生了解社会，积极投身到社会的实践中去。为此，我们每两个星期组织学生外出一次，参加社会实践。已经开展的活动可分为三类。

类别	活动内容
历史文化类	参观解放军体育学院、华南师大、黄埔军校遗址、广州起义烈士陵园、黄花岗烈士陵园、农民运动讲习所遗址、虎门销烟纪念馆、孙中山故居、顺德第三届全国油画展精选作品展等
社会调查与实践类	一日打工生活观察；暑假 10 天社会调查；走进顺德——"顺德著名企业行"；参观顺德国际家电博览会；参观戒毒所等
社会公益劳动	参加碧桂园家政部劳动；到碧桂园会所实习，每学期安排 3—4 次。

在这里值得一提的是"一日打工生活观察"和暑假 10 天社会调查两项社会实践活动。

一日打工生活观察：我们利用周末，组织学生从早上 6：20 离开学校，下午 18：00 返校。身上只带 5 元钱，自己解决一天的吃饭问题，要求他们自己"公关"，走进工厂，走进打工一族，亲眼看看他们的生活、工作。同学们通过观察、交谈，感触很深，许多同学一天只花 3 元钱。回来后组织同学们交流见闻，许多同学写出了很有深度的观察日记或调查报告。

暑假 10 天社会调查：我们将学生按照省份分成若干个小组，每个小组选出组长和财务管理员，学校为每个人每天提供 60 元的活动费用，由小组自己联系调查地点，自己安排调查生活，自己组织调查，全面锻炼学生的能力。事实表明，学生的能力令我们刮目相看，我们将学生的调查日记和调查报告编辑成集，出版了《国华园》特刊。

以上是我们围绕学会做人开展的一些常规工作，我们指导思想是不求做法的新、奇，只求做得好，持之以恒、不断完善。

（三）自我教育——习惯养成的关键

有种理论说，人用三周时间就能改变一种习惯，而要保持一种习惯则需要很长的时间。因而养成教育，贵在坚持，难在坚持。坚持的根本保证是学生自我管理、自我教育，这才是真正有效的教育。

我们学校没有生活指导老师，体育老师只有一名。上述各方面的常规管理和许多活动都主要由学生来做，也只能由学生来做。我们开展了丰富多彩的文体活动，如：坚毅杯排球锦标赛、自强杯篮球锦标赛、高远杯足球锦标赛，实行赛季制，既有班级之间的比赛，也有宿舍之间的比赛。从学期初一直打到学期末，所有活动的都是学生自己组织完成的。

在这些活动中我们有一个深切的体会：常规管理只靠老师做不了，也做不好，只有依靠学生自己。老师要"真心实意"地把学生放在主体地位，我们倡行的不是道德教育，而是道德自育。

1. 健全学生组织，完善管理体制

（1）除了正常的班、团组织外，我们在每个年级都通过竞选建立了学生会，学校也建立学校的学生会

陶行知先生给学生自治下过一个定义："学生自治是学生结起团体来，大家学习自己管理自己的手续。"从学校来说，自治就是"为学生预备种种机会，使大家能够组织起来，养成他们自己管理自己的能力"。因此，我们把组建学生会，指导学生自我管理，当作一门课程看待。班级干部实行轮换制，年级学生会每半个学期改选一次，学校学生会每个学期改选一次。目的就是让每个学生都能得到锻炼。

（2）为更全面锻炼学生，培育学生的民主意识，我们还对学校的学生组织进行改革：在原有的学生会基础上增设学生议会和学生法院

学生议会议员由各班团支部书记和学校团总支委员组成；学生议会全体成员选举产生议会议长；议会主要职责是：第一，收集学生意见，制定、完善规章制度；第二，批准学生会工作计划；第三，监督学生会干部工作。

学生法院法官由各班班长和年级学生会主席组成；法院院长由全体法官选举产生；学生法院主要职责是：第一，对学生违纪现象开展调查、取证；第二，对严重违纪的学生开庭审理，根据学校有关制度做出处分建议，报学校学生处；最后由学校行政会决定给予学生处分。

学生会是学生日常管理的执行机构，由学生代表大会选举产生。

这样做的目的是将全校的学生组织和干部进行整合，形成相互监督、分工协作的有力的学生组织。学生组织健全了，通过学生处抽查和学生会日常检查，学校很好地落实了常规管理的各项要求。

2. 开好周末反思恳谈会，引导学生自我教育

学校每个周六上午都以宿舍为单位召开 1 小时的周末反思恳谈会。班主任和老师都参加恳谈会，班主任阅批恳谈会记录，及时发现问题，采取及时教育。学生处主任根据恳谈会中反映出的共同倾向开展德育活动。期末，各班上交恳谈会记录作为学校史料存入学校档案室。

恳谈会的内容有三个方面。一是一周生活反思；二是学校建议讨论的主题；三是各自宿舍感兴趣的问题。每次恳谈会都有记录。恳谈会结束后，将记录交班主任阅览。班主任就恳谈会上反映出的代表性问题，通过班会等形式引导学生再讨论。班主任看完记录后交德育处，德育处选出典型的发言，公布在学校专栏里。上学期我们引导学生讨论的主题就有：苦孩子—副省长—死刑犯：巨贪官王怀忠再次给穷孩子敲响警钟；艰苦孕育着希望，奋斗孕育着成功——深入理解艰苦奋斗实质，大力弘扬艰苦奋斗精神；加强纪律性，人生无不胜；一个大学生为何成为杀人犯？解析马加爵：一个大学生"屠夫"的成长；了解台湾的过去与现在；我们为了什么要遵守纪律？不是因为贫穷——再析马加爵，等等。

通过周末反思恳谈会，我们很好地引导学生进行自我教育，学生是非观念、民主意识、前进的动力等都大大增强了。学生自我教育的效果也远远好于教师的理论说教，恳谈会的发言记录也常常感动着、激励着教师。

2004 年 2 月 15 日 417 寝室恳谈会记录：王怀忠落到这个地步，最根本的原因就是不能严于律己，如果在第一次别人送钱时就拒收，以后也这样严格要求自己，就不会酿出这样的局面。所以，我们要从小事上严格要求自己，不以恶小而为之，以免铸成大错。

2004 年 3 月 20 日 501 寝室恳谈会记录：看了马加爵的成长过程，我很难受，这样的悲剧为什么会发生在一名大学生身上？十年寒窗，得到了什么，一个人的一生就这样毁了?! 孤僻的性格确实不好，它让人感到孤独、压抑、窒息。生活中，烦恼总会有的，我们要懂得如何排解，如何与人交流，我们不仅要掌握知识和能力，也要注重健康心理素质的培育。

2004 年 11 月 29 日 505 寝室恳谈会记录：有时候，语言产生的暴力效果比打斗更严重。看到语言暴力让江苏一名 17 岁的中学生自杀的事，不得

不说让人心惊胆寒。语言是文明的标志，可语言也能成为杀人的工具，真让人震动，语言已不再是文明，文明的语言才是真正的文明。那些咄咄逼人的语言是糟粕，应该尽量避免。如果说要让学生文明起来，那老师可要先带个头，在我们原来的学校，老师经常骂学生。有时，一句"谢谢"或"你好"会让一个人的心随之跳跃，这体现了你对别人的尊重，也是你文化修养的体现。文明礼貌不是你刻意去伪装出来的，而是你发自内心的语言和行动，是心中爱与激情的释放。让你的心高贵起来！让我们用文明的语言感染人，用文明的行为善待人吧！

2004 年 12 月 13 日 313 寝室恳谈会记录：《天下兴亡，我的责任》真是太精彩了，虽说某些方面有些极端，但作为青少年学生（或任何一个国家范围内的人）而言，都是无可反驳的，即我们应立即警醒——天下兴亡，我的责任。以前有一种感觉，总觉得人人都这么想，那我不负责任，也没有什么问题，但当看到"我的责任"时，那"责任"二字的分量就大得多了，在这时，"天下"或许就是指"高二四班"了，责任也就成了对集体应负的责任，假若现在对这个集体没有奉献精神，那以后谈不上对国家有什么贡献的，后者的形成是以前者为基础的。

我们常说：兴趣是最好的老师。一位先哲说：爱学习和民族的人是敌人最怕的。学习做人好比握好方向盘，浓厚兴趣和良好习惯犹如高功率的马达，知识和技术如同燃料，学习方法、学习能力好似高超的驾驶技术。如果把学校德育构建成为一个促进学生全面发展的教育系统，它的针对性、实效性等问题就会迎刃而解，这不正是德育的创新吗？

第五章

在猎学中成长

历史教师的成长说到底是要在历史教育实践中获得，这也是所有成长的根本要义，即成长就是对实践的认知和积极改造。历史教学是非常复杂的认知过程，应对历史教学的复杂性需要历史教师教学能力的综合性和整体性。因此，需要历史教师具有综合的学科素养、丰富的实践素养和积极的人生状态。简单说，就是历史教师需要在猎学中成长。

猎学是一种积极主动的学习、全面的学习、带着明确目的的学习，但首先应该是深度学习。学习的目的是要深刻认知和积极改造实践，就必须将学习和实践紧密结合，而这种结合的实现，恰恰就是深度学习的本意所在。将所学基于实践、用于实践，这是学习的唯一目的。

猎学就是把学习放在历史教学的实践中，在工作中学习；猎学就是要把学习运用到实践中，这就要求教师要在工作中研究，如此才能把学习真正与实践相结合。这种学习最有效，也最容易让学习者从中获得成功感。只要我们把工作过程和学习过程统一起来，将知识学习与工作需要结合起来，将学习活动与工作内容整合起来，成长就孕育其中了。

第一节　教师成长需要深度学习

"教师专业发展"的本质要求是专业化，目标要求是发展。"专业"应该包括教育和学科两大层面。不论是哪一类的"专业"，其基本特质就是"发展"，没有发展就不可能专业。"发展"的道路千万条，归根结底就是学习。

教师的工作内容在整体上都属于学习的范畴，教师的工作成效从根本上讲是由教师的学习能力和学习水平决定的。许维诚先生在为《学习科学大辞典》作序时写道："从个人来说，在无限广阔的知识海洋中，如何快速地获取自己的那一部分知识？随着事业的发展，又如何补充知识来满足新的需要？面对知识本身的不断发展，又如何能做到不落后于时代？这些问题都告诉我们，学习是每个社会成员终身的事情。"学习是现代人的第一需要，学习已经成为每个现代人的生存和发展的格调。

在时代和教育的发展要求下，作为现代人的教师，则应该进行深度学习，以提高学习的水平和施教的能力，在教育实践中实现专业成长。

什么是深度学习？上海师范大学黎加厚教授对此有过具体的定义："深度学习是指在基于理解的学习的基础上，学习者能够批判性地学习新的思想和事实，并将它们融入原有的认知结构中，能够在众多思想间进行联系，并能够将已有的知识迁移到新的情境中，做出决策和解决问题。与那种只是机械地、被动地接受知识，孤立地存储信息的浅层学习相比，深度学习强调了学习者积极主动的学习，批判性的学习。"

在实践中，大多数教师还是十分重视学习的，但学习的成效却存在较大差异，仔细分析起来，不外乎是浅层学习和深度学习的区别。因此，有效学习一定是深度学习。

一、教师需要学会学习

深度学习的起点是浅层学习。作为教师，首先要学会学习。学会学习是教师从教的基石，《学习的革命》一书中指出："全世界在争论这样一个问题：学校应该教什么？在我们看来，最重要的应该是两个科目：学会怎样学习和怎样思考。"学会学习就是要学会掌握最适合自己的学习方式，能够通过探索，独立地进行有效的学习。我们认为，学会学习的突出任务有三个。

一是有一个良好的学习习惯。我们常常说某某学生的学习习惯不好，其实，学习习惯对成年人的学习影响更直接、更大，成年人的学习主要靠习惯支配。

当前教师在学习上最大困难是时间不足，学习的条件相对较差。这是正常的，毕竟我们已经过了进行单纯的读书学习的年龄。这就更需要我们学会学习。曾国藩说："苟能发奋读书，则家塾可以读书，即旷野之地、热闹之场亦可读书，负薪牧豕，均无不读书。苟不能发奋自立，则家塾不亦读书，即清静之乡、神仙之境皆不能读书。何必择地、何必择时？"他强调的是读书学习的意志和习惯。由于我们很少有整块的时间读书，我们的书可能放在枕头边、餐桌上、背包中，我们应尽可能充分利用零散时间。

元末明初文学家陶宗仪，晚年时一边做着教官，一边参加农业劳动，即使在树林下休息时还不忘写作，想起什么、见到什么或听到什么，立即摘取身边的树叶写下来，回家后将树叶贮存在一种口小腹大的瓮里，十年竟积下十几瓮，后来他重新取出树叶加以修改整理，抄录了 30 卷，编成《辍耕录》。正是陶宗仪十年如一日坚持不懈的积累，才使得一片片树叶变成了经典书籍。

我想，这样的习惯并不难养成，难的在于养成这种习惯的意识和意志。

二是善于选择学习内容。据技术预测专家测算，人类的知识，目前是每三年就增长一倍。西方白领阶层目前流行这样一条"知识折旧率"：一年不学习，你所拥有的知识就会折旧 80%。面对呈几何级数增长的知识，我们必须学会从中筛选、检索、加工、整理这些信息，从中提取出最有利于自己生活、最有利于师生发展的信息，不断更新自己的知识结构。

耶鲁大学的校长海特莱曾经说："各界的人，如商业界或产业界中的人，都曾告诉我：他们最需要、最欢迎的大学生，就是那些有选择书本的能力及善用书本的人。"而这种善择书本与善用书本的能力正是在学习中练就的。Art Costa 说："在这个全球性的以服务为导向的信息时代，不可能准确预测高素质公民所需要的知识基础，同样，也不可能有'涵盖'一个人一生所需要的全部信息。然而，我们可以肯定的是，所有公民都将需要解决问题的能力，创造性地思考，并能够继续学习。"可见，善于选择学习内容是师生共同的需要。

三是有效发挥日常学习形式的功效。教师的工作状态要求我们要善于利用各种日常的学习机会进行深度学习。日常的学习形式主要有阅读、摘抄等基本的学习方法；泛读和理解的技能；有效的沟通与表达；探究推理、解决疑难；获得、处理与应用信息；创新的意念；开展研究和实践。在这些日常的学习活动中，需要的是我们精力和智慧的投入。

二、创造条件开展深度学习

深度学习是一个学习个体主动建构知识的过程，需要学习主体之间知识和信息的交换和重组。深度学习是在具体的学习过程中实现的。

（一）个体学习

学习是一项个性化很强的活动，一切学习形式都在于促进个体学习。个体学习水平和能力是深度学习的决定性因素。教师的个体学习主要有两个方面：一是要主动学习间接经验。其途径是向书本学习，博览群书，"一本好书像一艘船，带领我们从狭隘的地方驶向无限广阔的海洋"（凯勒语）；向同事学习，学习同事教书育人的经验和方法，对照自身实际巧妙移植；向网络学习，善于通过互联网获取、传递和处理信息。二是要积极主动积累直接经验，向实践学习，在实践中反思，只有经过反思的实践才能出真知灼见。

个体学习要做到深度学习，有三点特别重要：一是获取和加工有效信息；二是利用它来解决问题；三是借鉴变革推陈出新。

（二）互动学习

教师之间的互动学习可以促进教师个体积极主动地学习。常说"与君一席话，胜读十年书"，教师相互间的启发、点播、交流、争论，可以激发教师进一步学习的兴趣，有效促进教师个体学习的深化。教师间的互动学习人数不限，操作灵活，不拘泥于形式，而成效往往很明显。朋友、或工作伙伴、或身边的同事，或在办公室、或在餐桌上、或在上下班的路上，都可以针对或大或小的问题进行交流，展开探讨，共同收获。我们暂且把这种活动称为"非正式教研活动"。

萧伯纳说："用一个苹果和一个苹果交换，得到的还是一个苹果。用思想和思想进行交换，都拥有了两种思想。"教师之间的互动学习不仅有助于教师实现深度学习，也是校本教研的有效途径。

（三）团队学习

相对于个体学习和互动学习，团队学习是比较正式的学习，它需要有具体的学习主题、形式、时间和地点，以此来保证学习的成效。团队学习属于深度学习，至少是为了追求深度学习。教师的团队学习一般以备课组、教研组或课题组为单位，围绕一定的学习主题，有计划、有组织地展开学习活动，也就是我们通常所讲的"学习型组织"。

上述这三种教师的经常性学习形式，相对来讲，"团队学习"为人关注，也是最需要改进提升的。本来团队学习更有利于实现深度学习，但在实践中由于多种习惯性阻力，使得团队学习的成效受损。作为教师，要特别注意参加团队学习的心态，并注意在其中发挥积极的作用。

究竟什么样的学习属于深度学习呢？我们可以根据学习的具体要求做出判断。如果学校要求老师每学期都开展下列活动而没有高级思维的具体指示和要求，就属于浅层学习：写一个教学故事；搜集有关的资料，写一个调查报告；参加一项教研活动；写一个教学计划；做一个简要的试卷分析；阅读一篇文章，写一篇学习心得等。

我们可以明确工作要求将其转化为深度学习，分析一种教学现象及其原因；证明一个结论或观点；找出不同教学法之间的差异并谈谈自己的认识；阐明自己的认识或观点；描述自己读书或学习后所要表达的感受……

同样的工作，由于我们的态度和要求不同，我们的收获可能就天壤之别。所以，浅层学习和深度学习只差一步，而这一步却有着质的区别。

三、进行深度学习的两个引擎

学习最忌讳的是不能深入。在学习中很多老师说："我为什么就想不到这些呢？"在对实践的分析中，我们发现有两种行为能有效促进深度学习。

（一）用思考引领教育行为

李镇西老师说："只有个性才能造就个性，只有思想才能点燃思想。让没有思想的老师去培养富有创造性素质的一代新人，无异于缘木求鱼。"① 仅仅拥有知识的人看到一块石头就是一块石头，而善于思考、拥有智慧的人却能在一块石头里看到风景，从一粒沙子里发现灵魂。

波斯纳的教师成长公式是：成长 = 经验 + 反思。正确的思想来自实践，唯有反思性实践才可以成就教师。教师要带着一颗思考的大脑。从事每天平凡工作的教师，通过思考、解剖自己日常教育实践，实现思维的提升，经验的升华。在教育教学实践中，教师要敢于、善于对自己教育行为乃至教育细节进行追问、审视、推敲、质疑、批判、肯定、否定……

教师的全部尊严就在于思想，一个没有思想的教师也就没有了教书育人的灵魂。在知识经济时代，教师的威望不仅要依靠渊博的知识，更主要靠独到的思想。叶澜教授曾指出："一个教师写一辈子教案不可能成为名师，如果一个教师写三年教学反思就有可能成为名师。"

思考就是力量，只有深入思考，才能深度学习。

（二）用写作提升思维含量

写作是一种大脑体操、心智训练和心力补充。在现实中，我们的"教育"常常被简化为"教学"，"课堂"被简化为"应考"，"教学"变成了"知识整理"和"解题训练"。教学就要变成了一种"体力劳动"了。很多老师忘记了

---

① 李镇西. 李镇西随笔选：风中的芦苇在思索［M］. 成都：四川少年儿童出版社，2010：292.

写作是教师的基本自由和权利。

写作要求有严格的逻辑、严密的分析、准确的语言，写作能有效提高我们思维的缜密性和效率。而在这种思考和分析问题的过程中，可能会加深我们对某一问题的认识，获得新的发现和理解，产生新的认识，进而使自己的思维生发出智慧。那么，写作也是思维和智慧的修炼，就是一种深度学习。

实践中，如果我们用写文章的要求来写教学设计，用对待朋友的态度来写学生评语，用鉴赏的眼光来写读书笔记，用科学的方法来做试题分析等，那么，写作就提升了我们的工作效率和学习水平。

一名优秀的教师，需要有思想、有个性，有激情，有一定的深度。一般来说，学生喜欢的教师主要有两个特征：一是知识渊博，二是见解独到。这两点是历史教师尊严的基础，而要做到知识渊博和见解独到，应该坚持五个环节，那就是：阅读、反思、记录、实践和写作。大量的读书、认真的思考、不断的创作、经常的变易，是治学能进得去、出得来的秘方。

深度学习已经成为现代学习的必然要求，《普通高中历史课程标准（实验）》已经鲜明地体现出这一时代要求："通过历史学习，使学生增强历史意识，汲取历史智慧，开阔视野，了解中国和世界的发展大势，增强历史洞察力和历史使命感。"普通高中历史课程的设计与实施有利于学生学习方式的转变，倡导学生主动学习，在多样化、开放式的学习环境中，充分发挥学生的主体性、积极性与参与性，培养探究历史问题的能力和实事求是的科学态度，提高创新意识和实践能力。

作为新时期的教师，以深度学习实现自身的专业发展，并引导学生的深度学习，已经成为我们的必由之路和历史使命。

最后，我们以叶澜教授的一段话共勉："没有教师生命质量的提升，就很难有高的教育质量；没有教师精神的解放，就很难有学生精神的解放；没有教师的主动发展，就很难有学生的主动发展；没有教师的教育创造，就很难有学生的创造精神。"①

---

① 叶澜，等.教师角色与教师发展新探［M］.北京：教育科学出版社，2010.

第二节 以"特级教师"标准为参照

特级教师的成长与培养实践协同创新是一个协同创新过程，"陕西省中小学后备特级教师培养实践研究"课题成果对以"特级教师"标准为参照的教师培养进行了研究。

"特级教师"作为我国表彰特别优秀的中小幼教师的荣誉称号，因其兼有先进性和专业性双重要求，在实践中得到广大基础教育工作者的高度重视，在社会上享有较高认可度，对我国中小幼教师队伍建设发挥着重要作用。另一方面，自特级教师制度建立以来的大多数时间里，我们侧重特级教师的"评选"，而对其"培养"和作用的发挥相对缺乏机制上的重视。如何把特级教师"培养""评审""认定"和"示范引领"作用发挥等过程整合起来，实现"特级教师"个人成长与教师群体发展的协同实践创新，是新时期特级教师制度建设和研究工作的重点所在。

一、我国特级教师制度的建立与发展过程中的问题

我国的特级教师制度初见端倪是在 20 世纪 50 年代后期，但正式建立却是在 1978 年，这中间，其建立过程经历了一段曲折。1978 年教育部、国家计委联合颁发了《关于评选特级教师的暂行规定》（以下简称《暂行规定》），各地普遍开展了评选特级教师的工作，我国从此正式建立了特级教师制度。1993 年国家教委、人事部、财政部对《暂行规定》进行了修订，颁布了《特级教师评选规定》（下简称《规定》），同时《暂行规定》废止。这就是今天特级教师评选工作的基本政策依据。王芳、蔡永红在《我国特级教师制度与特级教师研究的回顾与反思》① 一文中，在回顾追踪特级教师制度建立和发展过程基础上，重要从两个方面分析了我国特级教师制度在发展中出现的问题。

一方面，"特级教师"称号的内涵和定位不够清晰，导致特级教师评选中出现标准的混乱。在实行特级教师制度的过程中，对特级教师的性质，各地认识不尽一致，有的说是"专家"，有的说是"劳模"，有的说是"职务"，这导致

---

① 王芳，蔡永红. 我国特级教师制度与特级教师研究的回顾与反思［J］. 教师教育研究，2005（6）.

评选条件、待遇标准等方面的一些争议。

纵观特级教师制度的建立和发展过程，"特级教师制度是中国特定历史阶段的产物，它既有明确性又有模糊性，既有合理性又有历史局限性"。特级教师称号出现在特级教师制度正式确立之前，它是教育行政部门为解决中小学教师待遇问题而偶然设立的，事先没有经过充分的酝酿和论证，带有比较浓厚的行政色彩。最初特级教师的评选是一种非制度性的评选活动，且仅限于北京，1978年由于国家领导人的指示，特级教师评选成为一项全国性的制度。《暂行规定》和《规定》中分别写明评选特级教师是为了"提高教师的政治地位和社会地位，增强教师的光荣感，责任感，使他们能长期坚持教育工作岗位"，"鼓励广大中小学教师长期从事教育事业，进一步提高中小学教师的社会地位"。可见评选目的具有连贯性，与称号设立的初衷也是一致的，事实证明特级教师制度对调动教师积极性、提高教师社会地位确实起到了积极作用。

"特殊贡献的优秀教师"是对特级教师的最初表述，"贡献""优秀"后来体现为《规定》中所指的"先进性"，"先进性"表明无论是职业精神还是工作业绩，特级教师都堪称教师群体中的楷模与榜样。在制度正式确立之前，特级教师的评选侧重对教师先进性的考察，这与称号偶然设立缺乏专业评价指标有关，更重要的，那是一个推崇先进的时代，特级教师的先进性自然是评选的重点。特级教师制度正式建立以后，从《暂行规定》到《规定》可以看出特级教师称号的专业性逐渐得到体现——评选资格和标准对教师专长的要求趋于规范和严格，而其原有的先进性没有削弱，正如《规定》中提到的"特级教师应是师德的表率、育人的模范、教学的专家"，"先进性"与"专业性"在这一称号中高度融合，成为特级教师与众不同的定位。

设立特级教师称号的初衷是希望由工资待遇入手从而解决中小学教师"三低"（待遇低、地位低、质量低）问题，因此特级教师称号最初是与工资级别挂钩的，"特级"是待遇上的特级。《暂行规定》对待遇问题做了调整，特级教师称号与工资级别脱钩，工资方面的待遇变为每月的津贴。特级教师称号从此仅作为一种荣誉称号，但是它与教师职级有一种微妙的关系：特级教师不属于职级系列，但又超越职级之上，因为通常具有高级职称的教师才有资格入选，设立特级教师是对教师职级的一种象征性延伸和补充，"特级"可理解为教师级别上的特级。因此，特级教师往往被视为我国教师的最高荣誉，成为很多中小学教师的毕生追求。

另外，重视特级教师评选，对培养、管理及其积极作用的发挥重视不够，更缺少制度上的要求。经过近 30 年的发展，特别是进入新世纪以后，特级教师制度日趋正规、完善。

（一）特级教师评选制度成熟

特级教师评选一直是特级教师制度的主体部分，出现最早也最受重视，因而评选制度发展比较成熟。

参评资格严格，主要包括学历、教龄、职级；针对一线教师、校领导和教研员三类人员，有些省市初步实行不同的参评路线；对教龄的限制有所放宽，政策向中青年骨干教师倾斜，不乏破格的先例。

评选的指标体系全面，在思想道德、教育教学水平和效果、学术科研成果、荣誉及获奖情况、教师培养、教育改革、教材建设等多个方面做出具体要求，有些省市采取各项达标综合评比的方法，有些省市则实行"必备条件＋可选条件"组合的形式，显示了指标体系逐渐趋于灵活、合理。虽然评选项目仍以质性规定为主，但是有些省市开始制定量化的评分标准，增加了评比的可操作性及透明度。

评选程序对提名、考核、评审、确定等各个步骤做了较为详细的规定，有些省市还增加了候选人公示制及评选监督办法，力求确保公正、公平的原则。

（二）特级教师管理制度加强

特级教师管理出现较晚，直到 1993 年，《规定》才少量涉及，后各省市的实施细则中，特级教师管理方面的规定增多，管理已逐步从评选中分离出来，现已形成评选和管理既有联系又相对独立的两个部分。

1. 细化了特级教师的职责和待遇

特级教师除了要继续做好本职工作以外，在科研和指导教师方面通常肩负更多的任务，例如带头进行教育科研、定期撰写学术著作、培养青年教师等。特级教师的待遇，在工作方面主要是学术假期和助手制，在经济方面每人每月80 元津贴，值得一提的是少数经济发达地区已大幅度提高了金额数目，并且提供其他物质奖励，在医疗、住房等方面也出台了特级教师优先政策，体现了对特级教师的关心。特级教师称号不仅仅是一种奖励，更是一种使命和责任，对职责和待遇的规定是激励、引导特级教师再接再厉，更好地发挥示范作用。

2. 明确各级教育行政部门对特级教师的管理职能

不少省市针对特级教师终身制的弊端，采取了特级教师复评制或年度考核制，规范特级教师的行为，强调为特级教师提供方便条件。例如，有些省市提出建立特级教师信息库、成立特级教师协会、设立特级教师专项基金等，有效支持特级教师开展工作。另外，可以组织针对特级教师的培训活动，例如北京市举办的"星期六特级教师课堂"，为特级教师的进一步发展创建了更高的平台，管理的作用扩展、提升到促进专业发展的层面上。

（三）注重特级教师培养

无论是中央还是地方，各级教育行政部门都开始将着眼点转向"如何培养未来的特级教师"这一重要课题上来。1999 年教育部《面向 21 世纪教育振兴行动计划》中"跨世纪园丁工程"的重要项目之一——"特级教师计划"正式启动，从资助科研、组织讲学团、举办研修班到出版专著，全方位发挥现有特级教师的带动和辐射作用，力求"造就一批在教书育人和教育教学研究方面造诣高深的中小学特级教师，促进中小学教师队伍整体素质的提高"。2002 年年底北京成立了特级教师工作室，"希望通过各种渠道，以听课、授课、课后辅导、讨论等'一条龙'的形式培养特级教师接班人"。今后，教师不再仅凭个人努力"孤军奋战"，借助制度和组织的力量，他们的成长如虎添翼，这样无疑将会有更多更优秀的特级教师脱颖而出。

特级教师制度由原先以评选为主，发展到目前涉及评选、管理、培养三个方面，尽管内容比较初步，但是制度分化的趋势明显，进步有目共睹，这与我国教育事业的发展密切相关，也说明了特级教师越来越受到教育管理部门的关注。

二、特级教师成长经验及其作用发挥问题

特级教师成长及其他名优教师的经验是重要的教师教育资源。在他们经验中占很大比重的是他们所教学科的专题教学、单元教学、课时教学方面的研究成果，有一部分是他们所教学科和所担任工作的指导思想、内容、模式、方法等方面的设想和尝试。如此看来，特级教师的经验大体上属于开发和应用研究。有人说，特级教师的经验，为在职的和未来的教师"提供了生动的成功的教学范例"，"积累了宝贵的素材"①。

例如，鞍山一中李传成的"讨论式教学法"、南通市南通师范学校第二附小李吉林的"作文提前起步"、沈阳市和平区南宁幼儿园范崇燕的"学前儿童过失

---

① 全国特级教师经验选：第二集序言［M］. 北京：人民教育出版社，1989：4.

原因的分析及矫正"、广东省教育厅教研室的"阅读启发式"、湖北黄州中学曹和智的"化学单元教学法"、北京第二实验小学霍懋征《东郭先生和狼》一课的启发式教学等，这些经验大体上都属于开发。北京市幸福村中心小学马里兰的教材教法改革、湖南郡东县两市镇第一小学钟延寿的学生学习指导、江西师大附中刘运来以物理概念的形成、巩固和运用为目的教学、上海市敬业中学历史课中培养思维能力、四川省达县刘显国的《反馈教学法》等，这些经验大体上属于应用性研究。

在继续开展基础理论研究的同时，大力弥补过去薄弱环节，大力开展应用性研究尤其是开发性研究，这已成为我们教育研究的一大趋势，而且早已是世界很多发达国家教育研究的一个共同趋势。在这些研究领域，广大的实际教育工作者有很大的发言权，具有很多优越条件。实际工作者参与、投入教育研究，是当今教育研究发展趋势的一大标志。如从日本《初等教育资料》《中等教育资料》《高中教育》《大学资料》《教师言语方式及其实例讲座》《青少年问题》《道德教育》《大学与学生》《生活教育》等杂志上看，大多数文章的作者是教育第一线的教师、教导主任、校长等，大多数文章的内容是他们所教学科教学和所担任工作方面的具体研究，其中专题教学、单元教学、课时教学方面的开发占很大比重。再如，在韩国各地积极开展"现场研究"，"现场研究"无外是对学校实际的教育教学过程、活动的具体研究。下边以仁川教育大学附属国民学校主办，1990年2月发行的《现场研究》杂志第20篇为例说明这一趋势。除了绪论以外，20篇论文的研究课题可分为如下四类：对小学各学科单元、专题、课时学习指导方面的研究或方案；特别活动、实习活动中专题、具体活动事项指导方面的研究及方案；课堂教学案例的研究；班级经营中专题、单元、活动事项方面的研究。所有文章几乎都采用实验报告体例，文章由研究的必要性（或目的）、理论背景（或依据）、研究方法及过程、结论、讨论、提议等部分构成。国内外积极开展应用性尤其是开发性研究的趋势，促使我们重新发现和加深认识特级教师经验在今日我国教育改革与发展中的特殊意义。

特级教师的经验，比起其他经验或理论研究，更充分地体现了目的与手段的具体统一，也更完满地揭示了目的与手段之间复杂而多方面的联系。因而对我国每一个教师完成自己教学任务或实现目的与手段统一而言，学习、借鉴特级教师的经验有着特殊意义。

特级教师以及"学术上有成就的教师"的经验，在教育研究中具有特殊性和特殊意义，学习他们的宝贵经验是提高教师的教学水平、全面提高教学质量毋庸置疑的"捷径"；学习他们的经验不是从课堂实录、教学方式方法层面简单地"照搬"，而应该是理论和路径上的总结和提升创新。这是我们改革特级教师工作的基础，也是今后工作实践的重点。

特级教师的培养既是自我提高的过程，也与学生的陪伴和鼓励密不可分，特级教师经验的总结提升也需要从学生的角度深入思考。正如陕西省第九批后备特级教师培养对象马骁（榆林中学），通过培养过程认真反思自己的教学经历和经验的基础上，认识到"学生的鼓励，如清泉缓缓流入我的心田，温暖我心，激荡我情。我喜欢倾听自己内心的声音，一年又一年，一届又一届，20多年来，是学生让我感受了教师职业的高尚与圣洁，是学生让我成就了自己钟爱的教育事业。永远年轻的他们带给了我美好回忆，愉悦了我的内心世界，让我如同在自然中享受旖旎的时光，惬意、舒服、放松，真的很感激他们，并愿为此付出一生一世，'衣带渐宽终不悔'，'化作春泥更护花'"。

实践中，有不少参评者只重视课堂教学，而对特级教师的综合素养认识不到位，重视不够。在培养过程中，通过专家引领、专业研修和同伴交流，培养对象在认识上得到极大提高。如西安爱知中学的张剑龙老师在研修体会中写道："教师只有多学习，掌握多方面的知识体系，才能满足学生对知识的需求，才能很好地驾驭课堂。尤其是在现代教育理念的感召下，学科交融，更加要求教师不仅要掌握所教学科的专业知识，还要掌握其他学科的知识，才能做一个'智如泉涌'的教师。因此，我们要不断提高自己的素养，要让自己具备一名特级教师的特有的素养。"咸阳市教研室的刘聪胜老师则从学科理解的角度反思自己的专业素养："'数学是研究数量关系和空间形式的科学'。（1）数学来源于现实世界；（2）也可以是数学自身的逻辑产物。几乎所有数学分中那些最初和最基本的问题都是由现实世界产生，但是数学相对于现实世界表现出相对的独立性，靠逻辑思维推导的新概念与新理念（如虚数、群论、行列式、非欧几何、高维空间等）产生的数学理论最终将回归现实。"

三、陕西省特级教师培养实践创新

（一）拓展概念理解，重视培养过程

特级教师既然是"师德的表率、育人的模范、教学的专家"，就意味着不仅要"评"，更需要"培养"。从教师队伍建设角度讲，"培养"的过程比"评选"过程更为重要，更具有"示范引领"作用。为此，我们提出了"后备特级教师"，寓"评选"于"培养"的过程之中。

首先，设定特级教师培养期。特级教师的成长不是一蹴而就，而是应当有一个加速培养和成长的过程，有一个为基层服务和奉献的必不可少的过程，有一个优中选优的过程，简称"后备特级教师"。基于客观实践需要，我们设定后备特级教师的培养期为一年，采用任务驱动的形式，夯实研修培养过程，实现培养对象在专业实践、理论修养和师德修炼方面的全面提升。

其次，创新特级教师培养内容。在"后备特级教师"培养环节，强化了高层次培训、撰写论文、参加送教下乡活动和在县（区）级给同行上一节公开课等环节，丰富了培养内容。同时，在培养方式方面增加了选拔、培训、使用和评选特级教师的环节与过程，为教育和人事行政部门的管理提供科学依据。

（二）明确培养定位，重视素养标准

"后备特级教师"的培养目标是：参照省特级教师评选条件，引导、激励并帮助培养对象自主发展，不断提高自身的思想政治素质、师德修养和业务素质，使培养对象更新教育思想观念、更新知识能力结构，接受比较系统的教育科研培训，提高实施素质教育的能力与水平，为培养对象加速成为德才兼备、教育教学个性鲜明、具有终身学习能力和教育创新能力、在教育教学实践中发挥示范作用的教育教学专家创造条件。

据此，提出了对培养对象的明确要求。

第一，坚持党的基本路线，热爱社会主义祖国，忠诚于人民的教育事业，认真贯彻执行党的教育方针，遵守国家法律法规，履行教师职责，具有崇高的职业道德和奉献精神，教书育人，敬业爱生，为人师表。在班主任或学校管理工作方面取得显著成绩，成为市级及以上有知名度的优秀班主任、优秀教师或优秀教育工作者。

第二，具有宽广的科学文化视野，具有现代教育观念，牢固掌握现代教育理论，了解本学科（专业）发展动向和最新成果以及中小学教育改革发展动态，能理论联系实际，反思自身的教育教学实践，提出深化教育教学改革的思路和措施，自觉培育与发展教育教学风格和专长，追求教育教学的科学性和艺术性，每年在辖市区及以上范围上 1—2 次示范课。

第三，能把握中小学教育科研动态，有创新精神和改革意识。以新思维和新方法开展专业性的研究活动，善于总结教育教学实践经验，并进行理论探索。每年在省级及以上刊物发表 2 篇以上论文或出版 1 本论著；主持或独立开展市级及以上教育教学课题研究并有研究成果。

第四，在实施素质教育方面起示范作用，具有指导青年教师进行教育教学和研究工作的能力。每年辅导1—2名以上青年教师，并在辖市区及以上范围开展2次以上教育教学专题讲座。

（三）严格培养考核，重视实践效果

"培养"过程即"考核"过程，主要包括理论考核和实践考核两个方面。

首先，参加后备特级教师高级研修班培训情况考核，具体包括参加培训的学习态度、发言、考勤记录、提交的培训心得体会等。同时，要求培养对象在导师的指导下撰写论文，并要求通过答辩，力争发表。

其次，还有实践考核项目。主要通过"国培""省培"和"名师大篷车"送培下乡等形式，或承担送培下乡、担任评委等工作，接受实践挑战和锻炼。后备特级教师参加每项活动均由培训机构或项目办出具考察鉴定书（或聘书）。名师送培下乡要求培训深入到县及县以下学校，重点是农村和边远地区中小学（幼儿园）。内容主要包括走进基层学校，通过名师示范课、专家课堂点评、实践指导和开设讲座等，促进教师之间的交流；参与省级教师培训工作；担任省级教学能手评选工作评委；承担其他与教师教育相关工作。

此外，培养对象须在一定范围内执教公开课。公开课必须在县（区）级以上范围进行。中小学幼儿园和特殊教育教师开展公开课，应有观摩的教师及听课学生，教研机构和教师培训机构人员可以上公开课，也可以针对教师开设讲座或培训。课堂现场摄像，制成光盘。送培下乡或上公开课两项任务培养对象任选一项即可。

"后备特级教师"是特级教师的预备期称号，是我省改革特级教师评选方式的重大举措。主要目的在于着眼培养使用，服务基层，引领示范，优中选优。通过层层选拔，省级培训、使用和评选认定，使其中的优秀教师脱颖而出，成为名副其实的特级教师。通过为期一年对影响特级教师成长的相关因素进行调查、培训、试讲、撰写论文等环节的跟踪，对师德、学识、经验和研究能力施加因素影响的测评，建立陕西省培养特级教师的三维模型，以促进行政手段的有效干预和后备特级教师健康成长。

第三节　教师成长需要猎学

作为一名历史教师，首要条件就是要具备丰富的历史知识。而历史知识的获得除在大学期间的积累外，更需要在工作实践中通过猎学而得。下面所列的具体知识，就是笔者根据历史教学实际需要而进行的学习和整理，以此说明历史知识须经运用才能化为教学力量。

一、澳门名称的由来和演变

澳门位于广东省珠江口及其支流西江三角洲的南端，三面环海，大约在北纬20°10′，东经113°35′左右，与珠海市相连。澳门原属香山县。1553年，葡萄牙人以货船遇风浪为由借地晒浸水贡物，随后强行租占。鸦片战争后不断扩大范围，1887年（光绪十三年）进行强占。

关于"澳门"这一名称，起因于澳门的一座古刹——妈阁庙。妈阁庙坐落在澳门半岛的西南端，原称妈祖阁，又名正觉禅林、海觉寺，也称天后庙。该庙始建于明弘治元年（1488），至今已有500多年的历史。"妈祖"即福建话"母亲"的意思。庙内供奉的是海上保护神——妈祖，她本姓林名默，宋朝福建莆田人。传说她自幼聪颖，又得老道秘传法术，能通海神。故经常在海上搭救遇难船只和行人，"升天"后仍屡次在海上显灵，救助在海上遇难的人。人们感其恩德，尊为护航海神，历代王朝也多次封谥，明朝晋封为"天后"。

400多年前，葡萄牙人从妈祖庙附近登陆后，问当地人："这是什么地方？"当地人回答说："妈阁"。葡萄牙人误以为"妈阁"就是这里的地名，于是称之为"MACAU"，译成中文叫"澳门"。这一历史性的误会被一直沿用至今。

澳门的名称在历史上几经变换，先后有香山澳、濠镜澳、濠江、濠海、马交、妈阁等，最后沿习古名澳门。

称它为"香山澳"，是因为宋高宗绍兴二十二年（1152）时，在广东增设香山县，澳门成为香山县管辖的一个舶口，香山澳由此而来。

"濠镜澳"这个名称的由来，与当地的海产及地理有关。"濠"原作"蚝"，学名牡蛎，是一种生于浅海的贝壳类海产。因为澳门位于珠江口咸淡水交汇处，海水较浅，一向盛产牡蛎，不少地方名称都带"蚝"字。"镜"字，则是指在澳门半岛与大陆之间水域，风静浪小，波平如镜，因而得名"濠镜"。关于

"澳"字,《辞海》解释为海边弯曲可以停船的地方。广东人对舶口习惯称呼为"澳","凡帆船停泊,必以海滨之湾环者为澳,澳者,舶口也"①。至于从"蠔"字到"濠"字,据说是文人墨客在此泛舟作歌时,以为"蠔"字太土,把"虫"旁变为"氵"旁,使其更有诗情画意。这样便有了"濠镜澳"之称。这一称呼最早见之于明朝嘉靖四十三年(1564)地方官庞尚鹏上书朝廷的奏折中。后来顾炎武在其《天下郡国利病书》中也称澳门为"濠镜"。另据史料记载,清朝乾隆年间,《澳门记略》中也记曰:"濠镜之名,着于明史。东西五六里,南北半圆,南北二湾,可以泊船。或曰南北二湾,规圆如镜,故曰'濠镜'"。

至于"濠江""濠海"之称的由来,主要是澳门不仅临珠江,而且靠南海的缘故。

"马交"之称,缘于当地的一个传说。在澳门半岛东北角原有一堆形状如马匹交配的石头,"马交"就是由这象形石而得名。但是否真有这样的象形石,目前已无迹可寻。

"妈阁"之称缘于澳门半岛上建的妈阁庙。张维华先生在其专著《明清之际中西关系史》中有较详细的考证:"考玛叩之名,其始原作阿妈叩(Am—an-gas),而阿妈叩之得名,则又源于澳门天妃庙所在地之娘妈角。"②《澳门记略》载娘妈角之地,曰:"一山山酋然,斜横于海,磨刀犄其西,北接蛇坼,南直澳门,险要上最,上有天妃宫。是娘妈角为澳门滨之一山,其上建天妃宫。娘妈广人习称阿妈,娘妈角亦习称阿妈角,而西人称之为阿妈叩,即从此出。其后西人求简,去'阿'而独留'妈角'二字,相沿既久,遂成定名。"这就是葡文中"Macau"的来由,中文译音文"妈阁",也有译"马交"。

"澳门"名出现得较晚,一说始于明朝。澳门半岛北部名叫望厦或旺厦,南部称为"蠔镜",明朝嘉靖四十三年(1564)地方官庞尚鹏在上书朝廷的奏折中,将澳门称为"濠镜澳"。从这个奏折看,"濠镜澳"由于附近有两座山对峙,好像一道大门,因此称"澳门"。另据明代屈大均著的《广东新语》记载,"澳有南北二台,台者山也,以相对,故称'澳门'"。另一说"澳门"名称的使用开始于清朝。据《清史稿·卷七十二·地理志十九》载,"香山:府南二百廿里。北:浮虚;东南:五桂。又濠镜澳山,山突出海中成半岛形,曰澳门。

① 屈大均. 广东新语·卷二·地语[M]. 北京:中华书局,1985.
② 张维华. 明清之际中西关系史[M]. 济南:齐鲁书社,1987(2):28.

光绪十三年入葡萄牙"。又有于康熙十二年（1673）刊本的《香山县志》十卷本中载："舆地志首列舆图凡五，中有濠镜澳图一，濠镜澳者，即今中之澳也。"据《稀见此方志摘要》下册，还有一种说法，因为"濠镜澳"南面海上有四个小岛，右边是小横琴岛和大横琴岛，左边是氹仔岛和路环岛，纵横交错，像一个"十"字，故称"十字门"。由上可见，澳门的正名应叫"濠镜澳"或"濠镜"，"澳门"反而是它的别名。

过去人们口头上习惯称"澳门"为"澳门街"，意思是说澳门小到只有一条街。100 多年前的澳门仅指澳门半岛，当时的面积只有 2.78 平方公里，后来才包括氹仔岛和路环岛，经过 100 年的填海造地，到 1994 年澳门半岛已增至约 8 平方公里，目前澳门的总面积为 23.5 平方公里。澳门的名称虽从"香山澳""濠镜澳"演化为洋人惯用的"MACAU"，但它与祖国母亲感情却丝毫不减！

二、台湾名称的由来

台湾名称是在历史长河中逐渐发展演变而来的。在我国古代的历史文献中，有关于台湾各种不同名称的记载。早在春秋时期，大陆人民就知道东南海中有个"岛夷"，即今天的台湾。战国时期的重要史籍《尚书·禹贡》篇称，中国当时分为九州。台湾归属扬州范围。先秦时，称台湾为"瀛洲"。《史记·秦始皇本纪》载："海中有三神山，名曰蓬莱、方丈、瀛洲。"秦灭汉兴时称台湾为"东鳀"，汉魏时代称台湾为"夷洲"，隋唐宋三朝称台湾为"流求"，元朝时称台湾为"琉球"，明朝初年称台湾为"东蕃（番）"。郑成功收复台湾后称其为"东都"，其子郑经统治时改称"东宁"。另外还有过"鸡笼""小琉球""台员""北港""毗舍那""鸡简山""笨港""大湾""台窝湾"等称呼。这些异彩纷呈的名称都有其特定的含义和来源。

"台湾"之称始于明朝万历年间，自 1624 年荷兰殖民者侵入台湾到 1684 年清政府收复台湾期间名称曾有变化，但此后至今成为台湾的正式名称。"台湾"名称的由来，有五种说法。（1）按地形特征取名：明朝万历年间，因该岛"浮海如平台，地形似弯弓"，故名"台湾"。（2）按方言取名：根据闽南话"台员"转音得名；另一说其谐音为闽南语"埋怨"，因为在开发台湾的过程中，不少闽南人，少小离家渡海至台，或遇风浪葬身鱼腹，或水土不服客死他乡，或从事农垦，辛苦一生，临到终老却不能返回故里，"其状甚惨。故以'埋怨'名之"（见清施鸿保《闲杂记》）滤为埋怨，谐音即"台湾"。（3）根据民族的称呼取名：即根据数百年前居住在如今台南安平的平浦族，他们称其居住的安平这个地方为"台窝湾"，也就是"台湾社"，后来演化为"台湾"。（4）按族称取名：即根据台南附近土人"大恩"二字转音得名。（5）按荷兰人筑台取名：荷兰人在台江的湾头筑台，因而命名为"台湾"。

"东蕃"之称也作"东番"，是明初对台湾的称呼。之所以称"东蕃"，是因为明初在今四川省西北部有一民族称"西蕃"，所以便称台湾的蕃族为"东蕃"，以与四川的西蕃相区别。后来便不分族名与地名，将整个台湾岛也称为"东蕃"或"东番"。

"鸡笼"之称也是明初对台湾的称呼之一。"鸡笼"的来源是商船横渡海峡时，习惯上以台湾北部高山为辨别方向的标记，有座大山其形如罩鸡之笼，故称之曰"鸡笼山"，后逐渐演变为台湾的代称。《明史》就是这一称谓的总代表，它是以"鸡笼"为名来记载台湾史事的。直到1683年清政府在台湾岛设立台湾府，将"鸡笼"改为"基隆"，今专指台湾北部的一个海港。明时，渔民们常在台湾西部港口修船补网，称港口为"魍湾"后来也曾泛指台湾。

"小琉球"仍是明朝对台湾的一种称呼。明朝初年，明王朝与琉球中山王（即今日本琉球群岛）确立了朝贡关系。为了与台湾的琉球相区别，人们通常称中山王的琉球为"大琉球"，称台湾为"小琉球"。

明朝中叶，台湾又有了"大湾""大员""台员"之称。"台员"之称由"大员"一词音转而来，《台湾随笔》一书曾记载道："惟莆田周婴著《远游篇》，称台湾为台员，盖闽音也。""大湾"之称原本指台湾南海部位的名称，沈铁在其著《请建澎湖城堡书》一书中写道："红夷潜退大湾，蓄意叵测。"后演变为"台湾"。这三个名称读音与闽南土语"台湾"的读音相同，故称之。

"东都"和"东宁"，是郑氏父子对台湾的称呼。1662年，民族英雄郑成功打败了盘踞台湾38年的荷兰殖民者。第二年在台湾设置府县，更名台湾为"东都"。后来其子郑经继位时，又改"东都"为"东宁"，这是他们与清廷对立，是他们的政治设想在台湾名称上的反映。这次更名时间短暂，不曾在民间普及。

1683年，康熙帝派施琅进击台湾，恢复台湾名称，1684年，清政府设立台湾府，"台湾"名称沿用至今。

此外，从16世纪中叶西方殖民者侵华活动开始到甲午中日战争期间，荷兰、西班牙、葡萄牙和日本侵略者还曾别有用心地将台湾称为一个割裂于中国领土之外的岛国。葡萄牙人曾称台湾为"福尔摩萨岛"，意为"美丽之岛"，这一名称在国际上也通行了三四百年。日本人曾称台湾为"大惠国""高砂国""高山国"等。这些称谓富含侵略之意，即在命名上为他们企图掠夺台湾岛服务，分裂台湾于大陆之外，同时也标志着外国对华侵略时代的开始。外国侵略者对台湾名称的改变，正反映了他们的侵略野心，从反面证明台湾自古就是中国领土。对于这些名称，我国人民从未使用，都一直称其为台湾。

如今，台湾作为祖国领土的一部分，又被人们冠以许多美妙的称呼："宝岛"（物华天宝）、"春岛"（四季如春）、"蓬莱岛"（仙境）、"海棠岛"（状似海棠叶）、"蝴蝶岛"（盛产蝴蝶）、"珊瑚岛"（盛产珊瑚）、"甜岛"（盛产甘蔗）等。这正反映了台湾的富饶和优美。

台湾的名称是复杂而丰富多彩的，这些不同的称呼说明台湾自古以来就与大陆人民密切往来，相互学习交流，接受中央政府的有效管辖，共同创造了中华文化，也证明台湾自古以来就是我国神圣领土不可分割的一部分。

三、中国古代的阅兵

阅兵作为一种军事仪式，最早萌芽于氏族时代的图腾仪式之中。在原始社会，每个氏族都用某种动物、植物作为自己的祖先或神灵去崇拜，以求得保护，并以此作为本氏族的名称，称为图腾。每次出猎前都举行图腾仪式祈求成功，其中氏族成员集体出猎前的图腾歌舞仪式最为壮观。到了父系氏族公社后期，氏族部落之间的战争相当频繁，出猎前后的图腾仪式很自然地发展成为战争前后的阅兵仪式。

奴隶时代的夏、商、周，已经有了常备军性质的国家军队，以青铜为主的金属兵器开始出现，战车成为军队作战的重要兵器，车阵的技术、战术成为训练的主要内容。据《逸周书·世俘解》载，周武王曾通过狩猎来振武阅兵，一次就捕获上万头野兽，可见其规模之大。中国历史上最早的大规模阅兵就是周武王时期的孟津观兵（在今河南省孟津县东北）。

春秋时期，社会有较大的发展，在军事上，兵器数量增多，铁兵器开始使用，战车发展到顶峰，成为军队的标志。因此阅兵也逐渐脱离图腾歌舞和狩猎这些载体，日益显现出单纯军事训练演习的个性，内容主要是检查战车和战车的演练。春秋后期，各诸侯国都定期检阅军队和战车，军队的统帅还把战前的"观兵"或"观师"作为固定的军事仪式来鼓舞士气。战国时期，步兵成为主要兵种，阅兵主以步兵为主，且战前战后的阅兵已经正常化，以此提高战斗力。

秦汉时，军事训练的成效必须经过检阅且形成制度。首先，阅兵内容注重实践，更加刺激，增加了人兽对打动作和校场比武的内容。其次，军事考核和检阅成为中央和地方军事领导机构的一项重要职责。其中对军队的检阅分京师和郡国两级，每年一次，通常安排在秋季。同时，由于和西北游牧民族作战的需要，骑兵得到发展，战车丧失主导地位并淡出战争舞台，因而秦汉阅兵内容多为骑术。

三国时争夺天下的战争纷纭，各国都十分重视从严治兵，"阅兵"作为检阅、整顿军队的手段也备受关注。魏、蜀两国都有秋季阅兵的制度。两晋南北朝时期，国家处于分裂状态，但皇帝还是重视阅兵，水师逐渐发展。南朝宋武帝通过巡行方式检阅各地水师，齐、梁、陈三代都有"大阅"仪式。

唐代的阅兵形式多样，多在每年春秋两季进行，唐律中对此有明文规定，以阅兵来检阅军队，炫耀武力、振军旅扬国威。宋代也重视通过阅兵来整训军队，宋太祖、宋太宗、宋真宗，都兴检阅之风。值得一提的是狩猎这种阅兵的载体到宋代已正式丧失往日的地位，只是偶尔举行。元代的军队以骑兵为主，元代是中国历史上骑兵的极盛时期，因此元朝的阅兵主要是检验骑兵的马术，以及对弓箭、马刀、标枪和战斧的使用。

明清阶段，阅兵已成为军事训练的一种独立形式，政府对阅兵的重要性有了更深刻的理解。明太祖检验部队训练的方法就是阅兵，并通过常规阅兵和突然袭击两种方法来检阅军队实情，发现训练中的问题。他曾在一次阅兵后对将士训道："刀不素持，必致血指；舟不素操，必致倾覆；若弓马不素习，而欲攻战，鲜不败者，故使汝等练之。"

阅兵在清代成为正规的训练制度，程序比较正规、固定。阅兵的方式除皇帝阅兵外，还有钦派检阅、本省检阅和本军检阅三种方式。晚清时，对海军的阅兵也渐成规模，李鸿章曾两次检阅水师。光绪三十一年（1905），袁世凯在直隶河间府组织了中国历史上第一次近代化正规阅兵，内容为野战演习，袁世凯亲自检阅了北洋军队。

由此可见，阅兵是随着社会的进步，尤其是军队和武器装备的发展而演变的。中国古代的阅兵，从总体上说是以冷兵器为主，阅兵的规模和武器装备与今天不可同日而语。今天的阅兵不仅是盛大庆典的重要内容，更是弘军威、展技术、扬国威的政治行为。

四、落榜后的名人

归有光——明朝散文家。经历八次落榜，仍然含辛茹苦，发愤攻读，终于在嘉靖时考中进士，后有《震川文集》40卷传世。

李时珍——明朝杰出的医学家。曾三次名落孙山，在考举人失败的情况下发愤图强，立志从医，潜心研究，足迹遍及黄河、长江流域；历经 27 年的精心劳作，参考了 800 多种医学论著，终于撰写成药物学巨著《本草纲目》，成为我国著名的医学家。

蒲松龄——清代文学家。早岁即有文名，但屡应省试皆落第，71 岁始成贡生，除中年一度在宝应作幕客外，都在家乡为塾师，了解人民生活。以数十年的时间，写就短篇小说集《聊斋志异》，还有多种关于农业、医药的通俗读物。

苏洵——北宋散文家。曾两次科场失利，但不气馁，刻苦自学，成为"唐宋八大家"之一，有《嘉祐集》。

华罗庚——现代著名数学家。他落榜不落志，走自学成才之路，悉心数学研究，终于成为举世闻名的数学家。"勤能补拙是良训，一分辛苦一分才"是他留下的真知灼见。

严文井——现代著名童话作家。他 20 岁左右在北京两年报考四所大学均未中，便到北京图书馆当小职员。他坚持每天借书十本八本，秉烛夜读，翻译、撰写了大量书籍、作品，成为我国独树一帜的童话作家，当上了人民文学出版社社长。

曹禺——现代杰出的剧作家。年轻时一心想当医生，报考北京医学院失败后，积极参加戏剧活动，阅读了大量欧美文学和戏剧作品，平时收集资料做到多读、多记、多想、多用，终于写出了《雷雨》《日出》等对社会具有巨大影响的戏剧名著。

五、粽子趣谈

端午节吃粽子，是中国人传统的风俗习惯。纵览古籍，我们可以看到许多有关粽子的记载。

在晋代周处编撰的《风土记》中，粽子被称为"角黍"；北魏贾思勰的《齐民要术》称之为"粘黍"；明代李时珍的《本草纲目》对粽子的由来、形状都做了详细的描述："古人以菰芦叶裹黍米煮成，尖角，如棕榈叶心之形，故曰粽，曰角黍。近世多用糯米矣。今俗五月五日，以为节物相馈送，或言为祭屈原，作此投江，以饲蛟龙也。"宋代黄裳有"角黍包金，香蒲切玉，是处玳筵罗"的咏粽诗句。

由于各地生活习惯不同，制作粽子也不一样。在北方，多用糯米或黍米做粽子，以红枣、豆沙为馅，也有的用柿饼等果脯作馅料。在南方，有在粽子里包鲜肉的，有包鸡肉丁的，有包以切碎火腿的，还有什锦粽子、豆沙粽子等。

但在乡下还是用糯米包、蘸糖吃的糯米粽子颇为普遍。

由于饮食文化的传播，我国制作粽子的技术早在古代就传到国外。据郭沫若考证，朝鲜、日本、越南和马来西亚吃粽子的风俗就是从我国传去的。拉丁美洲的墨西哥、委内瑞拉、秘鲁等许多国家都有吃粽子的习惯。朝鲜、越南吃粽子的习惯与我国大同小异，但日本、拉丁美洲国家都有他们特殊的习惯。如日本人的端午节不像我们那样定在农历五月五日，而是定在公历五月五日，他们的粽子不是用糯米，而是用米粉做成的。日本人制作的粽子呈长圆形，活像一个锤子，外面缠着兰草。每当端午节到来的前两三天，许多日本人便包好粽子，准备"应节"，探亲访友时，粽子作为礼品被赠送。印尼的华侨、华人也有过端午节食粽子的习俗（印尼土语叫"苏麻洋粽"SEMAJANGTOANG，即粽子节之意）。传说是郑和下西洋时，把它传到这里的，从那时到现在，一直影响着华侨华人和当地一些土著居民。每到端午节，人们用炒熟的肉末加葱、香菇包成粽子，伊斯兰教徒则用绿豆沙糖等，以此寄托思乡之情。

拉丁美洲国家则习惯在圣诞节午夜，望完弥撒后，全家人围坐在一起吃粽子。墨西哥的粽子叫"达玛尔"，其做法和形状都类似我国的粽子，但是它与我国的粽子又有所不同。"达玛尔"是以粗颗的玉米面为原料，里面放入肉片和辣椒，用玉米和香蕉叶包成，煮熟后的"达玛尔"又香又辣，风味独特，墨西哥人常用它来招待客人。

我国人民吃粽子，相传主要是为纪念爱国诗人屈原。拉丁美洲国家人民吃粽子，也有一段颇为有趣的传说：400多年前，西班牙殖民者统治了拉丁美洲的大部分地区，印第安人被迫远离家乡服劳役，妇女们为了让丈夫或儿子不挨饿，便用香蕉叶包裹着煮熟的玉米粉和菜豆作为干粮，让他们带着赶路，久而久之，便形成了"粽子"。

六、端午节种种名称

农历五月初五，民间称为端午节，是我国人民的传统节日。这一节日别名甚多。

端午：端，即事物的边缘或开始的意思，"开端""初"的意思。《太平御览》卷三十一引《风土记》云："仲夏端午，端，初也。"午，是五的顺号，干支每逢五曰"午"，五月为午，因此称五月为午月，五月初五就叫端午。即"午"与"五"同音通用，"端午"本作"端五"。

端阳：古人把"午时"当作"阳辰"。此时正值烈日当空，阳光灿烂，故亦称"端阳"。

天中：五月初五正值夏至的节令，恰是寒气除尽，热气达到饱和，凉气将至未至的最适中的季节。因此，古时又称端午为"天中节"。

蒲节：每逢端午，人们爱把菖蒲、艾叶悬挂在门上驱魔避邪，因此还称作"蒲节"。

女儿节：在北京一带，素称端午为"女儿节"，这一天是古代妇女休息和游玩的日子，出嫁的妇女回娘家，未出阁的姑娘梳妆打扮，结队出游。

七、黄河名变迁：母亲河的喜与悲

黄河是我国第二大河，发源于青海省巴颜喀拉山脉合拉达合泽山东麓的约古宗列渠。黄河是中华民族的象征和摇篮，人称母亲河。"黄河"是因其流经黄土高原，携带大量泥沙，水色尚黄而得名。在历史文献中，黄河有多种不同名称的记载，它们从不同层面反映了人们对黄河的理解和认识。

春秋以前，并无"黄河"这一名称，说明黄河并非天然是黄色，而是因其流域植被不断被破坏所致。文献记载此前的黄河，多以"河"或"河水"名之。《山海经》中记载："夸父与日逐走，入日。渴欲得饮，饮于河、渭，河、渭不足，北饮大泽。未至，道渴而死，弃其仗，化为邓林。"《山海经·山经》中"积石之山，其下有石门，河水冒以西流。"据中国最早的历史地理名著之一《尚书·禹贡》里记载，"导河积石""入于河"。这些文献中所说的"河""河水"均是指现在的黄河。

黄河泥沙含量增加，且导致河水尚黄大概始于春秋及其后期。成书于春秋末年的《左传》中就有"俟河水之清，人寿几何"的慨叹。后渐有"浊河""黄河"的记载："夫齐，东有琅琊、即墨之饶，南有泰山之固，西有浊河之限，北有渤海之利。"文中的"浊河"，指的就是黄河。《汉书·沟洫志》中更有"河水重浊，号为一石水而六斗泥"的说法。《汉书》卷十六《高惠高后文功臣表·第四》中有"封爵之誓曰：使黄河如带，泰山若厉"的记载，这是"黄河"之称的最早记载。但在当时民间少有人称之，在唐宋以前的文献中，仍多以"河水"相称。唐宋以后，尤其到了宋代，"黄河"这一名称才被极普遍地使用起来。这反映了经历了一千多年的发展后，黄河流域的植被破坏已相当严重了。如《宋史》中记载："黄、汴、清、御"，这里把黄河简称为"黄"。北宋的小说集《太平广记》中载："禹凿山断门一里余，黄河自中流下，两岸不通车马。"这反映了自宋朝以后，"黄河"之称的使用频率是相当高的。这也足以证明，宋朝及其以后，大量边远人口涌入内地和中原，加上战争频繁，黄河上游的树木被大量砍伐，水土保持极差，生态环境破坏严重，河水含沙量大增，一"黄"字足以代之，黄河也就成了名副其实的"黄河"了。中华民族伟大的母亲河"患病"，给黄土高原地区和中原大地带来了深重的灾难。

黄河的有些名称反映了黄河的发源地及其流经地域风貌。如上文所引《山海经》及《尚书·禹贡》的有关内容都含糊地指出黄河起源于"积石"这个地方。《说文解字·水部》记载："河，河水，出敦煌塞外昆仑，发源注海。"北魏郦道元在《水经·河水注》中写道："（积石）山在陇西郡河关县西南羌中。"隋朝在青藏高原东北部设置河源郡，治所赤水城在今青海省兴海县东南的黄河西岸。唐朝把积石山分为大积石山和小积石山。元朝世祖忽必烈曾亲自派人考察河源，并有《河源记》传世。到清朝时开始认识到黄河的河源共有三条之多，其中卡日曲为正源。1978年青海省人民政府组织了对黄河的综合考察，肯定了黄河的正源为卡日曲。这说明：在不同的历史时期，人们对"黄河之水哪里来"这个问题的探索结果是不同的，这是一个不断地接近真理又永远不能穷尽真理的过程。事实上，就是今天的地理学界，黄河的真正源头在哪里，仍在争论之中。有些王朝对黄河河源的问题毫无建树，这是与该王朝的疆域密切相关的，如宋朝，它一直无暇顾及西北边疆，所以至今尚未发现有关此问题的记载。

在历史时期用不同名称对黄河的记载还反映了黄河流经区域的地理状况。《尚书·禹贡》载："黑水，西河惟雍州。"文中"西河"是指黄河流经我国西部地区。《水经》卷二中记载："河水又东北迳朐卷县故城西。"郦道元注："河水于此，有上河之名也。""朐卷县"即今宁夏中卫市沙坡头区，黄河于此称"上河"。《水经》卷三载："河水之北，屈而为南河出焉。……河水又屈而东流，为北河。"是说黄河时入阴山南麓，分为两支，称为"南河"和"北河"。《水经注》卷二载："河至金城县，谓之金城河，随地为名也。"金城县即今甘肃省皋兰县西南，汉代置金城县，黄河流经于此，称为"金城河"。《汉书·西域传上》中记载："蒲昌海，一名盐泽池也。……其水亭居，冬夏不增减，皆认为潜行地下，南出于积石，为中国河云。"这说明黄河出积石山，进入今甘肃省，称"中国河"。《明史·河渠志一》记载："洪武二十四年（黄河）改流，从汴梁北五里许，由凤阳入淮者为大黄河，其支流出徐州以南者为小黄河。"这是说，明朝洪武二十四年（1391）黄河改道，一支由安徽凤阳进入淮河，另一支流向徐州，分别称为"大黄河"和"小黄河"。

另一些古称则反映了黄河的水系构成及其规模。远古时期，黄河在今山东境内为九支，统称"九河"。《尚书·禹贡》载"九河即道"。《汉书·地理志》有"九河既道"。颜师古曰："九河，河水分为九，各从其道。"这九河分别是：徒骇河、太史河、马颊河、覆河、胡苏河、简河、挈河、钩盘河和鬲津河。"九河"合而为一，名为"逆河"。《尚书·禹贡》又载："北播为九河，同为逆河，入于海。"《史记》卷二"正义"曰："同合为一大河，名逆河，而夹右碣石入于渤海。"黄河因水面辽阔、雄伟壮观，被称为"大河""洪水"和"洪河"。《史记·孙子吴起列传》中载："殷纣之国，左孟门，右太行，常山在其北，大河经其南。"《水经注》卷四引《淮南子》："河出孟门之上，大溢逆流，无有丘陵高阜，灭之，名曰'洪水'。"徐干《齐都赋》："川渎则洪河洋洋，发源昆仑，九流分逝，北朝沧渊。""洪水""洪河"皆是对黄河之宏大的描述。

了解黄河名称变化及黄河自身的发展，不难发现，黄河的发展史与生态环境的变迁史密切相关。因而，利用黄河、治理黄河必须从生态环境改善的角度去考虑，除弊兴利，化悲为喜。从黄河的这些历史名称上看，古人对黄河是比较了解的，对黄河问题亦有所认识。当我们再把目光积聚到母亲河身上时，历史要求我们不能不学习古人，总结古人的治黄经验，从而把母亲河——黄河的事情办好。

第四节　"我"的教学成长感悟及实践案例

一、为了不能忘却的纪念——纪念抗日战争胜利六十周年

对于九月的时空，我总有一种难以自控的激动。2005 年的 9 月 2 号，是抗日战争胜利 60 周年纪念日；9 月 17 日，是甲午中日战争黄海大战爆发 111 周年纪念日；9 月 18 号，恰逢我们的中秋佳节，可同时又是"九一八"事变 74 周年纪念日。在这样的时空中，我有责任谈谈这样一个话题：为了不能忘却的纪念。

20 世纪 30 年代，在欧洲、亚洲，先后出现了三个法西斯政权。他们对内专制独裁，大搞恐怖政治；对外侵略扩张，公然杀戮和抢夺。他们给人类带来了深重灾难，对文明构成了严重威胁。

面对猖獗的法西斯，世界各国人民团结起来，奋勇抵抗，捍护自由、生命和尊严，谱写了一曲反对侵略压迫，争取民族解放和民主自由的英雄壮歌。

从 1931 年到 1945 年，六年局部抗战、八年全面抗战，中国人民进行了艰苦

卓绝的斗争，付出了巨大的民族牺牲，终于彻底打败了日本侵略者，为世界反法西斯战争的胜利做出了巨大贡献。中华民族依靠万众一心、百折不挠的抗战精神，最终夺取了抗日战争的完全胜利。从此，伟大的抗战精神，在亿万华夏儿女的心中深深扎根，在世界历史的舞台上光照千秋，鼓舞着一代又一代中华儿女，继往开来，奋勇前进。

回顾抗战历史，我们不能忘却为之牺牲的 3500 万的中华儿女；我们不能忘却侵华日军在中国肆无忌惮的屠杀和抢掠；我们不能忘却面对日本侵略者的残暴行径，我们的先辈们进行的 14 年英勇不屈的抗战；我们不能忘却中华民族为世界反法西斯战争的胜利做出的巨大贡献；我们不能忘却广田宏毅、东条英机、山本五十六等杀人魔鬼的狰狞面目；我们不能忘却叶挺、张自忠、左权、吉鸿昌、谢晋元、赵一曼、杨靖宇等抗日英烈们的殷殷鲜血。

历史是一面镜子，60 年前中日之间的那场生死决战是一场实力悬殊的战争。1937 年，日本钢的年产量为 580 万吨，飞机 1580 架；坦克 330 辆；大炮 740 门。而当时的中国，钢的年产量只有 4 万吨，军事工业薄弱，只能生产一些轻武器……

但同时，这又是一场让侵略者胆寒的战争。谢晋元、杨靖宇、赵尚志、左权等抗日英烈的名字无不让日寇心惊胆战。八百勇士血染四行；打完最后一颗子弹，狼牙山五壮士毅然砸枪跳崖；被敌人围困河边，誓死不屈的八位女战士手挽手沉入江底；东北抗日联军将领杨靖宇和敌人战斗到生命的最后一息，牺牲后，日军发现他的胃里尽是枯草、树皮和棉絮，竟没有一粒粮食……国难当头，英烈辈出。地雷战、地道战、麻雀战、伏击战无不让日寇闻风丧胆。无论是共产党员，还是国民党的爱国将领，每一个名字背后，都有一段可歌可泣的英雄故事；每一个故事，都是一曲荡气回肠的爱国之歌……凶残的日本法西斯终于被埋葬在人民战争的汪洋大海之中。

历史的教训不能忘记。日本侵华的历史告诉我们：落后就要挨打，贫穷就会受制于人。我们不但要有"生于忧患，死于安乐"的生存意识，更要有"人无远虑，必有近忧"的行动指南。中国近代海战史专家姜鸣先生指出，战争胜负的决定因素是国民素质和国民的国家意识。没有健康向上的国民精神，历史的悲剧就可能重演。我们坚信，只有思想上的站立，才有一个国家和民族的真正站立。

回顾历史，我们深深体会到，一个国家只有科技发展、社会进步、国力强盛、民族团结，才能真正矗立于世界民族之林。一个弱国，只要上下一心、全力以赴、脚踏实地、勇敢创造，也能赢得尊严。今天，尽管我们国家经济在快速发展，国力已大大增强，但是我们千万不能掉以轻心。就在当前，日本右翼势力还在蠢蠢欲动：篡改日本历史教科书、参拜靖国神社、图谋钓鱼岛、挑衅中国东海油气田。这让我们更加清醒地认识到：任何时候，我们都要铭记历史，勿忘国耻，以史为鉴，提高警惕。

历史无言，精神不朽。历史正在并将继续证明：国弱必有外患，自强方能自救，这是抗战胜利昭示给我们永远不能忘怀的真理；思想就是武器，理论创造奇迹，这是我党领导抗战的经验结晶；团结就是力量，合作加快发展，这是历史与现实公认的结论。

岁月的年轮沉淀了斑驳的痕迹，历史的记忆留下了悲壮的回声。鲜血铸就了中华民族坚强的脊梁，汗水灌溉了神州大地繁荣的花园。"中华民族到了最危险的时候"是激励中华儿女奋勇向前的号角。"风在吼，马在叫，黄河在咆哮！"是中华民族永不屈服的宣言！从任人宰割的"东亚病夫"到屹立世界的东方巨人，从窑洞里的会议到震惊世界的开国大典，从十一届三中全会到党的十六大，从改革开放到构建和谐社会，中华民族几经沉浮，历经沧桑。60年后的今天，我们自豪地看到，繁荣富强的社会为祖国的昨日交上了一幅美丽的画卷，锐意进取的浪潮为祖国的明天奏响了进军的乐章。胡锦涛2005年9月3号在纪念抗战胜利60周年讲话中指出："我们回顾历史，是为了获取智慧和启迪，从而更好地把握今天的生活和未来的方向。""我们要高举和平、发展、合作的旗帜，坚定不移地走和平发展道路。""我们要坚定不移地巩固中华民族的大团结，弘扬伟大的民族精神。""我们要坚定不移地加强党的执政能力建设和先进性建设，确保党始终走在时代前列。"德国前总理施罗德也曾说过："最大的智慧是历史的经验教训，最大的教训是不善于吸取历史教训。"

我们是幸福的一代，也是责任重大的一代，我们沐浴在和平的阳光雨露中，肩负着21世纪的强国之梦。60年前的抗日英烈们出色完成了时代赋予他们的使命，作为未来的社会精英，我们应该体会历史的深意，领会现实的主题，践行属于我们的责任。

铭记历史是为了更好地面向未来。我们的今天决定着民族的未来。让我们一起牢记抗战精神，怀爱国之心，立报国之志，时刻准备着，为实现中华民族的伟大复兴而努力奋斗！

让我们做一份祭奠，深切纪念无数在反击日本法西斯战争中英勇牺牲的中华儿女！

让我们在自己的本职岗位上，认真学习，努力工作，为了祖国更加强大的明天贡献自己的一份力量。

让我们许下誓言：爱我们的祖国，建设好我们的祖国，真正实现中华民族的伟大复兴！

二、素质教育在历史教学中的实施

"素质"是指人们在后天通过环境影响和教育、训练所获得的稳定的长期发挥作用的基本品质结构，包括人的思想、知识、身体、心理品质等。而"素质教育"是以全面提高公民的思想品德，提高科学文化和身体、心理、劳动技能素质，培养能力，发展个性为目的的基础教育。中学生的素质主要包括思想道德品质的形成、科学文化素养的提高以及适应社会发展的各种能力，这三个方面都与中学历史教学有着密切的关系，也意味着历史学科有着发挥素质教育的得天独厚的优势。因此历史教学必须注重素质教育的实施。

（一）更加注重对学生的思想道德教育

长期以来，应试教育的负面影响，使得历史学科的社会地位降低，尤其是初中和小学，历史让路于其他学科。近几年，中央提出了"全面推行素质教育"的目标，历史教学应抓住机遇，肩负起把社会主义大业推向 21 世纪的重任。

首先，重视政治思想教育，寓思想教育于历史教学过程中，这是促使学生思想道德品质形成的关键和途径。在现实的国情中，有许多内容都是历史所赋予的，诸如社会主义道路、"一国两制"、党的领导等。历史学习，既可以激发学生爱国和建设社会主义的热情，又能培养其古为今用，以古鉴今的能力。

其次，历史教学中一定要坚持用历史唯物主义观点作为教学的方法论和指导思想。从而培养学生实事求是、理性的思想品质，促进学生的素质结构更趋完善和合理。坚持历史唯物主义观点主要是坚持生产力是检验人类社会物质文明进步程度的科学尺度，实践是检验认识正确与否的唯一标准这两把尺子。如市场经济是商品经济的产物，实践证明，社会主义国家实行市场经济更具活力和效益。

（二）更新教学观念

20 世纪 90 年代出台的《教育改革和发展纲要》明确提出："中小学要由应试教育转向全面提高国民素质的轨道。"这里的"全面"有两层含义：一是教育对象必须面向全体学生，不可偏废。二是教学要做到全面发展教育与个性发展教育的有机结合。也就是说要使所有的受教育者都获得均等的机会，并使他们在各方面平衡、良性的发展。这就要历史教学克服应试教育的不足，既传授知识，又培养技能；既重视思想品德教学，又传授文化知识，从而使学生整体水平大面积提高。

（三）改进教学方法

素质教育说到底就是教会学生如何做人，如何立足社会，服务于社会本体，实现人的自我价值。这就需要根据教学内容、坚持教学得法的原则，用科学的、新颖的教学方法全面提高学生素质，充分发挥历史学科的育人功能。

第一，成功的历史课导语可以激发学生的学习兴趣。例如，我在讲《美国内战》中"美国的扩张"一节前，这样设计导语："美国建国时，只不过有 13 个州，而今天的美国却有 50 个州。这么多的州从何而来呢？"学生的学习兴趣自然地调动起来。只有有了学习的愿望，才能唤起求知欲，才有助于完成素质教育的目标。

第二，充分发挥学生学习的主动性。学习的主动性一旦发挥出来，就表现在学习的自觉性上。比如我讲"评价秦始皇"这一问题时，先引导学生思考人物评价的标准是什么，进而思考评价原则，在这个基本框架建构完毕后，再用秦始皇的历史活动去丰富它，从而培养了学生学习方法和历史唯物主义观点。

第三，增设历史"第二课堂"，培养其适应社会的能力。历史第二课堂形式多种多样，内容丰富多彩，如开设专题讲座，利用纪念日开展纪念性活动，参观历史景点等。这样既可扩大学生视野，又可以直接和社会接触。

素质教育是一项综合性的系统工程，全体公民和政府机构，尤其是教育工作者，把素质教育推向 21 世纪是我们义不容辞的责任。素质教育任重而道远，我们只有从自己做起，加快自身观念的转变，才能促进"应试教育"向"素质教育"的转轨。

三、素质教育应以创新能力为目标

为适应我国社会主义经济和现代化建设的需要，我国提出了全面实施素质教育的教育改革方案。要求教师要面向全体学生，全面提高学生素质。随着知识经济的来临，知识和智力资源的开发、利用及创造在国家发展和国际竞争中至关重要，这要求我们在推进素质教育的过程中，必须把学生创新能力的培养作为素质教育的目标。

　　创新能力包括创新意识、创新思维、创新精神、创新个性和品质等。以培养创新能力为目标的素质教育又可称为创新教育，它的最终目标是培养创造型人才来满足社会发展的需要。

　　素质教育为什么要以创新能力的培养为目标呢？首先，这是时代和现实国情对教育的根本要求。知识经济时代，在经济发展中起核心作用的已不再是自然资源和金融资本，而是知识的生产和利用。谁能在知识的生产和利用上占据制高点，谁就能获得最大的经济效益，赢得最快的发展速度。江泽民同志正是站在民族快速振兴的角度，在九届人大一次会议上再次指出："科技、教育、文化工作的根本任务是提高全民族的思想道德素质，科学文化素质和创新能力。"中科院院长路甬祥就21世纪中国怎样增强综合国力提出了10条建议，其中之首条就是更新教育观念，改革教育体制和方法，培养创新型人才，将我国最大的人口负担转化为无可比拟的、取之不竭的智力资源，"创新是一个民族的灵魂和兴旺发达的不竭的动力"。

　　其次，以创新能力为目标的教育有利于受教育者的发展。创新教育既要培养人的创造性逻辑思维，又要培养人的创新意识、创新精神等，激发人的想象力和灵感，发展人的形象思维，从而促进人的大脑均衡发展。培养人的创新能力，强调人的注意力、观察力、记忆力、理解力、想象力等多种能力的综合运作，创新能力和这些智力因素协调发展，共同提高。同时，创新能力培养的过程和创新的过程，还会铸造人的坚定信念、坚强意志、顽强毅力等品质，在创新的实践中磨炼人的非智力因素。因而，创新能力的培养能优化人的综合素质。此外，创新能力的培养还能促进人的个性发展，创新能力既有赖于人的全面发展，更有赖于个性发展。创新本身就是具有鲜明个性的，没有个性的发展就没有创新精神和创新能力。发挥创新能力的过程，正是体现个性的过程，随着创新教育的深入开展，受教育者的创新能力逐渐增强，独特的成果逐渐增多，个性也就日益鲜明，从而进一步突出和提升创新能力。

　　最后，以培养创新能力为目标的教育有利于教育自身的发展。创新教育不仅仅是教育目标的转换，更是教育在哲学意义上的转向——从守成性教育、维持性教育到创新教育的转向，从注重教育的文化传承功能向教育文化革新功能的转向。这一转向又引起教育目标、教育内容、教育原则和方法、教育评价标准的全面的、根本的变革，从而使教育更能促进社会的发展。

　　在实施素质教育的过程中如何落实创新的教育目标呢？笔者认为应做好以下四个方面的基础性工作。

（一）要树立培养创新型人才的教育目标

教育的培养目标是教育活动的出发点和归宿，贯穿于教育的各个环节。教育活动紧紧围绕着教育目标进行，为实现目标服务。只有牢固树立培养人的创新能力的教育目标，才能使创新能力的培养具体落实到素质教育的各个环节，才能使学生的各种能力，尤其是创新能力和德、智、体、美、劳等各种素质得到培养，从而能适应知识经济时代知识创新的需要。

（二）要造就一支创新型的教师队伍

教育的关键在教师，教师的素质在很大程度上决定着教育的质量和水平。要培养学生的创新能力，要求教师首先是创新型的。创新教育作为时代的呼唤，造就一支具有强烈创新意识、勇于探索、善于培养学生创新意识和创造能力的教师队伍是关键所在。为此，需要建立科学的教师素质和能力的测评体系，加强对在岗教师继续教育和培训，改革师范院校教学模式；需要从根本上和现实上两方面解决如何提高师资素质问题。

（三）要建立新的课程方案、教育内容和教学形式

课程方案从宏观框架上决定了学生的知识和能力结构，决定了人才品质。好的课程方案会给学生以科学的知识和能力结构，高效地培养人才。因此必须加快改革现在以知识覆盖和事实记忆为主的课程状况。教育内容和教学要求是广大教师"教"和学生"学"的根本依据，对教学方法和学习方法有相当强的启示和规定作用。因而，必须优化教学内容，制定科学的教学要求。教学形式由教学内容决定，为教育目标服务。现行的一些教学形式很难适应培养高素质创新型人才的要求。这就是说必须改进教学形式，多用启发式等培养创造性思维能力的教学方法。

（四）要建立有利于培养学生创新能力的素质教育评估体系

教学评估，是教育行为的指挥棒，对教育发展起着导向作用。创新教育要求评估体系能充分体现学生的创新意识、素质和能力，能开发并促使创新能力的发展和提高。例如，在试题内容上增加创造性思维能力考查的成分，并适当增加对创新性心理素质、行为能力和个性的测试，还应探索平时对学生创新精神发展提高的跟踪记录和测评手段。总之，要采取多种措施，探索多渠道的测评途径，建立能客观准确地评估学生创新素质和能力的评估体系，保证和促使素质教育突出创新素质和能力的培养。

四、创新教学应涵育人文精神

21世纪的人类社会提供给我们的是一个充满着创新需求的发展环境，也必将使人类的智力活动达到一个空前的高度。在这样的时代条件下，人类社会的进一步发展必将越来越取决于人的素质。人的素质主要包含智力因素、情感因素和文化因素。概括地讲，可以说人的素质主要包括科学素质和人文精神两大方面，这些素质在客观上则主要表现为人对自然和社会的认识水平及人的社会实践能力。无论是人的认识的科学化，还是实践能力的提高，在很大程度上都是在教育实践活动中体验达成的。因此，教育的时代使命是科学教育与人文教育并重。

目前，高新技术在知识经济时代的重要性日益明显，忽视科学教育必将给国家和民族带来无尽的灾难。然而，科学技术的迅速发展在给人类带来经济腾飞的同时，也给整个人类生存以重大威胁。这突出地表现在人的物质生活和精神生活的失衡上。长此以往，人就会成为没有精神和情感生活的单纯的技术性和功利性的动物。这足以使我们的教育工作者感到震惊。基于此，在当前科学主义泛滥的情况下，越来越多的有识之士已经意识到，弘扬人文精神，用以规范科学技术的发展和应用，乃是新世纪教育面临的紧迫课题。这就要求教育要真正做到科学教育与人文教育的统一。

科学教育与人文教育并不以学科划分为分界线，自然科学学科中可以具有人文主义内涵，人文学科也具有其独有的科学性。历史学科是一门兼具科学性与人文性的学科，历史教育的本质是人文教育，在素质教育中起着人格养成和文化熏陶的基础性作用，历史教育应该围绕这一基本功能进行。

然而，长期以来教育主导倾向上的偏颇，使历史教育的人文教育功能和素质教育特征被淡化了，功利性和工具性色彩则过于浓重了。一方面，作为升学考试科目之一的历史科的教学内容和教学方法主要围绕"考试指挥棒"转，历史知识的人文性被浓烈的功利色彩严重遮蔽；另一方面，由于片面理解历史教育所承担的政治教育功能，历史教育的工具性特征被进一步强化了。"真理再向前走一步则是谬误"，正因为过分注重了工具性作用，使得历史教育的人文性很难张扬。历史教育在目标上的这种偏差，不可避免地会导致历史教育功能的缺失。实际上，学习历史知识可以形成一定的历史观念和历史思维能力，而作为工具性的历史训练，则禁锢、僵化了学习主体的思维活动，从而使历史学习丧失了主体性和创造性。

　　创新教学是以培养创新型人才为目标的教学活动，创新教学要求在整个教学活动中赋予其创新的特征，达到培养创新人才和实现人的全面发展的教育目的，创新教育培养出的人才既要具备较强的创新能力，又要是一个全面发展的人。如果仅仅重视创新能力的培养而忽视全面发展的人的培养，则"刘海洋式"的人物将不绝其后。这就要求创新教学要关注科学教育和人文教育，在创新教学的过程中涵育人文精神。

　　在历史教学中如何涵育人文精神，并不仅仅是重视历史、给历史学科以一定的学科地位所能解决的。就目前的历史教学现状看，必须在历史教学的各要素上张扬人文精神，实施人文教育。历史教学的内容，在注重"规律"教育的同时，不要丢掉了体现最美好人性的历史知识，比如珍视生命、关心同类、不屈抗争等，这些都是人类进一步生存发展所必需的；对历史人物和历史事件的评价，在重视其对历史进程所起作用的同时，也应从道义上认识其是非善恶，在遵循生产力标准的同时，再辅以道德维度；历史课的教学方法，在传授学习的过程中，要重视学习主体的主动"建构""体验"和"生成"；就施教者自身来讲，要想在实施创新教学的过程中涵育人文精神，则必须提高教育者自身的人文素养。如果教育者自身的人文素质不高，就不可能在纷繁复杂的历史现象中梳理出最有人文价值的教育素材。

　　从素质教育到创新教育，再到研究性学习，从主旨上讲，是素质教育思想不断具体化的过程，其可操作性也不断增强。随着教育教学改革的日益深化和社会环境的不断优化，我国的教育教学局面必将从根本上产生巨变。在这一历史性的变化中，教育教学改革应该始终使科学教育与人文教育并行不悖、相辅相成。唯其如此，才能使教育的发展与时代要求和社会需求相适应，才能使素质教育思想产生实践上的效果。

五、一节洋思数学课观摩后

　　看了一节洋思数学录像课后，我对洋思教学经验有了一点直观的感受，产生了一种冲动：对于我想做而没做到，或者比我做得好的人和事，我总是先存敬畏之情，再生学习之心，后有实践之行。

　　这是一节 45 分钟的数学课，尽管后面坐着很多听课的教师，我感觉这是一节真实的课，并没有因为有人听而特意准备的痕迹。应该说洋思的师生是训练有素的，尤其是教师。执教者是年轻老师，拿李校长的话来说："上课的是一位毕业没有几年的老师，看看小脸就知道了。"可他的教授技能却不敢小视。名师成就名校，名校造就名师。

（一）教学理念——新

对洋思经验的评论很多，不管说它是应试教育的产物，还是素质教育的成果，关键是它体现出了"以生为本""把学习的权力还给学生""让课堂充满生命的活力"等先进的教育理念。可能这名数学老师备课时还真没想过这些理念，但能运用就是最佳的学习。如果是这样，恰恰是洋思的成功所在。

（二）教学设计——精

课题是"最基本的图形——点和线"，看似简单，处理好了也难，难得的是在掌握本节课知识的过程中，学生的学习能力、学习兴趣、自主学习的意识都得到了增强，不能不说他的教学设计是独具匠心，从例题的选择到课堂提问无不是精心斟酌的结果。

（三）教学过程——清

教学设计不仅是设计教案，更要设计实际的教学流程。我们常常有教学实践没有达到设计效果的感受。从录像看，这节课的每一环节，包括内容的讲述、问题的设计、语言的表达，都显得有序、有效。所谓聪明的人就是准备充分的人。

（四）思维引导——明

这节课所有的结论，或者说教学目标中所列的内容，最后都是由学生自己得出的、讲明的。学生不是天才，关键是教师引导得法，在关键的地方教师给了学生明确的思维引导指令。

（五）巩固训练——准

这节课教师没有额外准备习题，关键在对有限习题的有效利用上，包括对例题的讲解，始终围绕本节课的难点、重点，或者说是学生容易混淆的知识点上，这就是精练。

（六）师生关系——诚

上课中教师没有刻意追求尊重学生，但实际上却不留痕迹地尊重了学生，这才叫真正尊重学生。这位年轻教师整堂课没有笑过，但并没有妨碍他与学生的真诚交往，表扬则实事求是，批评则点到为止。正是一个"真"才确立了一个"诚"。当你刻意去追求一件东西时，就说明它已经离开你了。

（七）学习活动——竞

在教学过程中老师两次提到"南面的同学发言不如北面的同学积极"，这是一种评价，也是一种激励，但他始终没有像很多公开课那样把课堂搞成"幸运52"。课堂学习需要竞争的氛围，但无需用竞争冲淡学生的深度思考。

（八）学习感受——能

在这节课上，每一个学生应该都能跟上教学，从而愿意继续学，并争取更好的学。听完这节课的教师，应该都能自信地说："这样上课我也能做到！"学生能学，教师能教，那么我们什么时候能做？

当然，"初一的、数学课、洋思的学生"的经验我们无法照搬，"每节课只讲4分钟"的标准也不一定是金科玉律，不同机器上用的弹簧的弹性是不同的，我们关键是学习理念。

六、为"勇敢者"进言——以"新中国的成立和巩固政权的斗争"为例

金庸先生说自己有四大狂妄：班门弄斧、兰亭挥毫、草堂题诗和北大讲学。这表明金庸先生是谦逊的，也是有自知之明的。而在历史和现实中，总是有人把狂妄当本领，视说大话为才华与不凡。秦始皇自称皇帝、修筑长城、建阿房宫、焚书坑儒，其意图割断历史，创造新纪元，希望时间由己开始，然而我们现在了解的历史比秦始皇要早得多，甚至他的身世也为后人一清二楚；崔杼痛恨齐庄公与自己的妻子私通，杀庄公别立齐景公为君，因不愿此事被写进历史，连杀了三位直书此事的"太史"，然而今天我们还是知道了这桩"桃色政变"。可见，历史这位"少女"并不如胡适先生认为的那么容易"打扮"。好在历史老人从不轻易抛弃那些喜欢说大话的子民，并总是希望每一个人都能诚实、方正、健康，少一些不知天高地厚的鼓噪。

现在，有些人喜欢抱定否定一切的"宗旨"，颠倒过去的一切黑白，"知其不可为而为之"，提出什么"不要对美国忘恩负义""李鸿章维护了近代中国主权""岳飞、文天祥的精神不足道"等奇谈怪论，甚至对已有公论的新中国建国初期一些重大事件进行狭隘的"勾沉"，并为此不惜断章取义、鹦鹉学舌，仿佛不如此就显得自己没思想、不如此就没有创新、不如此社会就不能进步似的，也许他们是想向世界证明他们正享受着民主吧。大家不难发现这些人的共同之处就是外行硬充内行，把喜欢历史认作"研究历史"，看了几本历史普及读物就放言"考诸史籍"，复制粘贴了网站帖子中的一些内容就妄称"据可靠史料"。

在我看来，他们是"无知者无畏"，勇气可嘉，锐气可赞，稚气有余，愚气十足。

新中国的成立作为 20 世纪人类历史上三个最重要的历史事件之一，（另外两件是俄国十月革命的胜利和反法西斯战争的胜利）应该从人类和世界发展的视角来审视和考量。

110 年的苦难岁月是铁的事实，1949 年 10 月 1 日毛泽东主席在天安门上宣告"中国人民站起来了"，用事实向人类证明中华民族有自立于世界民族之林的能力和光复中华的决心；用行动重塑中国形象：取消外国在中国的一切政治、军事、经济和文化特权，废除国民党政府一切卖国条约，肃清帝国主义在华的一切侵略势力。从此，中华人民共和国屹立于世界的东方，中国人民深受列强欺凌的时代宣告结束，百余年来中华民族的梦想和目标终成现实。

中华民族经百余年的努力赢得了独立，而疯狂一时的日本统治者给日本带来的是美军的占领，本民族的主权和独立没有保障。在美国占领下，日本战后经济发展缓慢，到 1951 年，战败国意大利和西德，出口贸易已经超过战前水平的 10% 到 20%，而日本却只及战前的 35%，这对日本经济的打击是严重的。1945 年 9 月 22 日，美国公布《美国占领初期对日本政策的原则》中表明，"占领日本"的最终目的是要在日本建立一个"支持美国目标"的政权，使日本不可能"再次出现对美国的威胁"，实际上就是要防止日本重新成为美国的竞争对手，并使日本成为支持美国在远东的战略工具。

中国人民反帝、反封建、反官僚资本主义革命斗争的胜利，使一个四分五裂的国家走向统一，而两次世界大战的策源地、西欧强国之一的德国却走向分裂。虽然它于 1990 年又实现统一，但几十年分裂给德国发展带来的灾难性后果是无法抹杀的。

与日本被占和德国的分裂相比，独立和统一对于中国的发展是弥足珍贵的，同时，中国革命的胜利，是在世界上人口最多、地域广大、历史延续时间最长的国家中取得的。这个胜利使世界殖民体系遭到致命的打击，大大削弱了世界帝国主义殖民统治，改变了世界政治力量对比，激励了许多类似中国这样国家的人民，促进了民族解放运动的迅猛发展，对世界局势产生了深远的影响，也为中国国际地位的提高奠定了坚实的政治基础。这样看待新中国诞生的意义可能会有更深的体会。

关于抗美援朝，过分强调从中苏同盟和社会主义阵营的角度解释其动因也是片面的，在美国为首的资本主义阵营把包括中国在内社会主义阵营作为一体进行战略规划的情况下，借助同盟之力也不值诉病，更不应揪此一点，无视其余。从地缘上看，朝鲜半岛西濒黄海，东临日本海，朝鲜与中国工业重地东北仅一江之隔，鸭绿江与重工业城市鞍山、沈阳、抚顺、本溪相距均不足200公里。鸭绿江上的大型发电站，当时供应东北区南部工业的电力，没有它，大批工厂就要停产。另外，"据法新社报道，美国计划在占领全朝鲜之后，将朝鲜北部交给'联合国军司令部'指挥下的国际军队占领，这支军队中美国人尽可能少，此外建立一支包括6个师以上的朝鲜陆军，把中国军队主力牵制在东北，而撤出去的美军将去保卫亚洲的各个极为重要的地区，这些地区包括台湾、西藏和印度支那"①。

从当时情势看，朝鲜战争爆发后，美国朝野响起了一片侵华叫嚣，说什么"在历史上，鸭绿江并不是把（中朝）两国截然划分的不可逾越的障碍"，"美国军队必须越过北朝鲜，进入目前为中共军队所占领的满洲"。南朝鲜李承晚也公开附和美国说"战争不能停止在鸭绿江边"。② 同时，美军多次派遣空军侵入我国东北领空扫射、轰炸和侦察。美国军舰在公海上炮击我国商船，侵犯我航行权利，第七舰队开进台湾海峡待命，向我国公开进行战略挑衅。针对这种形势，还能有什么选择是比抗美援朝更合适的。

中国人民百余年斗争的胜利只争取到了平等参加比赛的权利，能取得什么样的成绩，则取决于自己的努力。当这个饱经战乱忧患的古老民族获得新生的时候，人们看到的是极其强烈的反差：一方面是人民载歌载舞欢庆解放，充满朝气和活力；另一方面，旧中国留下的经济是千疮百孔、贫困落后、百废待兴。占世界人口1/5的中国的钢产量不到世界钢产量的1/1000，石油产量只占世界石油产量的0.28/1000。政局上国民党白崇禧、胡宗南的100多万军队还盘踞在华南和西南地区，解放区尚有土匪200多万，各种特务60余万。据统计，"从1950年春季到秋季的半年多时间里，就有近4万名干部和群众积极分子遭到反革命分子杀害"。③ 国际上，一些帝国主义国家抱着固有的敌视态度，对新中国在军事上封锁、经济上孤立、外交上不承认，尤其是面临着美国对新中国构筑的"新月形"包围圈（北自阿留申群岛，经朝鲜半岛、日本、琉球群岛，南至

① 郝侠君，等．中西500年比较（修订版）［M］．北京：中国工人出版社，1996：579.

② 约翰·斯帕尼尔．杜鲁门和麦克阿瑟的冲突和朝鲜战争［M］．上海：复旦大学出版社，1985：129.

③ 中共中央文献研究．关于建国以来党的若干历史问题的决议（注释本）［M］．1版．北京：人民出版社，1983：206.

菲律宾止）。

针对这种复杂局面，新生的人民政权在政治、经济、军事、外交等方面采取有效措施，在较短的时间内稳定了发展局面，巩固了胜利成果。今天，我们应更多地从中汲取经验，全面科学地总结其教训，为新时期的民族振兴贡献力量。

同样是历史，有的人从中受益，有的人却因偏狭而上当，其关键就在于学什么、如何学？涵育科学的历史观、汲取历史智慧是学习历史的主要目的和方法。"读史使人明智。"（培根语）"历史可以提供的智慧是最全面的。""历史智慧既是物质的，也是精神的"，"既有具体的，更有抽象的"。历史智慧的作用是潜移默化的，而不是简单重复的，"没有人能够从过去的历史中找到现实问题的具体答案"①。学习历史应本着科学理性的态度，避免狂热的偏激，学会正确反思历史，更不应违反学术和做人的基本道德准则。

七、中国人民教师誓词

（一）我立志做一名优秀的人民教师，崇德尚学，精业善道；传承文明，育人为本；遵纪守法，德高品清；崇尚科学，启智求真；为人师表，敬业爱生；严谨治学，勇于创新；团结协作，甘于奉献；终身学习，与时俱进。精师业，修师德，树师表，铸师魂，愿为人民的教育事业和人类文明贡献自己全部的智慧与力量。

（二）我是光荣的人民教师，我在国旗下庄严宣誓：我立志做一名优秀的人民教师，把自己的一生贡献给人民教育事业。我将不断提高自己的道德和专业修养，促进学习者的素质提高。我要尊重学习者的人格、个性和生活方式，关爱并促进他们身心的健康成长。我保证做到努力提高教育技能，努力学习、运用和丰富教育理论，不断改善我的知识经验结构和教育实践，使学生能够不断进步。我将为人民的教育事业奋斗终生！我庄严宣誓，我将恪守这一誓言。

八、人应该怎样活着——聆听魏书生老师报告感悟

我是第二次聆听魏老师的报告，每次都深深地为他的真诚、真实和真谛所打动，每次听完报告后都难以入眠，心潮起伏，每一次聆听都会使我不断地拷问自己：我能做什么？我能做到什么高度？

---

① 葛剑雄，周筱赟. 历史学是什么［M］. 北京：北京大学出版社，2002：171.

魏书生老师的报告纵横捭阖、博大精深、幽默诙谐、语出惊人、举重若轻、大象无形。在殚精竭思之后，我认识到魏老师每一次报告都是在谈人生、谈做人，谈"人应怎样活着"这个严肃而又永无止境的命题。"人应怎样活着"这个问题仅凭思考难以得出什么切实可行的办法，对它的回答靠的是行动。魏老师是这样做的，在做中思考，按所做、所思来说，从而使他的报告富有特点和魅力，总能给人以无限的启迪。

（一）用脑思考

善于思考是智者的本质特征。对于智者而言，停止了思考就意味着生命的终结，智者的价值体现于其独到的思考，他们在思考中体味出人生、社会及宇宙的无限奥秘，醉心其间流连忘返，他们拥有着全人类最敏感的神经末端。智者以自己的思考和行动向我们传递着思想者的魅力，告诉我们应该怎样生活，如何工作！

思考的视角是无限的，学习中尤其需要思考。魏老师把教育新理论分为恒星类、行星类和流星类三层次，在学习新理论时，要抬头仰望恒星，扪心自问，发扬优势，革故鼎新。提倡大家以冷静的心态研究新课改，明确指出新课改的理念就是"有教无类""因材施教""寓教于乐"和"教学相长"，进而提出每一次改革其实都是对传统经验精华的一次创造性继承和全面发扬。这种学习成果和独有的见地对新课改实践无疑具有极强的指导意义，对我们学习新理论具有永久的借鉴意义。

（二）用心做事

李素丽说："用力做只能合格，用心做才能优秀。"考诸所有的成功者，这几乎就是一条公理，"用心做事"是人一生中最重要的习惯，成功者的经验就是把每一件事都做到极致。魏老师要求他自己、他的同事和他的学生不要好高骛远，眼高手低，要养成"大事做不来，小事就赶快做"的习惯。其实，大事成于小事，大才在小事中孕育，能力在做的体验中形成和提高。这些朴素而又浅显的道理，每个人在童年时代都无数次地听到过，当这个道理再次从魏老师口里讲出来时，我们又无不为之震撼，仔细想想，如果当我们回首往事时会因为碌碌无为而感到悔恨，只可能是因为我们没有养成"大事做不来，小事就赶快做"的习惯和毅力。

扪心自问，我们把多少时间耗费在了无谓的徘徊中了，又给我们徒添了多少无谓的烦恼。正如魏老师所说："别跟自己过不去！"现在面对的事情就是我应该而且必须做好的事情，就是我应该全力以赴、全心全意为之奋斗的事情，把自己有限的精力投入自己正在做而且能做的事情上，否则就是浪费生命。

（三）用研究的精神工作

用心做事是理念，是原则；用研究的精神工作是行动，是表现。二者互为表里，相辅相成，相互促进。用研究的精神工作是把工作做到极致的唯一道路，魏老师说，当你认识到一堂课的一百种上法，一句话的一百种说法，一个字的一百种写法时才能常教常新，常做常新，才能高潮迭起，引人入深。关键是如何才能认识到这"一百种"。按部就班，抱守经验，刻舟求剑不可能得出这样的认识，最后可能连"一种"方法也是残缺不全的。只有用研究的精神对待自己的工作才能日新月异。

用研究的精神工作才能领会"工作着是美丽的"，体味到工作的幸福和生活的快乐。当你发现一项工作有"一百种"干法时，你一定会为自己的发现和智慧自豪，激起自己更强的探索欲望，争取更大的成功，享受到宏大的喜悦。这种成功的体验每个人都曾有过，我们所缺的是把自己的做法从特殊上升到一般。如果我们连"怎样督促学生做操戴手套"这样的问题都研究出科学规律，把每一个具体的小问题都放到教育的高度来认识和研究，成功和乐趣就在其中。

（四）用感恩的心态生活

魏老师在报告中提到"用一种感恩的心情看待今天的生活，珍惜今天的生活"，"做眼前的事，寻找眼前的快乐"，"千万不要抱怨环境"。透过这些朴素的话语，我们分明感受到了魏老师包容一切的胸怀，这是一位知天命的人生阅历丰富的智者的谆谆教诲。他也多次说道："熄灭你非分的欲望之火，点燃自己的智慧明灯，静下心来，超越自我，守住心灵的一片宁静。"想想现实中的生活，处处充满诱惑，正如秦伯益院士所讲，"现在社会上诱惑很多，吃、喝、嫖、赌、抽，坑、蒙、拐、骗、偷，使很多人静不下来，煎熬着自己的生命"。正是因为许多非分的欲望得不到满足，才会痛苦，才生抱怨。魏老师也大声疾呼："社会上的各种诱惑影响着、改变着、动摇着、扭曲着学生，也包括我们自己的价值观。要教育学生，先教育我们自己；要教育自己，先守住自己的心灵；要守住心灵，先感恩现在的拥有。"会不会感恩也意味着会不会做人。有句话说，如果你总是用仇恨的心态生活，你就只能收获仇恨；如果你用爱去生活，必然收获到更多的爱。

"感恩"不一定都是感谢大恩大德，"感恩"可以是一种生活态度，一种善于发现美并欣赏美的道德情操。人生不如意十之八九，如果我们囿于这种"不如意"之中，终日惴惴不安，生活就会索然无趣。美国密歇根大学调查研究中心对数千人进行了十几年追踪调查，他们发现心常感恩的人，会自动乐于助人，处处行善，生活快乐且寿命显然延长。相反，不知感恩，心常怀私，性格孤僻，损人利己，无法与他人融洽相处的人，死亡率比正常人高出 1.5 倍。这就是汪建中教授所说的"人的生理寿命应该达到 120 岁而实际却远远不及"的原因所在。只有懂得感恩、学会感恩，才能快乐地生活，才能勤奋地工作，才能真诚地面对，才能热情地给予，才能坦然地接受，进而在感恩的世界里，纯洁灵魂、升华境界、博大胸襟、包容万物。

（五）用艺术的眼光看待人生

艺术是对生活的深层理解，"无限风光在险峰"，只有具有广博知识、博大胸怀的人才能在平凡的生活和工作中体验到艺术的享受。魏老师 150 分钟的报告中充满了积极进取、昂扬向上的声音，我们分享着他的艺术享受，而他从事的又是我们每个人正在并还要从事的平凡工作，他使我们真正懂得了"平凡孕育伟大"的道理。

魏老师的教育艺术在于"欣赏"。他从不为难学生，为每个学生确定恰当的学习目标，真正践行了"因材施教""有教无类"和弹性教学，欣赏每一个学生取得的每一点进步。他的"8 分证明天赋"的说法不仅改变了一名学生，也证明了"教育无差生"的客观真理，证明欣赏比批评具有更广泛的积极意义。他的"学校""学生""学室""学材""学习""查找""探讨""求教"和"自悟"的教育思想真正体现的是学生的"自主学习"。

魏老师的生活艺术在于"珍惜"。曾经无奈过，曾经痛苦过，故而分外珍惜今天，在魏老师看来，最宝贵的是今天。当你懂得珍惜时，就会发现生活中的一切都是美的；当你懂得珍惜时，就不会再有埋怨。魏老师的生活可以说是"日理万机""桃李满园""著作等身""身兼多职"，而他在每一方面都做出了超然的成就。在报告中，魏老师自报秘诀："闹中求静、忙中求闲、失中求得、苦中求乐"。其核心就在于珍惜。

魏老师的工作艺术在于"方法"。做魏老师的学生和同事一定是幸福的，因为你总能感到有适合自己的事情可做，有章可循，有人可问，他总能使你在工作中找到自我，找到成功感。魏老师不管是做班主任、做校长，还是现在做教育局局长，他都坚持"权责下放一级，实行分级管理"，条分缕析，责权对等，自主操作，各负其责。科学的工作方法铸就的是高效的工作和突出的成绩。

魏老师的人生艺术在于"研究"。每一种平凡的工作在魏老师手里都变成了令人羡慕的艺术，这种魔术的关键是魏老师始终用研究的精神对待一切工作，对"研究"达到了痴迷的程度，这种"研究"的意识和方法就是中小学最有意义的教育科研，而且也是我们力所能及的，和魏老师相比，除了智慧以外，我们最缺乏的是他的那种"痴迷"。

（六）用科学的标准超越自我

人生的成功是不断超越自我的过程，魏老师的经历再次证明了这条颠扑不破的真理。人不但要超越自我，更要懂得怎样超越自我，魏老师实现自我超越的方法权且这样来概括：生活教育化、教育民主化、管理科学化、学习终身化。

对待生活，魏老师在享受中懂得珍惜，在感受中懂得创新，在感悟中以助人为乐，在生活中教育和自育，在教育中生活和创造；对待教育，魏老师崇尚为学生服务、师生互助、发展师生个性，在教育过程和教育决策中体现师生的全面参与，追求的是教育民主化；对待管理，魏老师的原则是计划切合实际，检查重在落实，反馈必须准确，目标是管理科学化、高效化；对待学习，魏老师强调的是引发学生学习动力（兴趣、意志等），发展学生智力（注意力、记忆力和思维力），掌握学习技术（预习、听课巩固和总结应考的技术和能力），这三方面都注重的是学生终身学习的能力。

魏书生老师是著名的教育改革家，有其独特的教育思想体系，听两次报告还只是冰山一角，我把学习心得记下来与大家交流，是对自我心灵的抚慰，也是对魏书生老师的敬意！

九、品读"中性"

不可否认的是，在艰难的生命历程中、在激烈的竞争压力之下，总有一些人"如鱼得水"般滋润、快活，在探寻他（她）们"得道"之法时，我想用一种"中性"的心态对待多变的生活。应该声明的是："中性"并非要改变生理差别带来的性格差异，也不是要像"花木兰"潇潇洒洒地女扮男装，替父从军。"中性"只是一种生活的态度而已，你可以接受，也可以拒绝，但是你必须尊重他人的选择。

从内心讲，我非常讨厌那种有无"（人）性"倾向的人！上天既然将人分为男女两性，目的就在于让他们双方充分发挥自己的特色以吸引对方，使双方构成一种互补的、和谐的美，这样生活才增添了许多色彩、情趣和魅力。

男性以粗犷、刚毅和"理智点"为好，而女性则以细腻、温柔和"感情些"为佳。这种心理上的差异，是对生理上性别差异的补充和衬托，这两者之间的差异越大，其个性化独特的魅力对对方的吸引力就越大。男女之间就这样相互依赖，相互发现对方蕴藏的异性之美的信息，才使生活更添乐趣。若对自己的性别（及其心理风格）缺乏自信，而向对方的角色同化，甚至人为地造成角色认同错乱，使生理和心理产生矛盾，恐怕并不是一种健康的心理。无论是生理上还是心理上，男女双方都没有必要东施效颦般地向对方靠拢——那样反而丧失了自己的特色和魅力！

无论是现实中还是在网络上，两性以其特有的风采互相吸引，这样才像咖啡的苦与甜的那种混合味一样有品位、有层次感，才能演绎出人间许许多多的乐趣。倘若都呈"中性"，则如同白开水一般，淡而乏味！

但问题是，现实中的苦难并不因为你的性别而有所差别，各种困难就像暴风骤雨一样让人防不胜防，面对这些困难时，你完全可以选择一些中性化的心态来处理，而不必死守"男儿有泪不轻弹""哭是女人制胜的法宝"等陈词滥调。在我风雨兼程的旅途中，我常以"中性"心态而不仅仅以男人的心态来理解饮食男女。正是这种理解，使我远离了诸多诱惑而能至今固守着自己灵魂的家园，也正是这种理解，使我懂得了人生原来是可以这样过的。男人、女人的性别并不重要，重要的是男人女人之间的另一种生存状态：那种更平等、更宽松、更智慧的富有尊严的感觉真的很好。把处于这种状态中的人称为"中性人"真是再贴切不过了，如果你能跨过性别的分水岭而走上一座连接在异性之间的精神之桥，站在这座桥上，你会发现生活中原来还有这么多赏心悦目的美景。我们会感到我们自身还有如此多的潜质，原来，我们不但具有生理上的性别特征，我们还可以具有超越性别差异的人性共同拥有的美好素质。当你超越性别的分水岭来看问题时，真的会有许多新的发现。

十、感激真诚——我眼中的《考试报》

《考试报》把真诚无私地奉献给我，我亦视《考试报》为最忠实的朋友。从大学毕业第二年起，我就担任了高三文科班班主任兼历史复习课工作。对我而言，这是一项神圣而又重要的使命，因而压力很大。我除了竭心尽力地工作外，总是四处寻找最适于辅导、帮助我自己和学生的报刊杂志。当看到《考试报》的具体栏目和内容时，我紧张的心情得以平静，深信自己找到了可靠的帮手。事实证明，我的选择是正确的。

身为班主任，不仅要做学生思想和生活上的贴心人，更要做学生学习上的指导者。高三一年成绩的好坏，在一定意义上也取决于学科复习策略。能结合每一个学生成绩，帮助其制定科学的学习计划并针对每一学科特点，提出具体有效的复习建议，是高考指导老师分内的工作。而我能在这些方面取得成功，受到学生的好评，主要得益于《考试报》。每一学科都在改革和发展，要使自己提出的复习计划和建议切中要害，就必须对每一学科都有所了解，就需要有较广的知识面。而这些需要，《考试报》都能很好地满足我。它围绕高考，对各科都有大篇幅的内容介绍，并且都是高考的重难点。每期都约请国内著名教研专家撰写各种指导性的文章，信息准确，富有权威性，这都为我指导学生提供了极大方便。

搞好历史复习课，是我又一本职工作。在这方面，《考试报》亦能给我最有效的帮助。高考复习课，必须了解高考、研究高考，掌握有关信息，《考试报》"政史长廊"及第一版有经常性的指导文章，都是名家手笔，令我事半功倍，增长见识。尤其是1998年高考前，《考试报》及时报道了《考试说明》的变化情况及有关高考的信息，使我及早进行有针对性的训练，在当年高考中取得了较理想的成绩。

鉴于《考试报》的指导性和实用性，我又为学生订阅该报，使学生"一报在手，遍查学科重点"。特别是该报各栏目中均有学法指导、解题技巧以及专项训练，使理论与实践相结合，学生读报的收获能巩固下来，发挥了实际有效的作用，因而很受学生的欢迎。

一份报纸，能如此贴近学生实情，把准考试脉搏，获得广泛支持，无疑是编辑部全体工作者心血与汗水换来的硕果。正是他们无私地向广大师生奉献真诚，才使该报独领风骚。作为读者，我十分钦佩和感激各位编辑老师的真诚奉献，并将全力支持《考试报》的发展。

同时我亦向该报进一言：处于世纪之交的中国教育以素质教育为主旋律，教育事业正处于改革的关键时期，我们应以此为契机，充分搜集利用有关考试的各种信息，使该报对中学教学更具指导意义，在教育改革中发挥更大作用，这就应该依靠全体编辑、作者和读者的共同努力，使该报拥有更光辉灿烂的明天！

十一、我读《中华千字歌》

前不久，我从北京大学出版社邮购了一本《中华千字歌》，读后感到这本书填补了我国儿童启蒙读物缺乏精品的空白，它的内容、形式、语言和立意令我肃然起敬。

每个人类发展史的不同阶段，都有它本身的文化内涵。这种文化内涵又用不同的形式渗透在人的生活中。书籍更是备受关注，因为它可以充实人、塑造人。人类开始认识到，儿童才是最大的财富，不同民族、国家都把关心和教育儿童放在首位。因而，孕育中国人成长的《三字经》《百家姓》《千家诗》《千字文》走向了世界。但要培养能把有中国特色的社会主义事业推向21世纪的建设者，必须实现文化超越，要为儿童提供赋予了时代内涵的启蒙读物。《中华千字歌》成功地体现了这一历史需要，根据此书的目的、内容和形式，我认为在中小学生中普及这种读物是可行的。

《中华千字歌》的创作目的是弘扬民族文化，进行爱国主义教育。这符合新时期的教育方向。作者为了把教育目的与中小学生年龄特点相结合，选择了诗歌的体裁，把正确的人生观、世界观、历史观等渗透其中，读起来朗朗上口，饶有兴趣，既便于记忆，又利于理解，对培养青少年的思想道德品质有事半功倍的效果。从这点上讲《中华千字歌》理应成为广大中小学生的第一课外读物，应该受到学校、社会、家庭的重视。

《中华千字歌》弥补了《三字经》《千字文》等古代启蒙读物的不足，在内容上有较大的突破。它包含了基本的人文科学知识、自然科学知识以及伟大祖国和世界发展的历史知识，既注意对传统道德的继承，又注重培养新意识。就其内容而言，涉及中小学现行的所有科目，对不同阶段的青少年来说，既巩固提高了已经掌握的知识，又启发、引导了对新知识、新领域的兴趣。因此，它可以作为各个学科的课外辅导材料，通过辅导其中的相关内容，培养学生的学习兴趣。书中对于诗歌体裁的运用，无疑也是一种学法指导，这完全利于素质教育在各个学科中的实施。

从体例和形式上看，《中华千字歌》以诗歌体裁为主，又配以图画、解释、注音、组歌等形式，基本能满足不同年龄阶段的少年儿童的需要，从而有利于他们对知识的接受。也就是说，《中华千字歌》注意用各种途径培养少年儿童的兴趣和注意力。就此而言，《中华千字歌》又弥补了对少年儿童颇有影响的动画片的不足，它能够同时培养少年儿童的形象思维、抽象思维、聚合思维和发散思维。因此,《中华千字歌》应该成为对青少年进行智力开发的重要教材,是智力开发手段的一种丰富和发展。把有中国特色的社会主义教育事业推向 21 世纪,进一步推广、发展素质教育,是跨世纪教育工作者的义务和责任。

在这条任重而道远的征途上,我们应该充分利用一切有效的教育手段。正是由于《中华千字歌》的诸多优势,所有关心中小学生健康成长、关心中国 21 世纪的前途命运的中国人,应该给予《中华千字歌》以足够的重视,使其教育功能得到充分的挖掘和利用。

十二、陕西省教研系统全面实施面向 21 世纪教研行动计划

陕西省教育科研工作暨教育科研项目学校授牌大会在西安举行。会上成立了陕西省基础教育科研领导小组,并向被确定为首批科研项目学校的 60 所学校授牌。这标志着"陕西省教研系统面向 21 世纪教学研究行动计划"全面实施。

为全面贯彻和落实党中央、国务院的"科教兴国"战略和国务院批转教育部《面向 21 世纪教育振兴行动计划》等文件精神,把一个高质量、高效率的基础教育带入 21 世纪,陕西省教委、教科所要求各级教研部门,在大力推行素质教育的基础上,注重学生创新精神和创造能力的培养。同时,对各级各类学校进行实地调查摸底,要求各校在原有教研成果基础上,结合当地实际和目前社会发展要求,制定出 1999—2001 年陕西省基础教育跨世纪科研课题。经过层层筛选、专家审定,确定了 60 个具有现实意义和价值的研究课题,并把课题所在的 60 所中小学校确定为"陕西省基础教育科研项目学校"。会议要求全省科研项目学校要务真求实,勤奋钻研,大胆创新,争取成果。

十三、陕西省启动普通中学争创名校工程

组织普通中学争创名校工程的项目目的在于总结交流改革开放以来普通中学成功的办学经验,从而推出一批教育观念新、办学路子正、教育质量高、办学经验好的名牌学校,为全省普通中学提供学习的典型和榜样。去年底,陕西省在西安举办了"陕西省普通中学争创名校论坛"活动。参加论坛的中学有 76 所,与会代表 300 多名,重点参与学校精心准备了展板、录像、论文和演讲,省政府、省人大、省政协、省教委、省教育学会等有关单位主要领导出席了会议。由此,陕西省普通中学争创名校工程正式启动。

会议的宗旨是全面推进素质教育,加快基础教育骨干体系建设、深化教育教学改革、加强教师队伍建设、提高校长管理水平、改造薄弱学校、促进教育

科研工作的开展，从而使学校全面发展，并形成各自的办学特色。会议进一步明确了陕西省到 2005 年要完成这 100 所标准化高中，力争到 2010 年把 50% 以上的普通高中办成标准化学校，其中要建成 30 所省级示范高中，并力争有一批学校进入全国 1000 所示范高中行列的战略目标，以此推动全省中学尤其是普通高中教育的发展。

为保证战略目标的实现，会议要求各级教育行政部门要向社会广泛宣传普通高中在社会主义现代化建设中的地位、作用，建立正确的舆论导向，树立正确的人才观、质量观、教育观。引导普通高中进一步端正办学思想、明确办学性质和任务，科学合理地确定办学方向和目标，不断加强领导，促进学校全面贯彻教育方针，全面提高教育效益和质量，努力开创全省普通中学教育事业新局面。

十四、中国教育学会中学历史教学专业委员会 2008 年学术年会在西安召开

2008 年 10 月 19—21 日，中国教育学会中学历史教学专业委员会学术年会在陕西西安召开，这次会议由中国教育学会中学历史教学专业委员会主办，陕西省中学历史教学专业委员会承办，协办单位有陕西省西安中学、西安高新第一中学和西北工业大学附中。来自全国各地的历史教育研究者、中学历史教研员、中学历史教师；高等院校和教育科研及出版部门从事历史教育研究的人士；美国专家等，共 430 余人出席了会议，可谓是名师荟萃、群贤毕至、百花齐放、光彩耀人。

中国教育学会历史教学专业委员会 2008 年年会

10 月 19 日上午 8：30 大会正式开幕，中国教育学会中学历史教学专业委员会秘书长、人民教育出版社历史室主任李伟科主持会议，理事长陈其致开幕词。陕西省教育科学研究所所长、陕西省教育学会副会长齐管社发表了热情洋溢的欢迎辞。陕西省教育学会秘书长、陕西省教育科学研究所党委书记李振东，中国教育学会历史教学专业委员会副理事长叶小兵、聂幼犁、姬秉新等出席了会议。

本届年会的主题是"利用史迹遗存开展课堂教学"，中心内容是就历史课程标准的修订、利用史迹遗存开展课堂教学等问题进行分析研讨，深层关注历史课堂的有效教学问题。

会议采取理论研讨、参观考察与教学观摩相结合的形式。国家博物馆专家齐吉祥先生就文物与历史研究和历史教学的关系问题做了报告；"秦俑之父"、原陕西秦始皇兵马俑博物馆馆长袁仲一先生做了题为"秦俑研究的意义"的学术报告。北京师范大学第二附属中学历史教师、"百家讲坛"主讲纪连海先生执教公开课——"《清明上河图》看北宋经济"，西北工业大学附属中学苏争艳老师在秦始皇兵马俑博物馆执教现场课——"从秦始皇陵兵马俑看秦文明"。中国教育学会历史教学专业委员会常务理事、学术委员会副主任聂幼犁教授主持教学交流环节，在聂教授的启发和引导下，执教老师、点评专家和与会者进行了充分的交流，取得了良好效果。这些精深的学术报告和精彩的课堂教学，使得本届学术年会的学术气氛更加浓烈，会议价值更加突出，使得与会者感到特别满足、欣慰和幸福。

最后，与会人员还一起观看了两节美国中学历史录像课——"舆论与越南战争"和"探索考古和历史"，听取了美国马萨尔斯基女士和莱威先生关于美国中学历史教学方法的报告，并与美国专家研讨了美国历史科教学方法。

闭幕式上，历史教学专业委员会理事长陈其做了总结发言，对本届年会的学术价值、学术氛围和会议内容进行了总结，对大会的组织工作给予了充分肯定。

本届年会的突出特点和主要成果如下。

（一）学术报告品位高，深刻展示了历史研究与历史教育之间的有机联系，充分体现了历史教育的价值和新的课程观念

本次年会的主报告承担者是齐吉祥先生和袁仲一先生。齐先生是中国国家博物馆研究员、教授，讲解部主任，北京博物馆学会社会教育委员会主任。袁

先生是原陕西秦始皇兵马俑博物馆馆长，研究员，1974 年因发现兵马俑被尊称为"秦俑之父"。他们不仅是文物研究领域的大家，更重要的是他们关心教育，关注文物的教育价值在历史教学中的发挥。因此，他们的报告非常切合本届年会的主题，对历史教学和历史教育具有很强的指导意义。

齐先生以"文物"为主题开讲，报告内容起于文物、落于教学、生发教育。一方面，齐先生作为文物研究专家，在充分肯定文物对于历史研究和历史教学的价值的同时，明确指出在历史教学中引用文物研究成果时要慎重。他以"巫山人"的牙齿化石为例，指出古脊椎动物与古人类研究者认为这颗牙齿化石将我国最早的古人类产生时间提前到距离 200 万年左右，但人类学家并不认可，认为"巫山人不是人"，这样的尚未确定的结论就不宜在教学中使用。另一方面，齐先生希望要及时根据研究的可靠成果更新历史教材知识和历史教学，他以"司母戊大方鼎"的重量为例，过去由于测量仪器不准确和对后母戊鼎的结构了解不够，测得的重量是 875 公斤，后来把鼎的四足中的沙子倒掉，再用精密仪器测得的确切重量是 832.84 公斤。齐先生认为文物在历史研究和历史教育中的价值是巨大的，但在使用具体研究成果时要慎重，要本着一种客观的、实事求是的态度。这样做本身就是一种求真的教育。

袁先生的报告《秦俑研究的意义》共分四个部分：一、为什么说兵马俑是秦始皇的陪葬坑；二是秦始皇为什么要修兵马俑坑；三是秦始皇陵兵马俑的文化内涵；四是秦始皇陵兵马俑研究的意义。袁先生说讲前三个部分有两个目的：一是回应当前有一些人对秦俑研究已经取得的成果的质疑；二是它们本身就已经从不同角度说明了秦俑的价值和意义。在"秦俑研究的意义"部分，袁先生着重强调了秦俑研究的教育意义，多次提到要通过秦始皇兵马俑的研究，对青年学生进行爱国主义教育。中央电视台科教频道"大家"节目主持人曲向东曾经在主持中说："袁先生并不健谈，但当他一进入秦兵马俑坑就马上兴奋起来，像介绍自己的孩子一样，向大家介绍着每一尊兵马俑。"在报告中，我们明显可发现袁先生年事已高，但当他听秦德增老师介绍说"与会的都是中学历史教师，报告后还要去兵马俑博物馆上一节现场课"时，他显得很激动，连声说"好"，并提出报告中需要黑板，他要把一些名词写给老师们看，报告过程中袁先生写了好几黑板的专业名词，这种精神感染了参会的每一个人。

（二）课堂教学定位高，深入探索了课程改革中课堂教学的发展方向，有效启发了历史教师和历史教育研究者的思考

在年会上听教学公开课已成惯例，但本届年会的两节公开课与往届年会的

公开课有所不同。

首先，两名执教者都是中学历史教学界的名师，纪连海老师身为中学教师，又是中央电视台"百家讲坛"的主讲人之一，有较高的知名度，他的到来还掀起了较强的名人效应。苏争艳老师虽然年轻，却取得过初中、高中全国历史教学大赛的双料一等奖，在圈内有一定的影响力。本届年会让他们执教公开课，说明对他们有较高的期待。

其次，这两节课的定位要求都很高。这两节课的课题是年会指定的，承担着不同价值追求和使命。纪连海老师的"从《清明上河图》看北宋经济"探索的是课程改革背景下的历史课堂教学，也符合"利用史迹遗存开展课堂教学"的年会主题。课程改革提倡课程资源的开发和利用，如何通过欣赏历史名画来读出名画所反映的丰富历史内涵，如何通过史迹遗存来学习历史，如何在欣赏和探究中学习历史，正是当前历史课堂教学面临的课题，纪老师的课堂探索得到了与会人员较高认可。在评课中，聂幼犁教授也充分肯定了这节课，认为这节课较好地实现了三维教学目标，并指出好的历史课一定要有故事，纪老师的课之所以让人喜欢听，一个很重要的原因是善于讲故事，善于把知识和教育渗透在故事当中。苏争艳老师在秦始皇陵兵马俑博物馆现场执教"从秦始皇陵兵马俑看秦文明"，这是一堂探究课，课堂展示的是最后一个环节——成果汇报和问题研讨。首先，军事组、科技组和艺术组的学生分别汇报各组在参观兵马俑过程中的发现；其次，师生围绕"秦代为什么能取得如此高的文明成果"和"如何认识这些成果"进行了研讨交流。整堂课流程连贯，师生表现不俗。同时，也引起了与会老师的深深思考——如何上好现场课？如何更好地发挥史迹现场的作用？无论如何，在史迹现场开展课堂教学是值得鼓励和提倡的，也是需要进一步探索的。

最后，这两节课都反映了历史研究和历史教学的一种方向，给与会者以深深的启迪。发挥史迹遗存在历史教学中的价值既是开发课程资源的一种途径，也是史迹遗存价值的体现，两节课在这方面的积极探索本身就是一个方向。与会者的收获不仅仅在于这两节课本身成功与否，更重要的是两节课所引发的思考，这才是公开课的最大价值之所在。从这个角度上说，年会的意义不在于教育和模仿，而在于研讨和启发。与会者带着问题和启发回到自己的工作岗位上，才会推动教学实践的有效发展。

（三）学术交流途径多，与会者通过不同的方式、在不同的场合表达了自己对会议内容的看法，参会的收获是多维的

学术年会是学术交流的盛会。本届年会的一个突出的特点是与会者有多种交流的途径。在两位专家的主题报告和美国历史教师代表的报告过程中，都安排了与参会者现场交流的环节，参会者现场向报告人提问，使得报告的过程变成了听、思和交流的过程；两节公开课后，会议安排了执教者说课、专家评课和现场交流互动的环节，由于本环节的主持人聂幼犁教授的有效调动，学术争鸣的气氛显得更加热烈，已经退休的著名特级教师孔繁刚也登台发表高见，指出历史教师必须要多读书、多交流、多学习，赢得了与会者普遍赞同。此外，会议期间还分别召开了中学历史教学专业委员会的常务理事会和全体理事会，就学会的健康发展问题进行了认真研讨。

（四）参会者数量多，覆盖面广，扩大了会议的影响力

本届年会共有 430 余名代表参会，人数为历届年会之最，代表来自 27 个省、市（区），包括高校、出版、教育科研、中学教学研究、中学、退休教师等各领域。众多而广泛的代表，提升了会议的效果，扩大了年会的学术影响力。

（五）会议组织工作效率高，保证了年会的顺利进行

本届年会参会人数多，会议又分别在省军区招待所和秦始皇陵兵马俑博物馆两个会场举行，会议期间还有参观考察和现场公开课，这些情况都表明本届会议的组织工作相对比较复杂，任务繁重。但在中国教育学会中学历史教学专业委员会理事会的指导下，会议的承办方陕西省中学历史教学专业委员会积极工作，克服困难，以勤奋、高效的工作保证了年会的顺利进行，赢得了与会者的广泛认可。

十五、流动如海——全国历史教师教育专业委员会第三届（大连）2010 年年会暨学术研讨会侧记

我特别喜欢看海，也许是因为我没有搏击大海的勇气，也许是我对乘风破浪存有向往。10 月 13—16 日，在全国历史教师教育专业委员会第三届年会暨学术研讨会召开期间，我两次去看海：一次是傍晚时分在大连星海公园，另一次是正午时分在旅顺南子弹库旧址。公园里看海，只见层层海浪源源不断，只觉凉凉海风越来越浓；战争遗址看海，夺魄的是粼粼波光中的宁静，纠结的是风景如画背后温暖中的苍凉。不同的感受、不断的积累，挤压在我的内心，唯有

融合才能融和，这就是流动如海。

流动如海，就是大海能让人们直观地感觉到海的流动，如海流、潮汐、波浪等，但一般看不出是风海流、密度流还是补偿流，也就是我们易于感受，难于理解，甚至觉得不需要去理解。这就是现实中的人生和社会。

全国历史教师教育专业委员会自 2009 年在西安成立，相继在上海、大连举行了三届年度学术会议，纵观三届年会的主题——历史教师教育与教师专业发展（西安）、历史教师的学养与教养（上海）、历史教育与学生的公民素养（大连），我们不难感受到学会的追求和坚持，不难体会到学会像大海一样的执着和坚守。

首届学术年会暨学会成立大会上，钟启泉教授的"为了教师的发展"主题报告，阐发了我国目前教师教育方面存在的问题和方向性建议；刘坚教授在"把课程改革写入历史"的报告中提出了教师的任务和使命；王震中教授以"我国早期国家的结构"为例，点明了历史教师的专业发展要求。会议内容紧紧围绕"历史教师教育与教师专业发展"这个主题。

第二届学术年会针对"历史教师的学养与教养"这一主题，华东师范大学历史系终身教授沈志华先生和国防大学国防经济研究中心主任（正军级、少将）姜鲁鸣教授分别通过高端学术讲座"冷战与中苏同盟的兴衰"和"新形势下军民融合式发展道路探索"，展示了学者所应具备的深厚的学术功底、深刻的现实关怀和高超的讲解艺术；特级教师李惠军和郭富斌老师则通过课堂教学生动具体地诠释了大会主题，给与会者带来了强烈的思考与冲击。

2009 届学术年会以"历史教育与学生的公民素养"为主题，会议的内容和取向、组织和形式都切实践行着会议主题的关键词——"公民素养"。

（一）以探索为目的的"献课"

献课，是指由知名特级教师和学科骨干教师为年会上公开课，这是每届学术会议的重要内容之一，也是与会代表很期待的环节。李惠军、郭富斌、杨晓军和王雄先后承担了"献课"任务。这些课的突出意义不仅仅在于执教老师不为名利的"献"，而在于他们不计名利的展示、示范和探索，他们把课献给老师，献给学术交流，献给历史教育，献给自己的教育追求。这也许就是学会理事长赵亚夫教授所说的"纯粹学术"的一种吧。

大连市红旗高级中学的杨晓军老师，向本届年会献课"从大连近代看中国百年变迁"，力图展示教师组织学生开展研究性学习的过程和成果，试图将课外学习与课内学习有机结合，开发和利用课程资源，探讨教师引导学生提升学习成果和以学生为主体的师生对话课堂教学方式。课堂教学经过成果汇报、总结探讨和提升感悟三个主要环节，使学生体会从经历、思考到情感的自然的深化过程。因此，李惠军老师说："杨老师的设计是一个精到的设想，一次难得的探索。"客观地说，杨老师的教学追求正是历史课程改革需要深入探索的方向，但从教学设计本身和教学实践看，可以说虽然杨老师的设想很美好，但设计有不足，课堂有瑕疵。这正说明探索实践注定是艰难而曲折的，方向性的探索更是充满挑战和风险的，但杨老师能在全国同行面前"奉献"自己的思想和追求，不掩饰、不隐晦、不退缩，这不仅说明杨老师的改革勇气和志向可嘉，更体现出杨老师用行动对学会宗旨和会议主题做出最好的注解。

来自江苏省扬州中学的全国著名特级教师王雄，在课堂一开始就以"我说'同学们好'，大家说'老师好'，然后就开始上课，大家不用起立"的约定，向与会者声明他要以参与式学习来执教"辛亥革命"一课。王老师给这节课加的标题"革命与建国"也体现了他的参与式学习要求，即引导学生带着"革命是不是建国""革命与建国的关系""怎么认识革命和建国"的思考开始学习。同时，"革命与建国"也是对正确理解"辛亥革命"这一概念的一种提示和帮助，是对评价辛亥革命所做的一种铺垫。这正如同象棋高手，每一步棋都有深远而多样的用意。

第一，学习环节耗时最长，主要是为了让学生自主、合作解决辛亥革命的背景、过程和影响等基本史实。这是最基本的学习要求，包括基本知识和基本能力，如概括知识的方法、表达史实的要求、逻辑建构的能力等。在这方面王老师的指导具体而微，不计辛劳，充满思辨和智慧；第二，学习环节要求学生从教学课件的展示中选出一幅自己感受最深刻的图片，并做出解读。这是一种个性化的学习要求，学生在交流中借鉴他人认识自我；第三，学习环节通过指导学生按组别分别完成两个以"建筑设计"为主题的手工折纸，象征新旧政权，然后让其他学习小组的同学观察本小组的建筑设计，并将觉得不满意的"建筑"撕毁，然后分别陈述撕毁的理由和被撕毁的感受。这一环节的目的是通过学生学习体验来理解比较抽象的"革命"这一概念。王老师在课前还给学生提供了三则学习资料，作为学生自主、合作解决学习中问题的资源。正如王老师在陈述教学设计时所说，本课的教学设计"是要想办法让学习的内容与学生的生活经验相关联"，力图通过师生、生生对话，引导学生在思考、"神入"中理解"革命和建国"。

267

通过具体的教学过程，我们能切实感受到王老师致力于中学历史教育目标、教育理念、教学方式的实践探索和努力，虽然可能在某些细节上尚需完善，但王老师矢志教改的精神和姿态是我们学习的表率和典范。其重要意义就是，要想改进历史教育实践，提升历史教育教学质量，就必须在教育实践中做出切实的努力。作为一名全国知名的中学历史特级教师，能有如此的担当和勇气，确属难能可贵。这正是公民素养的一种体现。

（二）以研究为追求的"评课"

上课与评课是教学研究和学术交流的一种形式，但要让这种形式的活动体现出学术精神，发挥学术价值，提升学术认识，促进学术理解，就必须"上真课，真评课"。"献课"的老师是以教改探索为目的的，那么"评课"教师也秉承了学术至上的原则，以"评课"为切入点，展开广泛而深入的学术探讨，引人入胜。

深圳市教科院的宾华老师以"评课的时域和视角"为题，对课堂教学实践和评价问题做了简要而发人深省的探讨，力图避免就课论课的简单和庸俗化，并初步提出或建构了有效课堂教学评价的方法和体系。宾老师首先在研究的基础上对课堂教学做出了概念和要素性界定，他认为"课堂教学是以课堂教学活动为空间，以课时为时间，以课题为载体，以教学目标为导向，以学生为主体，以教师为主导，教师组织学生进行有目的、有计划的学习活动过程"。因此，课堂教学的有效性是基于这些课堂教学要素和条件的，离开这个基础就很难建立"有效性"的参照系，也就无法做出是否"有效"的判断。

结合"从大连近代看中国百年变迁"的课堂教学，宾老师提出评课要注重两个视角：一是要重点考察教师组织学习活动过程的目标设计、组织方式和实施过程的确切程度和效度，教学目标一定要清晰、明确、准确；二是要重点考查学生在教师组织下参与学习活动过程的广度、深度和效度。课堂教学是师生双边、相互促进的学习活动，课堂教学的有效性取决于这些活动的有效性，而决定活动有效性的因素基本上就是上述两视角所涉及的内容。基于此，宾老师在评课中结合课堂教学实际过程，对其进行深刻而具体的解剖，并提出了具体、中肯且有效的修改建议。有时虽然其难免会用些比较犀利的言辞，但只要以研究为目的，以学术为追求，以发展为动机，"犀利"就会变为深刻的代名词。

（三）以教育为底色的"学术"

本届年会的另一种学术盛宴是两场酣畅淋漓、意味隽永的学术报告。尽管做报告专家的学术背景不同，工作性质有别，人生经历迥异，但他们都以"人文关怀"为中心，以教育为立意，以史实为基础，以深度分析为方法，以幽默诙谐为风格，给与会者以美的享受和深刻启迪。

袁伟时先生首先强调历史教育工作者要注重历史学习方法和教学方法问题。强调无论是学习方法还是教学方法，质疑和批判应该是基本的追求和要求，最有效的学习方法就是质疑和批判，最有效的教学方法就要能启发学生学会质疑和批判。他引用于光远先生的话说："为什么问号像一把钩子的形状，因为你如果没有问题，就钩不到知识。"袁先生强调，目前教育的最大问题是太小看儿童的学习能力。他认为现在儿童的阅读学习能力都很强，兴趣和见识也很广泛，教学要以此为基础，帮助学生提升和深化学习。他建议教学中在阅读思考质疑的基础上，多采用讨论的方式，因为相左的观点有助于对原有观点的理解和更新。

接着，袁先生谈了"辛亥革命""民国史""关于孙中山""关于蒋介石""关于慈禧"等历史研究和教学问题，通过这些具体问题，进一步示范了"历史学习和教学的方法问题"，老师们很受启发。当然，有老师说袁先生的识见是建立在广泛占有史料的基础上的，这自然是对的，但这不是袁先生识见的全部来源。其实，我们在报告中可以发现，具备灵活、规范而深刻的历史思维也是很关键的，因为袁先生在论述一些观点时，常常也用到教师们日常历史教学中很熟悉的知识。我们更要认真思考我们为什么对常见史料熟视无睹，甚至一知半解，根本原因在于我们有没有质疑和批判的精神和能力。

原外交部西欧司司长张拓先生以自己丰富的外交经历和广博的外交知识，深入浅出地讲解了中国外交工作的成就、经验和面临的困难，并对中国外交的任务和发展形势进行了前瞻性分析，开拓了大家的眼界，深化了我们对外交工作的理解和认识。张先生的报告幽默生动、谈笑风生、内容丰富、情深意远、面向发展，尤其是张先生率真的性格、认真的态度，以及内心深处的国家意识、责任意识和忧国忧民意识，深深地感染着我们每一位。

学会理事长赵亚夫先生主张"学会要以研究为基础，以专业为引领，以服务为目的，追求理性的历史教育"。每一届年会都让人记忆深刻，收获良多，学术的精神和力量就像大海一样意味深长，广阔无垠，深度无限，回味无穷，学术的思想和魅力就像海浪一样绵延不绝，取之不尽，让人久久不忘，力学不倦。这也许就是赵先生理念的一种体现、一种实践、一种解读吧！

十六、教育部中小学幼儿园教师培训课程标准（初中历史）研制项目第七次会议纪要（教育部中小学幼儿园教师培训课程标准（初中历史）研制项目组）

2016年3月25—27日，教育部中小学幼儿园教师培训课程标准（初中历史）研制项目第七次会议在西安举行，首都师范大学赵亚夫、张汉林，四川师范大学陈辉，齐鲁师范学院齐健，南京师范大学姚锦祥，陕西师范大学徐赐成，天津市中小学教育教学研究室戴羽明，安徽省教育科学研究院徐贵亮，江苏省扬州中学特级教师王雄，福建师范大学郑士璟，天津师范大学杜海燕，《历史教学》主编杨莲霞，《中学历史教学参考》主编任鹏杰，《中学历史教学》主编王继平，以及北京市第四中学特级教师李明赞，陕西省西安中学特级教师郭富斌参加了讨论会，会议对《中小学幼儿园教师培养识相程标准》（以下简称《标准》）初稿进行深入讨论，明确了进一步修改的目标和内容，并在以下方面形成共识。

第一，作为国家级"培训课程标准"理应体现正确的政治方向和学科导向，包括充分发挥历史学科独特的育人优势，根据历史教师所肩负的立德树人、价值引领、育化心灵和培养学生健全人格的重要使命，将社会主义核心价值观切实纳入学科培训课程体系，致力于提升初中历史教师的个人修养、社会关爱和家国情怀。为此，《标准》应在历史唯物主义和社会主义核心价值体系方面有更具体的体现，并在中华优秀传统文化和革命传统教育，国民身份和文化认同，凝聚民族和时代精神，以及热爱中国共产党、拥护社会主义制度等重要内容上突出学科特色。

第二，能够比较准确地把握学科教师专业发展需求和内容。它主要基于两个方面：《义务教育历史课程标准（2011年版）》和前期广泛的调研结果。经过六次研讨，课题组成员对于初中历史课程和教学的性质与功能、思想与方法达成充分共识，最终集体建构了"培标"的内容体系。本次会议重点讨论了"课程目标""能力诊断"和"课程内容"的内容表述和相互衔接问题，对其中涉及的重要概念做了深度研讨和充分交流，夯实了《标准》研制学术和工作基础。

第三，发挥协同优势，在针对性和实效性上下功夫。此次"培标"的研制工作与以往的项目研制不同，采取一个单位牵头、多个单位协同合作的方式，本项目的协同主持人就有九位，包括大学的研究者、教研员和特级教师，而且都是国内历史教学界很有研究造诣和影响力的学者和教师，更难能可贵的是，中学历史教学四本专业杂志的主编都进了课题组。如此广泛的合作，既容易产生高质量的研讨，相互激发思想，也使"培标"研制过程最大程度吸纳历史教学研究成果和一线声音。

此次讨论会再次提升了研制者的"标准意识"，接下来的一个月里，根据此次会议的工作任务，从科学性和适应性方面检视"培标"初稿。我们希望研制工作顺利展开，并继续得到各方面的关注和帮助。

此次讨论会的顺利召开得到陕西省教育厅的大力支持，特此致谢！

第五节　实践是教师成长的必由之路

教师的职责是引导、帮助学生成人、成才。成人、成才都是与实践有密切关系的概念，教师工作的能力和成效是要靠实践来检验的，教师的教育能力决定于教师对实践的了解和把握能力。"既知教之所由兴，又知教之所由废，然后可以为人师也。"（《礼记·学记》）也就是说，只有能通过实践认识教育兴衰的人才有资格当老师。

韩愈对教师的职责使命有精辟的概括："师者，所以传道授业解惑也。"其中"传道"就是帮助学生化性立命，教授做人之道。"传道"是影响一个人成长和发展的关键要素，它是指让学生在情感、态度、价值观上受到激励、唤醒和鼓舞。"传道"是师者最基本也是最主要的职能。简言之就是讲怎么做人，如何做好人。"做人"是每一个人的人生命题，师者必须深知人何以为人，谙熟做人之道，行能示范。因此，"传道"不仅仅是说教，主要是做和行动，实践性要求很强。不会做人就不会"传道"，只"言传"不身教，就不能"传道"。我们传实践之道，做实践中的人，教育必然基于实践之中。

另外，"授业"主要是指教师引导学生在学业上达到水平，涉及"知识与能力""过程与方法"目标领域。"授业"是学习实践和教育实践的统一体，教师作为学习实践的引领者，拥有渊博的知识，是"授业"的基础，正如孙中山所说的"惟必有学识，方可担任教育"（《提倡女子教育》）；拥有科学有效的教育教学方法是教师"授业"的关键，《礼记·学记》载："君子知至学之难易而知其美恶，然后能博喻，能博喻然后能为师。"可见，博学、明辨也是教师的职业要求。而这些都需要教师在生活实践、学习实践和教育实践中的积累。

"解惑"主要是指让学生主动学习并在学生提出自己的困惑之后教师再给予解答。解惑的内容涉及"三维目标"的各领域，解惑的方式涉及教学方式和学习方式，因此，"解惑"是对教师教育能力和教育艺术的综合反映，教师解惑的能力和水平是教学经验和教育理念决定的，必须在实践中不断提高。

"传道""授业""解惑"是教师的基本职业要求，它要求教师勤于实践、善于实践，否则无法履行教师职责。曾经，我们的"教育"被消释为"教学"，"教学"又被简化为"考试"，"课堂"变成训练场，教师随之变成"警察加教练"，教育的实践性被忘得一干二净。结果，当课程改革改革把我们推向实践的战场时，我们反而觉得不适应了。

但适应"实践"的方法只有实践。有很多"实践"等着我们参与：教育实践、教学实践、学习实践、阅读实践、研究实践、写作实践，等等。

凡事只有亲身实践，才能有真正理解。理解了就收获了，也就成长了！

要实践已经熟悉的实践，更要在陌生领域实践，这就是成长！

一、教育当给人以希望——回忆母校商南高中给我的教育

什么是教育？为什么要去学校接受教育？对于一个在大山深处长大的孩子来说，用不着经典的解释和权威的论断。于他而言，学校教育就是人生的一种希望，就是无数种可能，就是除了大山之外的一切。母校的教育恰恰很好地满足了我们的需要，这就是母校教育最成功的地方。

爱因斯坦曾对教育做了意味深长的诠释："把所学的东西都忘了，剩下的就是教育。"这正好可以作为我对母校记忆的解读。或许我真的难以分辨我的知识结构中到底哪些是来自母校的给予，但我相信我的人生已经深深刻上了母校的烙印。

能在商南高中读书是我一生的幸运。这不仅是因为我从这里走进了大学，而是母校让我知道自己应该成为什么样的人。说实话，我已经记不清吕清太校长激情讲演的内容，也想不起班主任殷书月老师睿智干练的话语，但他们当时的神态却定格在我的脑海中，成为我日后不断向上的指引。从我的老师的身上，我得到了一个认识——教育是一种合力。这对之后我从事教育工作，产生了深远影响，无论是担任班主任，还是从事学校管理和教育研究工作。当时，我的语文老师是范举仁，数学老师是庞持久，他们不仅知识渊博，专业精深，更重要的是他们的敬业精神使我永远深深感怀。他们手写的教案一页页、一本本、一摞摞，每个字都显示出认真的态度，每个标注都反映出追求卓越的精神，每个标题都折射出他们的精深专业修养。很多时候，同学们可以借阅老师的教案。如我，就是因为系统地看了一遍庞老师的教案，在一学期之后的高考中，数学

成绩就提高了60分。这些教案，对于我们这些学生而言，如同一件件艺术品，我们整齐地捧在手中，不敢有丝毫的大意，然后在课桌上找一块干净的地方放好，小心翼翼地翻开每一页，满怀崇敬地欣赏和学习。这样的教案传递和培养出这样的学习态度，难道不应该引起今天的我们的深思吗？教师到底为谁备课写教案？教师究竟应该怎样备课写教案？也许，在我的老师们工作的年代，写好教案根本就不是个值得讨论的问题。

在我的记忆中，范举仁老师从来不批评人，他只是对着某个同学严肃地说一番做人的道理。这对学生而言是一种警醒甚至是优待。他花白的头发、坚定的眼神和关心的神情，使所有听他说话的同学都会不由自主地低下自己的头接受教诲。殷书月老师的教学风格十分独到，概括起来就是潇洒——纵横捭阖的思维、犀利准确的语言、敏捷新颖的反应、亲切自然的教态，无不显示着成功教师的内功。张景明老师教我们历史课，严谨而不失风趣的语言，整齐而潇洒的板书，清晰而明确的内容，对于日后也成为历史教师的我，有着无法估量的影响。工作后我在教学实践中渐渐明白，这就是张老师的授课风格，由此我开始反思如何去做一名优秀的教师。英语老师刘江，上课讲解准确到位，尤其在训练上很有讲究，总是用他精选的试题对当堂所学进行针对性练习，同时，他还特别注重对同学的思想和养成教育。如果说我在从教工作中还取得了一点成绩的话，这不能不归功于我的老师们。我深深体会到，优秀老师对于学生就是一种幸福，做优秀教师就成了我自然的追求。

其实，除了老师们给我们带来美的享受，校园生活的另一种快乐就来自学校文体活动。客观地讲，当时学校日常的文体活动是很少的，最为隆重的是一年一届的秋季田径运动会。这在当时是学校师生非常期待的一件大事，一般情况下，主管教育的副县长、教育局局长都会莅临参加。运动会一般有三天时间，多在期中考试后那个星期的后半周举行。尽管当时的比赛项目不多，但同学们参与的热情很高，即使做观众的也很投入，很少有无故离开运动场的。我当时的感觉是，每次通过运动会，都会促进班集体的团结进步，促进师生间的交流，促进全校师生积极健康的情绪。运动会期间，校园布置、运动乐曲的播放、同学们之间的交流，都给我了美的记忆。不知道母校现在的运动会有什么变化没？一定更丰富更有意义了吧！

我很怀念那时的同学情，也许主要是绝大部分同学那些都非常刻苦，同学之间不会在生活上攀比，而在学习的用功程度和效果上暗暗较劲。而且那时的生活是艰苦的，主要吃糊汤，学生灶一周只有三个中午有蒸馍卖，同学们抢购的激烈程度可想而知，很多女同学往往只好观望，或者给某些男同学一点展示的机会让他代买。家庭条件好一点的同学，才可以在学校靠近教场沟的后门处用现金购买农家专门针对学生加工的饭菜。现在想起这些记忆虽然有些苦涩，但好像还能感觉到当年那种饥饿感，毕竟那是一个激情燃烧的岁月吧。人生充满勃勃的朝气，身体虽然饥饿，内心却是强大的。

朱永新在《回到教育的原点》一书中提到"教育最重要的任务，是塑造美好的人生、培养美好的性格、使学生拥有美好的人生。判断教育的好坏，应该从这样的原点出发"；周国平在《善良丰富高贵》一书中提到"让教育回归常识，回归人性，回归教育之为教育"；肖川在《教育的理想和现实》一书中提到"我敢肯定地说，良好的教育一定能够给无助的心灵带来希望，给稚嫩的双手带来力量，给蒙迷的双眼带来澄明，给孱弱的身躯带来强健，给弯曲的脊梁带来挺拔，给卑琐的人们带来自信。而一个拥有希望、力量和自信的人，最有可能成为幸福生活的创造者和美好社会的建设者"。每次当我读到这些对好教育的诠释时，我就不由得回想起我的中学和我的母校。当我想到这些时，我的内心就会升腾起一种自豪和力量！

离开母校已经多年，但我的记忆如同昨天。身在外，母校就是一种精神之源，就是一盏希望之灯。我衷心祝愿母校在发展中日益辉煌灿烂，为更多的商南学子点燃希望的人生。

二、居仁由义，行礼尊道——记范居仁老师

2017年春节前夕的一天，收到黄飞的短信："范居仁老师来到西安，居住在长安大学宾馆。请大家自行探望，择日邀聚。"我的心头一震：范老师身体还好吗？这次机会难得，要尽快前去探视。第二天，我在长安大学宾馆找到了范老师所住的房间，开门前就听到范老师的声音："我来了！"推开门，范老师的形象和我的记忆一样，但比我想象的要好得多，怎么看也不像快80岁的人！

我们的谈话很有限，没有太多的寒暄，但已让彼此了解了现在的生活状态。我能感受到，范老师在岁月沧桑中，内心有很多伤感之处，但范老师的人生中经历过太多的伤感，所以总能消解各种伤感，他留给我的还是爽朗的笑声、"吃水果"的招呼声和温润的表情。

想来，范老师给我上课还是在1990年的时候，那是我高中最后一年。那个时候的教室除了讲桌就是课桌，墙上能有几张领袖像就很"现代"了。讲桌只能是一张，课桌就不一定了。我记得当时的课桌是41张以上，80多名学生，上

课要彼此"偎依",每个人是怎么学习的,其他人一览无余。其实,那时候别的同学也没人在意你是怎么学的,因为愿意学习的人都很忙,顾不上关心你;不愿意学习的人心根本不在这,不想关心你。所以那个时候的班上,一年下来,同学都不一定能认全,所以我现在能记得的那个班的同学寥寥无几。作为沉默的大多数,我除了学习,就是感觉到拥挤。在拥挤中学习,一如高考对人的要求和期许。

在那样的学习状态中,上课就如同看大戏,我挤坐在同学之间,上课需要伸长脖子往讲台上看,每每有"大戏"上演,我就乐在其中,醉于其间,但又能及时记于本上。而给我们演戏的是:庞持久老师、殷书月老师、刘江老师、张景明老师、余清才老师,当然,还有我们的范老师,等等。他们或慷慨激昂、或幽默诙谐、或严谨犀利、或侃侃而谈、或循循善诱,都是倾情出演,不需要彩排,有时,反而很多是课堂中的"新编"。这对于同学们而言是一种享受,但于我而言则是一种能量和营养,让我陶醉,使我充实,更是让我有跃跃欲试的冲动,对我日后从事教书育人的工作,打下了丰实的底色。

范老师在他们之中,年龄偏大,但却是最幽默的一位。在校园里常常能听到他那爽朗的笑声,并想象他投入的表情。在课堂上更是容易享受到他幽默的演讲和从中透露出来的童真。他讲语文课,不管是文言文还是政论文,不管是诗词歌赋还是新闻说明,总能挖掘其中的人物情感和故事人生,让生活清贫的我们读懂别样的风味人生。因为有人生的体味,所以才能体会到人生,因而容易投入,就在不经意间表露出人生深处的童真。这些认识当然是后来了解范老师之后才体会到的,当时只是觉得这个"老"教师真的不老,他是那样的幽默风趣、活力四射。后来,渐渐地,语文课就成了能疗治我们情感忧伤和身体饥饿的一大法宝——让我们沉醉于课中,暂时忘记了那些年轻的饥渴感。

做学生时,我也看到过范老师对有的同学发脾气。在课外的走廊或办公室里,我几次清楚地看到范老师认真的表情和低头认错的同学。由于学习太忙,我从不知道具体是为了什么,但我相信,范老师是为了学生的学习和成长。后来的岁月中,范老师所展现出来的和学生间浓浓的师生情,彰显了他当年的教育影响力。而这对我的教师生涯有着实际的作用和价值,要把教育的画面刻在学生的脑海里,让同学们时时回忆,这就是有效的教育。

后来,我毕业做了老师,也做过一段时间范老师的同事。工作之处,我在心理上总是觉得自己还是学生,可发现范老师总是要把我当作老师来相处,茶余饭后在校园的任意一个地方和范老师相遇,总要一番谈古论今,谈笑风生。

很多时候，范老师会屈尊当一下我的倾听者，有时还会来到我的房间，一起讨论一个历史人物或某个历史细节。范老师总是把对人的教育和培养溶于无形之中，融入生活之内。总能在时过境迁之后，别人才发现，他留下的是方法和方向。

曾有很多次，午饭或晚饭前范老师会拿着一个洋瓷碗路过我的窗前，在碗筷敲击声之后，喊一声"赐成，吃饭了"。每次我掀开门帘去看在等我的范老师时，总是能看到他笑意满满的一张脸，他走路的步伐总是矫健而均匀，谦谦君子的形象让我倍受感染。多少次，我曾很好奇，范老师为什么要到商南来当老师？又为什么能远在他乡却又那么怡然自得？为什么能不甘寂寞地干到退休？但我从来没有问，也不去打听。我只是想，这种"独善其身"的"兼济天下"和"慎独"的教育"热爱"，值得我去学习和思考。当我后来不得不离开商南高中时，范老师仍然在那里教书育人，直到荣退。虽然其间我们一直未能见面，但这些疑问及其引发我的思考，伴我行路，也促我成长，让我明白做事需要一颗宁静的心，而心的宁静只能靠自身对生活种种不如意的超越和对些许成功的诚意接纳。

16年后再次相见，岁月的痕迹在我们身上有不同体现。范老师还是在开门之际就亲切地叫出了我的名字，完全没有陌生感。让我刮目相看的除了范老师矍铄的精神，还有他正在准备的《峥嵘岁月》书稿。范老师详细地叙述了这本书的目标和内容，使我未见内容既已体味到它的意义，尤其是对范老师的人生价值的体现。后来，等我收到范老师的儿子振杰先生发来的书稿时，已近年关，我存入电脑，成了我新春节假期间的精神佳品。

读着《峥嵘岁月》让我浮想联翩和惊异不已，很多问题油然而解，很多惊奇油然而生，很多敬意情不自禁。书稿内容我几乎是一口气读完的，特别是"人生传奇"和"人生感悟"，非有范老师的经历不能表达，非有我与范老师的交往也难以体会。书中很多的人生精义之见让我再受教益，范老师的人生情怀、教育情思、生活情感、师生情谊再次让我如沐春风、荡气回肠，也使得我多年的好奇心得以满足，更促使我更深刻地理解和认识到了一个"师者"的教育人生。

"师者"乃人之师，"人非生而知之"，"惑而从师"。人人皆有师，唯有亲师、敬师，或有所获于师。我在一些文章和讲座中曾经说过，每个人从幼儿到成才，会受教于不下百位老师，你把什么留下、留下多少，决定了今天的自己。作为一个接近耄耋之年的老者，明确写到自己"初在家乡广仁王庙上小学，能记得有两位老师，一位是王志超老师，另一位是李可信老师"。"在陕高读书比在初中时的视野更开阔了，老师的教学水平也很高，如李敬祖、张英明、谢焕嘉、吉学海、白克、陈慧川等。"范老师对自己老师的铭记和情感，恐非一般人所能为。对后来工作期间给予过范老师一些许帮助的领导和同事，范老师都铭刻于心；进而对陕高校长关周光遭遇的同情、对谢焕嘉老师的怀念、为苏锐军老师鸣不平，范老师对老师的感恩和永怀是凝结于人生过程之中的。

由此可以说，范居仁老师的善良和健康的心智成就了他的教育人生。他讲家族历史和家族教育，就不仅仅是家族的事，而是人生与社会、历史与现实、传统与现代、生活与做人的统一，其中浸润着范老师殷殷关爱，也透露出他对后人的教诲和期待，读之有情，品之有味，便于入脑入心又入行。不难体会，作为一位优秀教师、一位以教育为人生的长者，范老师超越了自身和一隅之历史，进入了教育灵魂的境界，进化到了人格精神的高度。范老师已经把教育变成了自觉的行为，从来不流于形色，可谓真正的教育人生。基于教育追求的"故事新编""灯下漫笔""教研平台""趣闻轶事"和"阅读鉴赏"等，都显得那么真切而不只是一个名词。于我而言，则可以透过每一篇文章，看到范老师的情怀和追求。范老师这样的人生是值得过的，是无悔的，是富有教育意味的！

没想到，我与范老师相识的 26 年来，无形中对我产生了这么久的影响，这是一种幸运、幸福，也成为一种力量和能量。感念之中，是对范老师深深的久远的美好祝福！

徐赐成同志的科研之路

《中小学校长》原常务副主编孙恭恒教授

自从20世纪90年代初期在大学做副教授，到后来做教育刊物的编辑，我读过的文章和著作可谓很多。读得多了便发现作者主要分成两类，一类偏重理论研究，写东西喜欢抠概念、引资料，力求说理的系统、完整；另一类则偏重反映实践，喜欢把工作过程和成果清晰地写出来，说明在某个理念指导下的某些作为是正确的，甚至值得推广。两类作者因其研究的背景、习惯、理论底蕴不同而体现出不同价值取向，体现出不同特点这很正常。作为刊物编辑者，我对这两类作者的作品都很欢迎，只是心中偶尔闪过这样的想法：如果一个作者既有学究气质，在理论研究方面走得远一点，而同时又很看重实践，在理论研究方面搞得近一点，那么写出的东西不知会是什么样子，可能很有点读头，有点意思。

在一个偶然的机会，我发现了这样一个作者——徐赐成。当时他在陕西一所重点中学做教师。那一段时间我正为手头没有比较满意的谈课程整合的文章而着急，没有比较满意的文章是因为手头这方面的稿子，要么满篇大道理，避而不涉及实践、不涉及操作，要么满篇工作过程，不涉及做的原因和道理。约的稿子不合意便转而去翻投稿的稿子，这时发现徐赐成投来的那篇"关于课程整合的两个问题"的文章。使我欣喜的是这篇文章对整合的道理说得十分清楚，十分有逻辑性，而且又是从实践出发，实实在在。从此后我把徐赐成列为刊物的重点作者（我所主编的刊物的作者基本是校长、政绩突出的教育局局长和知名专家教授，像徐赐成这样的普通中学教师能成为经常保持联系的重点作者可说是极其个别的例子），经常会把刊物选题、组稿计划通报给他，而他写来的稿子也确实都令我满意，几乎没有一篇文章是脱离实际的空说，也没有一篇文章只讲实践而没有体现重要理念、理论的。再后来，由稿件往来变成了交心知底

278

的朋友。我发现他虽然不像我们编辑部编辑们那样拥有高学历（我们编辑的学历都是重点大学的硕士、博士生），但对教育理论的领悟却往往更精细、更广泛、更开阔；他虽然不像我众多的校长朋友那样整天浸淫在学校繁杂的事情中，却往往对学校教育发生的方方面面问题看得更透彻、更实在，更合乎情理。于是我渐渐弄清了这个年轻人的个性，他是一个非常沉稳、坚韧的人，热爱工作，想做好工作而为此执着地学习、顽强地钻研理论、琢磨问题。他原来的功底不错，是个好教师，再加上年复一年的"学中干，干中学"，终于向理论家和实践家越靠越近了。也于是，他写的东西越来越合于教育实际，也越来越合于现代的、先进的教育理念。

我教过数不清的学生，发表过数千名作者的稿件，说实话，徐赐成虽然不是我的学生，也不是我发过稿件最多的作者，但我却特别器重他。器重他的原因不仅在于他做人做事的沉稳执着，而且在于他做学问，他的学品确实令人欣赏，在当今许多年轻学者急功近利的竞争中，他能不焦不躁地一点一滴地学习着、工作着、研究着、进步着，这真是件不容易的事情。

现在他的著作就要问世了，我不知道他究竟能走多么远，因为像我们自己这样工作三四十年，写过几百万字的人太多了，太不算什么事情了。但是我坚信他的科研路子是对的，那就是在工作中学习，在学习中研究。这条路走下去，最起码他能不断提高自己的理论素养，不断地为教育实践做些实际的指引，不断地做些本分内的工作，这对一个有文化、有知识的教育工作者来说，也就不枉一生了。

2019 年 8 月 2 日